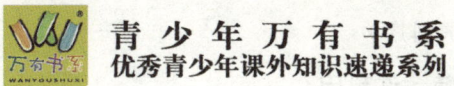

青少年万有书系
优秀青少年课外知识速递系列

文化与艺术
WENHUA YU YISHU

青少年万有书系编写组 编写

北方联合出版传媒（集团）股份有限公司
辽宁少年儿童出版社
沈阳

编委会名单（按姓氏笔画排序）

方 虹　冯子龙　朱艳菊　许科甲
佟 俐　郎玉成　钟 阳　谢竞远
谭颜葳　薄文才

图书在版编目（CIP）数据

文化与艺术/青少年万有书系编写组编写.—沈阳：
辽宁少年儿童出版社，2014.1（2021.8 重印）
（青少年万有书系.优秀青少年课外知识速递系列）
ISBN 978－7－5315－6033－3

Ⅰ.①文… Ⅱ.①青… Ⅲ.①文化艺术－青年读物
②文化艺术－少年读物 Ⅳ.①G0-49

中国版本图书馆CIP数据核字(2013)第003912号

出版发行：北方联合出版传媒（集团）股份有限公司
　　　　　辽宁少年儿童出版社
出 版 人：胡运江
地　　址：沈阳市和平区十一纬路25号
邮　　编：110003
发行（销售）部电话：024-23284265
总编室电话：024-23284269
E-mail：lnse@mail.lnpgc.com.cn
http://www.lnse.com
承 印 厂：三河市嵩川印刷有限公司

责任编辑：朱艳菊　谭颜葳
责任校对：李　爽
封面设计：红十月工作室
版式设计：揽胜视觉
责任印制：吕国刚

幅面尺寸：170mm×240mm
印　　张：12　　字数：330千字
出版时间：2014年1月第1版
印刷时间：2021年8月第3次印刷
标准书号：ISBN 978-7-5315-6033-3
定　　价：45.00元

版权所有　侵权必究

全案策划　唐码书业 TANGMARK PUBLISHING & DISTRIBUTION CO., LTD (BEIJING) 有限公司
WWW.TANGMARK.COM

图片提供　台湾故宫博物院　时代图片库 等
www.merck.com　www.netlibrary.com
digital.library.okstate.edu　www.lib.usf.edu　www.lib.ncsu.edu

版权声明

经多方努力，本书个别图片权利人至今无法取得联系。请相关权利人见书后及时与我们联系，以便按国家规定标准支付稿酬。

联系人：刘　颖　联系电话：010-82676767

ZONGXU 总 序

  青少年最大的特点是多梦和好奇。多梦，让他们心怀天下，志存高远；好奇，让他们思维敏捷，触觉锐利。而今我们却不无忧虑地看到，低俗文化在消解着青少年纯美的梦想，应试教育正磨钝着青少年敏锐的思维。守护青少年的梦想，就是守护我们的未来。葆有青少年的好奇，就是葆有我们的事业。

  正是基于这一认识，我社策划编写了《青少年万有书系》丛书，试图在这方面做一些有益的尝试。在策划编写过程中，我们从青少年的特点出发，力求突出趣味性、知识性、神秘性、前沿性、故事性，以最大限度调动青少年读者的好奇心、探索性和想象力。

  考虑到青少年读者的不同兴趣，我们将丛书分为"发现之旅系列"、"探索之旅系列"、"优秀青少年课外知识速递系列"、"历史地理系列"、"最应该知道的为什么系列"和"最惊奇系列"六大系列。

  "发现之旅系列"包括《改变世界的发明与发现》《叹为观止的世界文明奇迹》《精彩绝伦的世界自然奇观》和《永无止境的科学探索》。读者可以通过阅读该系列内容探究世界的发明创造与奇迹奇观。比如神奇的纳米技术将如何改变世界？是否真的存在"时空隧道"？地球上那些瑰丽奇特的岩洞和峡谷是如何形成的？在该系列内容里，将会为读者一一解答。

  "探索之旅系列"包括《揭秘恐龙世界》《走进动物王国》《打开奥秘之门》。它们将带你走进神奇的动物王国一探究竟。你将亲临恐龙世界，洞悉动物的奇趣习性，打开地球生命的奥秘之门。

  "优秀青少年课外知识速递系列"涵盖自然环境、科学科技、人类社会、文化艺术四个方面的内容。此系列较翔实地列举了关于这四大领域里的种种发现和疑问。通过阅读此系列内容，广大青少年一定会获悉关于自然以及人类历史发展留下的各种谜团的真相。

  "历史地理系列"则着重于为青少年朋友描绘气势恢宏的世界历史和地理画卷。其中《世界历史》分金卷和银卷，以重大历史事件为脉络，并附近千幅珍贵图片为广大青少年读者还原历史真颜。《世界国家地理》和《中国国家地理》图文并茂地让读者领略各地风情。该系列内容包含重大人类历史发展进程的介绍和自然人文风貌的丰富呈现，绝对是青少年读者朋友不可错过的知识给养。

"最应该知道的为什么系列"很好地满足了广大青少年朋友的好奇心和求知欲。此系列分生物、科技、人文、环境四卷,很全面地回答了许多领域我们关心的问题。比如,生命从哪里来?电脑为何会感染病毒?为什么印度人发明的数字会被称作阿拉伯数字?厄尔尼诺现象具体指什么?等等,诸多贴近我们生活的有意义的话题。

"最惊奇系列"则为广大青少年读者朋友介绍了许多世界之最和中国、世界之谜。在这里你会知晓世界上哪种动物最长寿,宇宙是如何起源的,中国人的祖先来自哪里,传说中的所罗门宝藏又在哪里等一系列神秘话题。这些你都可以通过阅读《青少年万有书系》之"最惊奇系列"找到答案。

现代社会学认为,未来社会需要的是更具有想象力、创造力的人才。作为编者,我们衷心希望这套精心策划、用心编写的丛书能对青少年起到这样的作用。这套丛书的定位是青少年读者,但这并不是说它们仅属于青少年读者。我们也希望它成为青少年的父母以及其他读者群共同的读物,父女同读,母子共赏,收获知识,收获思想,收获情趣,也收获亲情和温馨。

谁的青春不迷茫?愿《青少年万有书系》能够为青少年在青春成长的路上指点迷津,带去智慧的火花,带来知识的宝藏。

Contents
目录 >>

WENHUA YU YISHU

PART 1 语言文学篇

- **语言的艺术** 2
  - 语言的起源 2
  - 普通话：汉民族的共同语 2
  - 千变万化的汉语方言 2
  - 文言与白话 3
  - 英语：使用最广泛的语言 4
  - 手语：聋哑人的工具 4
- **千姿百态的文字** 5
  - 汉字：美丽的方块字 5
  - 藏文：创制于吐蕃时代 5
  - 蒙古文：源于回纥字母 5
  - 彝文：奇异的蝌蚪文 6
  - 纳西东巴文：唯一活着的象形文字 ... 6
  - 女书：独一无二的女性文字 7
  - 苏美尔人的楔形文字 7
  - 埃及象形文字 8
  - 腓尼基字母：欧洲文字的始祖 8
  - 拉丁字母：流传地域最广的字母 9
  - 日本文字：由汉字演化而来 9
  - 盲文：摸着读的文字 10
  - 国际音标：发音的统一标记 10
- **文学王国** 11
  - 文学是什么 11
  - 诗歌：最古老的文学 11
  - 小说：表现力最强的文学形式 11
  - 散文：形散神不散 12
  - 民间文学：群众口头创作 12
  - 诺贝尔文学奖：世界文学界
    的最高荣誉 12
- **中国远古神话** 13
  - 盘古开天辟地 13
  - 女娲造人补天 13
  - 夸父追日 14
  - 精卫填海 14
  - 黄帝战蚩尤 14
  - 伏羲作八卦 14
  - 后羿射日 15
  - 嫦娥奔月 15
  - 大禹治水 15

- **中国古代文学** 16
  - 《诗经》：第一部诗歌总集 16
  - 屈原与楚辞 16
  - 司马迁与《史记》 17
  - 司马相如与汉赋 17
  - 叙事长诗《孔雀东南飞》 18
  - 建安文学"三曹" 18
  - 田园诗人陶渊明 18
  - 《世说新语》：第一部笔记小说 19
  - 诗仙李白 19
  - 诗圣杜甫 20
  - 王维：山水田园诗人 20
  - 唐宋八大家与古文运动 21
  - 苏轼：诗词文章的全能大家 21
  - 辛弃疾：壮怀逸兴 22
  - 旷世才女李清照 23
  - 剧坛领袖关汉卿 23
  - 王实甫与《西厢记》 24
  - 汤显祖的"临川四梦" 24
  - 第一部长篇章回小说《三国演义》 25
  - 古典白话章回小说《水浒传》 25
  - 《西游记》：神话小说 26
  - 《儒林外史》：杰出的讽刺小说 26
  - 《聊斋志异》：谈狐说鬼 26
  - 《红楼梦》：古典小说的巅峰 27
- **中国现代文学家** 28
  - 鲁迅：现代文学的奠基人 28
  - 胡适：新诗的老祖宗 29
  - 郭沫若：新文化的旗帜 29
  - 茅盾：左翼文学巨匠 30
  - 朱自清：有骨气的文学家 30
  - 徐志摩："新月派"代表诗人 31
  - 闻一多：诗人、学者、民主战士 31
  - 冰心：风格独特的文学大师 32
  - 老舍：人民的艺术家 32
  - 曹禺：20世纪最优秀的剧作家 33
  - 巴金：中国文学的良心 33
- **外国古代神话** 34
  - 宙斯：宇宙的主宰 34
  - 阿波罗：太阳之神 34
  - 雅典娜：智慧女神 34
  - 赫拉克勒斯：力大无穷的英雄 35
  - 珀耳修斯与蛇发女妖 35
  - 忒修斯与牛怪 35
  - 毗湿奴：战无不胜的保护神 36
  - 湿婆：三只眼的破坏之神 36
  - 大梵天：印度神话中的创造之神 36
  - 拉：古埃及的太阳神 37
  - 奥西里斯：冥界的判官 37
  - 阿努比斯：长着狼头的神 37
  - 亚当与夏娃：人类的始祖 38
  - 诺亚方舟：生命的避难所 38
  - 巴别塔：未能完工的通天塔 38
- **欧洲文学** 39
  - 《荷马史诗》：古代西方的杰作 39
  - 《伊索寓言》：最早的寓言集 39
  - 古希腊三大悲剧作家 40
  - 阿里斯托芬：欧洲喜剧之父 40
  - 维吉尔：古罗马最伟大的诗人 41
  - 西塞罗：黄金时代的天才作家 41
  - 骑士文学：神异的冒险生活 42
  - 但丁与《神曲》 42
  - 薄伽丘与《十日谈》 43
  - 伟大的戏剧天才莎士比亚 44
  - 塞万提斯与《堂吉诃德》 45
  - 弥尔顿与《失乐园》 45
  - 笛福与《鲁宾逊漂流记》 46
  - 歌德与《浮士德》 46
  - 童话大王安徒生 47
  - 斯威夫特的《格列佛游记》 47
  - 浪漫主义诗人拜伦和雪莱 48
  - 狄更斯和《双城记》 48
  - 萧伯纳：撕掉绅士的假面具 49
  - 拉伯雷的《巨人传》 49
  - 喜剧大师莫里哀 49

巴尔扎克与《人间喜剧》..................50
雨果：浪漫主义文学领袖..................50
自然主义作家左拉..................51
短篇小说巨匠莫泊桑..................51
普希金：俄国诗歌的太阳..................52
列夫·托尔斯泰：俄国革命的镜子..................52
屠格涅夫：现实主义大师..................53
卡夫卡：表现现代人的困惑..................53
意识流小说《尤利西斯》..................53

- 亚非拉美文学..................54
  古印度梵文史诗《罗摩衍那》..................54
  《源氏物语》：日本最早的长篇小说..................54
  《一千零一夜》：阿拉伯民间文学之花..................55
  泰戈尔：印度文学的骄傲..................55
  川端康成：新感觉派作家..................56
  智利诗人聂鲁达..................56
  马尔克斯与《百年孤独》..................57
  惠特曼：美国诗歌之父..................57
  幽默大师马克·吐温..................58
  "硬汉"作家海明威..................58

PART 2 美术工艺篇

- 绘画的世界..................60
  壁画：人类最早的绘画..................60
  气韵生动的中国画..................60
  色彩丰富的油画..................61
  明澈自然的水彩画..................61
  厚重艳丽的水粉画..................61
  刀刻拓印的版画..................62
  素描：造型艺术的基础..................62
  幽默讽刺的漫画..................62
  鲜明夺目的宣传画..................62

- 中国名家名画..................63
  顾恺之：笔下传神..................63
  吴道子：吴带当风..................63
  米芾父子的"米家山水"..................64

  张择端的《清明上河图》..................64
  画坛领袖赵孟頫..................65
  各具风格的吴门四家..................65
  八大山人朱耷..................66
  孤傲怪癖的扬州八怪..................66
  齐白石：20世纪的国画大师..................67
  徐悲鸿与马..................67

- 外国名家名画..................68
  欧洲史前洞穴壁画..................68
  古埃及壁画..................68
  克诺索斯王宫壁画..................69
  古希腊陶瓶画..................69
  庞贝城的壁画：古罗马的辉煌..................70
  拜占庭的镶嵌画..................70
  波提切利与《维纳斯的诞生》..................71
  西斯廷教堂壁画..................71
  拉斐尔的《西斯廷圣母》..................72
  提香的《圣母升天》..................72

天才画家达·芬奇 73
巴洛克艺术家鲁本斯 74
德拉克罗瓦与《自由引导人民》 74
《马拉之死》：再现英雄的
　最后时刻 75
印象派大师莫奈 75
列宾与《伏尔加河上的纤夫》 76
凡·高的《向日葵》 76
抽象派大师毕加索 77
怪异的天才达利 77

- 中国雕塑艺术 78
中国最早的雕塑 78
秦始皇陵兵马俑：庞大的地下军队 79
生动写实的汉画像石和画像砖 79
玲珑圆润的秦汉玉雕 80
唐代帝王陵墓雕刻 80
云冈石窟的佛像 81
依山危坐的乐山大佛 81
玲珑剔透的牙雕 81

- 外国雕塑艺术 82
狮身人面像：人神合一 82
涅非尔提提胸像：美艳的埃及王后 82
阿伽门农面具：迈锡尼的黄金杰作 83
庄重严谨的古希腊雕塑 83
古罗马雕塑：以写实见长 84
米开朗琪罗的《大卫》 84
罗丹与《思想者》 85
亨利·摩尔：20世纪的雕塑大师 85

- 书法与篆刻 86
最早的书法——甲骨文 86
青铜器上的金文 86
圆匀典雅的篆书 86
扁平工整的隶书 86
笔力刚劲的魏碑 87
方正平直的楷书 87
龙飞凤舞的草书 87
灵活流畅的行书 88
东晋"二王"："书圣"世家 88

"癫张醉素"的狂草艺术 88
"颜筋"与"柳骨" 89
首创"瘦金体"的宋徽宗 89
篆刻艺术：方寸之间的艺术 89

- 中国民间工艺 90
瓷器："中国"的代名词 90
四大名绣：民间刺绣的典范 91
错彩镂金的景泰蓝 91
绚丽缤纷的漆器 92
泥塑与面塑 92
编织工艺品：来自农家 92

PART 3 建筑园林篇

- 外国传世建筑 94
英国巨石阵：巨石文明的典范 94
埃及金字塔：人间奇迹 94
西亚古都巴比伦城 95
雅典卫城：古希腊最伟大的杰作 95
万神庙：古罗马建筑的代表 96
古罗马大竞技场 96
玛雅人的金字塔 97
印加古城马丘比丘 97
石头城大津巴布韦 98
吴哥窟：高棉王国的遗迹 98
蓝色清真寺：唯一的六塔清真寺 99
科隆大教堂：最完美的哥特式建筑 99
泰姬陵：伊斯兰明珠 100
梵蒂冈的圣彼得大教堂 100
宏伟的雄狮凯旋门 101
埃菲尔铁塔：巴黎的标志 101
白宫：美国总统的家 102
帝国大厦：最富传奇色彩的摩天
　大楼 102
神圣家族教堂："永不完工"的
　杰作 103

蓬皮杜艺术中心：赤裸的建筑物............103
悉尼歌剧院：雪白的风帆............104
- **中国历代建筑** 105
  长城：万里龙脊............105
  赵州桥：最早的石拱桥............105

  应县木塔：最古老的木构建筑............106
  悬空寺：绝壁危楼............106
  孔庙：中国古代祠庙建筑典范............106
  布达拉宫：藏式建筑的精粹............107
  故宫：无与伦比的杰作............108
  明十三陵：帝陵建筑的典范............108
  少林寺：禅宗的"祖庭"............109
  福建客家土楼：生土夯筑的大房子............110
  傣家竹楼：充满亚热带风情的居室............110
  四合院：传统文化的载体............111

PART 4
体育运动篇

- **中外园林艺术典范**............112
  颐和园：皇家园林的巅峰之作............112
  名冠江南的拙政园............112
  隐居江湖的网师园............113
  避暑山庄：中国地理形貌的缩影............113
  玲珑自然的日本庭园............114
  哈德良别墅：罗马的"万园之园"............114
  巴黎凡尔赛宫苑：古典主义园林

典范............115
纽约中央公园............116
- **体育盛会**............118
  奥林匹克运动会............118
  世界大学生运动会............118
  亚洲运动会............119
  世界杯足球赛............119
- **田径运动**............120
  短跑：最基础的田径运动............120
  中长跑：速度与耐力的较量............120
  马拉松：艰苦的长跑............120
  跨栏跑：源于牧羊人的游戏............121
  接力跑：田径运动唯一的集体项目......121
  竞走：步态奇怪的走............122
  跳远：急行后短暂的飞行............122
  三级跳远：一跳再跳............122
  跳高：对抗地球引力............122
  撑杆跳高：技术复杂的运动............123
  铅球：投掷炮弹的游戏............123
  铁饼：源自投石活动............123
  标枪：古代的兵器............123
- **球类运动**............124
  足球：世界第一运动............124
  橄榄球：冲撞激烈的运动............124
  篮球：巨人的运动............125
  美国职业篮球联赛............125
  排球：空中攻防战............125
  网球：欧洲宫廷运动............126
  羽毛球：老少皆宜的运动............126
  棒球和垒球：竞技与智慧的结合......127
  乒乓球：桌上网球............127
- **水上运动**............128
  竞技游泳：水中竞速............128
  花样游泳：出水芙蓉............128
  跳水：优美入水............129
  赛艇：耐力与节奏............129
  滑水：水面上的滑行............129
  帆船与帆板：借助风力的运动............129

皮划艇：木舟的后裔 130
水球：水中手球赛 130

- **体操运动** 131
  - 跳马：马上的腾空 131
  - 鞍马：木马上的旋转 131
  - 吊环：悬空绳索上的杂技 131
  - 单杠：勇敢者的运动 131
  - 双杠：支撑与摆动 132
  - 高低杠：上下翻飞 132
  - 平衡木：起舞"独木桥" 132
  - 蹦床：奥运会上的新贵 132
  - 自由体操：优美的徒手舞蹈 133
  - 艺术体操：美的享受 133

- **冰雪运动** 134
  - 速度滑冰：在冰面上飞行 134
  - 花样滑冰：冰上芭蕾 134
  - 滑雪：浪漫而刺激的运动 135
  - 现代冬季两项 135
  - 冰球：冰上曲棍球 135

- **其他体育运动** 136
  - 射箭：古老的渔猎运动 136
  - 击剑：骑士的决斗 136
  - 射击：考验心理素质 136
  - 马术：高贵的王者运动 137
  - 摔跤：历史最悠久的竞技运动 137
  - 拳击：以拳头为唯一武器的格斗 137
  - 跆拳道：源自朝鲜半岛的技击 138
  - 自行车运动 138
  - 一级方程式锦标赛 138

- **中华武术** 139
  - 拳术：内外合一 139
  - 刀术：勇猛刚劲 139
  - 剑术：轻快敏捷 139
  - 枪术：虚实相济 139
  - 棍术：身棍合一 140
  - 推手：四两拨千斤 140
  - 散打：中华武术的精华 140

PART 5 音乐舞蹈篇

- **音乐的王国** 142
  - 音乐的三要素 142
  - 乐谱：记录音乐的"文字" 142
  - 声乐：人声的歌唱 142
  - 奏鸣曲：四乐章的古典音乐 143
  - 交响曲：由管弦乐队演奏 143
  - 随想曲、狂想曲与幻想曲 143
  - 小夜曲：在恋人窗下歌唱 144
  - 圆舞曲：旋转的舞曲 144
  - 鼓舞士气的进行曲 144
  - 爵士乐：来自黑人的音乐 145
  - 激烈疯狂的摇滚乐 145

- **乐器世界** 146
  - 编钟：最古老的打击乐器 146
  - 笛子：清脆悠扬 146
  - 二胡：深沉悠远 146
  - 琵琶：民乐之王 147
  - 扬琴：轻快明亮 147
  - 古筝：东方钢琴 147
  - 唢呐：高亢嘹亮 148
  - 钢琴：乐器之王 148
  - 小提琴：交响乐队的支柱 148
  - 大提琴：忧郁深沉的低吟 149

双簧管与单簧管 149
　　竖琴：最古老的拨弦乐器 149
　　管弦乐队中的鼓 149
　　铜管乐器 150
　　吉他：最流行的民间乐器 150
　　风笛：悠扬的苏格兰风 150
● **著名音乐家** **151**
　　巴赫：西方音乐之父 151
　　海顿：交响乐之父 151
　　莫扎特：音乐神童 151
　　"乐圣"贝多芬 151
　　歌曲之王舒伯特 152
　　"钢琴诗人"肖邦 152
　　约翰·施特劳斯：圆舞曲之王 152
　　柴可夫斯基：俄罗斯之魂 152
　　"盲人阿炳"华彦钧 153
　　时代歌手聂耳 153
　　人民音乐家冼星海 153

● **舞蹈艺术** **154**
　　长袖善舞的绸舞 154
　　边击边跳的长鼓舞 154
　　祭祀驱邪的萨满舞 154

　　狮舞与龙舞：民间的狂欢 154
　　芭蕾舞：脚尖上的艺术 155
　　浪漫激情的拉丁舞 155
　　踢踏舞：用来听的舞蹈 156
　　华尔兹：最受欢迎的舞蹈 156
　　狐步舞：狐狸般的舞步 156
　　探戈：严肃的双人舞 156
　　现代舞：自由的舞蹈 157
　　印度舞：花样繁多的手势 157
　　阿拉伯肚皮舞 157
　　非洲黑人舞蹈 158

PART 6 戏曲影视篇

● **舞台艺术** **160**
　　歌剧：音乐的戏剧 160
　　音乐剧：载歌载舞的狂欢 160
　　话剧：舞台上的悲欢离合 160
　　舞剧：舞蹈的最高表现形式 161
　　木偶戏：古老的傀儡戏法 161
● **中国戏曲** **162**
　　国粹京剧 162
　　百花齐放的地方戏 162
● **说唱艺术** **163**
　　评书：一个人一台戏 163
　　相声：寓庄于谐 163
● **电影的历程** **164**
　　电影的诞生 164
　　从无声到有声 164
　　彩色电影的问世 164
　　视野开阔的宽银幕电影 165
　　极度真实的立体电影 165
　　引人发笑的喜剧片 165
　　天马行空的科幻片 166
　　惊险刺激的恐怖片 166
　　西部片：草原上的英雄传奇 166

战争片：战火中的史诗 167
美术片：孩子最喜欢的电影 167
歌舞片：好莱坞黄金时代的标志 168
功夫片：除暴安良的侠士神话 168
纪录片：真实记录生活 168

- 电影的创作 169
  电影剧本：一剧之本 169
  导演：电影创作的总指挥 169
  摄影师：画面的记录者 169
  录音：捕捉声音的魔法 170
  美工：无所不能的美术师 170
  电影表演：演员的艺术创作 170
  服装：演员的行头 171
  化妆：手艺高超 171
  道具：以假乱真 171
  剪辑：最后的组接 171

- 电影特技 172
  停机再拍：不翼而飞的人 172
  延时摄影：瞬间盛开的花 172
  多次曝光：一人分饰两角 172
  模型摄影：以小见大的障眼法 172
  真假难分的接景拍摄 173

电影中的风雨雷电 173
天衣无缝的活动遮片技术 173

- 电影节和电影奖项 174
  奥斯卡金像奖 174
  威尼斯国际电影节 174
  戛纳国际电影节 174
  柏林国际电影节 175
  东京国际电影节 175
  金鸡百花电影节 175
  上海国际电影节 175

- 经典名片 176
  《工厂的大门》 176
  《一个国家的诞生》 176
  《战舰波将金号》 176
  《乱世佳人》 177
  《罗生门》 177
  《淘金记》 177
  《星球大战》 178
  《辛德勒名单》 178
  《红高粱》 179
  《霸王别姬》 179
  《卧虎藏龙》 179

Part 1
语言文学篇

语言的艺术

方言：全民语言在长期的历史发展中分化出来的地域性变体，也就是只流行于某个地区而没有在民族共同语中普遍通行的语言。我国现在共有七大方言。

▶ 语言的起源
▶ 普通话：汉民族的共同语
▶ 千变万化的汉语方言

■ 语言的起源

语言是一种人类特有的符号系统，虽然许多动物也能通过叫声传递信息，但是只有人类会有意识地通过变换语音的组合方式，表达丰富的意义。

据估计，目前世界上大约有3000种语言，使用人数超过100万的有100种左右。汉语、英语、法语、俄语、西班牙语和阿拉伯语等使用范围较广。

人类的语言是怎样产生的呢？由于文字出现前的语言研究缺乏可靠的证据，因此关于这个问题人们只能作出一些猜想。

有学者提出，语言来自模仿。比如远古人听到狗叫，就学狗叫"汪汪"，慢慢人们便用"汪汪"来指代狗。

马克思主义理论认为劳动创造了语言。人们在劳动的过程中需要互相配合，就需要选择一定的声音作为标志来把大家的行动统一起来，于是最初的语言就形成了。

还有人提出，语言产生于感情。原始人在愤怒、愉快等感情的冲击下，体内气流自然而然通过声带发出声音，于是语言就产生了。

各种猜测不胜枚举，看来要破解语言起源的谜团，还需要各个领域的专家们继续努力。

【百科链接】

符号：
记号、标志。在某种认知体系中，符号是指代一定意义的意象，它可以是图形图像、文字组合、声音信号、建筑造型，甚至可以是一种思想文化、一个时事人物等。

轻声耳语
交谈不仅是语言信息的交流，更是情感的表达。有了"语言"这个媒介，人们相互间的距离就更近了。

■ 普通话：汉民族的共同语

中国历史悠久、地域辽阔、人口众多，汉民族作为第一大族，分布极为广泛。随着时间的推移，各地都形成了自己的方言。方言的存在使不同地域的人们的沟通产生了障碍，为了消除这种障碍，普通话便应运而生了。

新中国成立后，汉民族的共同语被正式定名为"普通话"，并从语音、词汇、语法三个方面提出标准——以北京语音为标准音，以北方话为基础方言，以堪称典范的现代白话文著作为语法规范。

"以北京语音为标准音"是说以北京话的语音系统为标准，但并不是完全照搬，因为北京话里有许多土音和异读音，会给普通话的推广带来麻烦。今天普通话的语音应该以1985年公布的《普通话异读词审音表》及最新版的《现代汉语词典》为标准。

"以北方话为基础方言"指的是以北方地区通行的说法为准，同时也要从其他方言中吸收所需要的词语。

"以堪称典范的现代白话文著作作为语法规范"是说普通话的语法要以鲁迅、茅盾、冰心等人的现代白话作品为规范，个别作家、个别作品中特殊的用词造句规则不在此列。

■ 千变万化的汉语方言

汉语方言是相对于普通话而言的。古代各地经济文化差异较大，交通不便，人们的语言

先秦：秦朝以前的历史时代，大致经历了氏族公社、夏、商、周等历史阶段。

动物之间的交流
许多动物也能够发出声音来表示自己的感情或者在群体中传递信息，但动物发声都是一些固定的程式，不能随机变化，与人类的语言不可同日而语。

苏州评弹
苏州评弹是一种流行于我国江苏南部和浙江北部的曲艺说唱形式，采用以苏州话为代表的吴方言进行表演。

也产生了差异，并保存下来，就形成了方言。一般认为，现代汉语有七大方言：

1．北方方言。是现代汉民族共同语的基础方言，以北京话为代表，内部一致性较强，分布地域最广，使用人口约占汉族总人口的73%。北方方言失落了大部分的中古辅音韵尾。

2．吴方言。也叫江浙话或江南话，在江苏南部、浙江绝大部分、上海和安徽南部部分地区使用，使用人口在7000万左右。

3．客家方言。在中国南方的广东东北部、福建西部、江西南部、广西东南部、台湾、四川等地的客家人中广泛使用，以梅县话为代表。

4．闽方言。在福建、台湾、海南、菲律宾和东南亚的一些国家使用。其中影响力最大的是闽南语。

5．粤方言。也称广东话，以广州话为代表，主要用于广东、广西、香港、澳门和部分海外华人中间。

6．湘方言。在湖南使用，通常被分为老湘语和新湘语两类。老湘语分布在衡阳、双峰一带，受外部方言影响较小。新湘语更接近于北方话，以长沙话为中心，向四周扩散。

7．赣方言。以南昌话为代表，主要用于江西大部分地区以及湖南靠近江西一侧的部分地区。

【百科链接】
辅音：
气流从肺里出来，通过口腔时受到一定的阻碍所发出的不够清晰响亮的音。发辅音时声带不一定振动。

■ 文言与白话

文言，是以先秦时代的汉语口语为基础加工而成的书面语。口语变化比较快，书面语却由于统治者的提倡和文人的使用而逐渐定型，成了不同于口语的另一种语言。现代汉语和文言的差异主要表现在词汇方面。在社会发展过程中，一些旧词汇在人们的日常交流中消失了，却还保留在文言之中；而众多的新生词汇，在文言中却无所体现。

《武王伐纣平话》书影
《武王伐纣平话》大约成书于14世纪，属于"讲史"类的话本小说。据研究，《封神演义》就是在它的基础上发展而成的。

白话与文言相对，是以汉语口语为基础加工而成的书面语。白话有古今之分，古代白话兴起于唐宋时期。宋代的话本小说和明清时期的许多通俗文学作品都使用了古白话。现代白话是我们现在经常使用的书面语，它形成于五四运动时期，许多现代文学名著都是用现代

歇后语：我国人民在生活实践中创造的一种独特的语言形式。它一般由两个部分构成，前一部分对述说对象做形象的比喻，后一部分进行其解释说明。

▶ 英语：使用最广泛的语言
▶ 手语：聋哑人的工具

白话写成的。现代白话共有4个声调，词汇以双音节词为主，包括大量的成语、谚语、歇后语等。现代白话能够准确表达出意义、感情方面的细微差别。

■ 英语：使用最广泛的语言

莎士比亚像

著名剧作家莎士比亚是英语的语言大师。据后人统计，莎士比亚所用的词汇在1.5万个以上，许多莎士比亚戏剧中的语言已经成为了英文中的成语和典故，极大地丰富了英文词藻。

英语属于印欧语系的日耳曼西部语支，大约形成于5世纪，是世界上使用范围最广的语言。自15世纪开始，英国在全球进行了广泛的殖民统治，使英语逐渐传播到各大洲；而20世纪美国在经济、军事、政治、文化和科学等领域的领先地位，更使英语成为了一种国际语言。

如今，全球60%的广播节目使用的是英语，全世界70%以上的邮件是用英文书写的，全球80%以上的网页为英文网页，世界上绝大部分的科技资料是用英文发表的，绝大部分的国际会议将英语作为第一通用语言。总之，英语已经成为世界上最广泛、最重要的信息交流工具。

除了历史因素，英语自身的特点也为它的广泛传播提供了便利。首先，英语句子结构比较简单，合乎逻辑思维的自然顺序，名词和形容词没有过多复杂的变化，因此易学易懂；其次，英语的词汇量非常大，据估计，英语单词的数量超过100万个，居各语种之首，因此它的表达能力特别强；再次，英语的构词手段多种多样，能够不断产生新词，原有的词也可以不断获得新的词义。此外，英语中还有大量的短语动词，它们由动词加副词构成，这些动词词组使英语的表达力更加灵活多变、平易近人、生动活泼。

■ 手语：聋哑人的工具

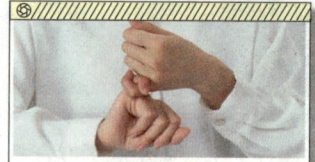

手语

用手做出各种手势，根据手势的变化模拟形象或者音节，表达某种意思。手语是有听力障碍的人进行交流的一种手的语言。

语言是人类特有的交际工具，不同的民族有不同的语言。中国人讲汉语，美国人讲英语，而聋哑人无法讲话，于是手语便成了他们必不可少的交际工具。手语是用手势比量动作，根据手势的变化模拟形象或者音节以构成一定的意思或词语，它是有听力障碍的人进行交流的一种手的语言。古代就有手语，但并非专为聋哑人所有。在语言产生以前，古人就是靠手势来传达信息的。

手语可以分为手指语和手势语两种。手指语是用手指模拟代表有声语言的字母，并按书面语的顺序和规则连续拼出音节语句；而手势语是通过约定俗成的手势和表情来模拟事物的外形特征和变化过程，构成一定的意义。在手势语中，用手势表示的词就是最小的有意义的语言单位。例如"走"、"跑"、"三月"、"聪明"都是用一个个手势打出来的词。

手语还有非手势的表达，例如点头表示"是"、"可以"、"同意"，摇头表示否定等。

不同的国家、民族使用的手语各不相同，手语是根据本国语言文字的特点来制定的。

【百科链接】

语系： 具有共同来源的诸语言的总称，如汉藏语系、印欧语系。按各语言之间关系的远近，同一语系可分为若干语族，下又分为若干语支。

- 汉字：美丽的方块字
- 藏文：创制于吐蕃时代
- 蒙古文：源于回纥字母

隶书：在篆书基础上为适应书写便捷的需要而产生的字体。隶书突出的特点是把小篆匀圆的线条变成平直方正的笔画。

语言文学篇

千姿百态的文字

■ 汉字：美丽的方块字

汉字是世界上最古老的文字之一，同时也是目前使用人口最多的文字。我国有十几亿人口使用汉字，在新加坡等华人聚居的国家，汉字的使用率也非常高。

汉字有4500多年的发展历史，它历经甲骨文、大篆、小篆、隶书、楷书、草书、行书等多种书体的变化，由繁到简，符号性越来越强。秦始皇建立大一统的秦朝之后，下令统一全国文字。3000多年后的今天，汉字的大体形状也没有发生太大的变化。

东汉许慎在《说文解字》中将汉字构造的规律概括为"六书"：象形、指事、会意、形声、转注、假借。前四项为造字原理，即"造字法"；后两项则为用字规律，是"用字法"。

现在的汉字，在规范书写时都是由一个或几个字根在一个方块内组成的，因此也被称作"方块字"。单个汉字一般具有多种含义，具有很强的组词能力，所以2000个左右的常用汉字就可以覆盖98%以上的书面表达方式。因此对于同样的内容，用中文表达要比用其他任何字母语言表达所用的文字少得多。

从古到今汉字是人们进行沟通的重要手段。由汉字衍生出来的书法艺术，更是中华文明的瑰宝。

■ 藏文：创制于吐蕃时代

藏文指的是藏语文字，是藏族人民使用的书面交际工具。藏语属于汉藏语系中的藏缅语支，除了中国境内的藏族，尼泊尔、不丹、印度境内也有一部分人使用。

藏文
藏文是一种拼音文字，藏文字形结构均以一个字母为核心，其余字母均以核心字母为基础，前后附加和上下叠写，组合成一个完整的字表结构。

藏文是一种拼音文字，属辅音文字型，分辅音字母、元音符号和标点符号3部分，其中有30个辅音字母、4个元音符号、5个反写字母。藏文的书写习惯是从右向左，其字体分两大类，即"有头字"和"无头字"。"有头字"相当于楷书，常用于印刷、雕刻、正规文书等；"无头字"相当于行书，主要用于手写。

大多数藏文典籍认为，现行的藏文诞生于7世纪初。当时松赞干布统一青藏高原、建立吐蕃王朝后，为了便于与周边各国进行交流，就派大臣吞弥·桑布扎到印度取经。桑布扎在印度求学期间，特别注重梵文的学习。他回到吐蕃后，以梵文为基础，结合藏语的语言特点，创造了藏文。

【百科链接】
吐蕃：
7至9世纪时古代藏族建立的政权，由松赞干布到达磨延续了200多年，是西藏历史上创立的第一个政权。

■ 蒙古文：源于回纥字母

在成吉思汗统一蒙古之前，蒙古族并没有自己的文字。当有事情需要记录时，人们就在

畏兀儿：也译为畏吾儿、畏午儿等，元朝西北部一民族的名称。宋代时称高昌回纥，元代称畏兀儿，现在称新疆维吾尔族。

▶ 彝文：奇异的蝌蚪文
▶ 纳西东巴文：唯一活着的象形文字

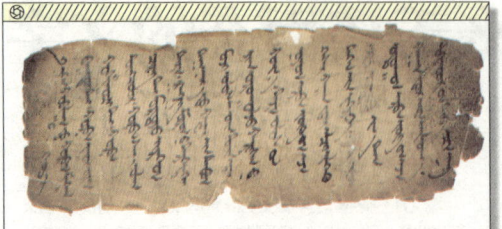

蒙古文残页
蒙古文是在回纥字母基础上形成的一种蒙古族通用的拼音文字，在蒙古族的文化发展上起过重要作用，通过它保存和丰富了大量的文化遗产。

木头上简单刻画，记个大概。1204年，成吉思汗率大军征服了乃蛮部落，俘获了乃蛮的国师塔塔统阿。塔塔统阿精通回纥文，他归顺成吉思汗之后，用回纥字母拼写蒙古语，创制了回纥式蒙古文。

元世祖忽必烈即位之后，尊西藏僧人八思巴为国师。八思巴创造了一种新的蒙古文，称为"八思巴文"。"八思巴文"在外形上和藏文类似，可以用来拼写蒙、汉、藏、梵、畏兀儿等各族语言。元朝灭亡后，蒙古族退回漠北，八思巴文逐渐被废弃，回纥式蒙古文则继续发展，逐渐演化为现代蒙古文。蒙古文在蒙古族的文化发展过程中起过重要的作用，通过它保存了丰富的文化遗产。

【百科链接】
纳西族：
自称"纳"、"纳西"、"纳汝"，分布在云南丽江、中甸、维西、宁蒗及四川盐源、木里等地。

■ **彝文：奇异的蝌蚪文**

彝文是生活在我国四川、贵州、云南等地的彝族群众所使用的文字，过去称作"罗罗文"、"倮文"或"爨文"。明清史书说这种文字"字如蝌蚪"。早期的彝文是表意文字，目前的彝文是表意为主、表音为辅的意音结合的音节文字。

关于彝文的起源，各彝族地区有许多美妙的传说。如在四川凉山彝区的传说中，彝文是一位勤劳好学的青年毕摩毕阿苏拉责跟仙鸟学习后将其转教世人而流传下来的文字。

彝文起源于何时，学术界尚无定论。有人认为它出现于汉代，有人认为它在隋唐时期就已初具规模，还有人认为它起源于唐宋或稍晚的时期。可以肯定的是，彝文在明朝中期进入了兴盛时期，因为当时出现了不少彝、汉两种文字的碑刻和彝文经书。

■ **纳西东巴文：唯一活着的象形文字**

东巴文是生活在我国云南丽江地区的纳西族所使用的文字，产生于11世纪以前，是一种比甲骨文还要原始的象形文字，至今仍在使用，被认为是"目前世界上唯一活着的象形文字"。

"东巴"是纳西人对信仰的原始宗教东巴教的祭司的称呼。东巴文主要用来记录东巴教的经典，由该教祭司掌握，普通的纳西老百姓不会写东巴文。

东巴文
东巴文是一种原始的图画象形文字，东巴教徒书写东巴经文、传授经书时使用。东巴文至今已有1000多年的历史，是目前世界上唯一活着的象形文字，被视为全人类的文化遗产。

东巴文的总字数约为1400个，分图画文字和象形文字两大类。东巴文字形简约、生动、

- 女书：独一无二的女性文字
- 苏美尔人的楔形文字

韵文：讲究格律且押韵的文体或文章。不同时代流行不同的韵文文体，如战国时代流行楚辞，汉朝流行汉赋、古诗、乐府，唐朝流行律诗，宋朝流行词。

语言文学篇

粗犷、夸张，有些字只看一眼就可以明白它的意思。

■ 女书：独一无二的女性文字

瑶族历来都被认为没有自己的文字，但在湖南省江永县都庞岭东侧的桐口、浦尾葛潭及邻近的瑶族寨里，很久以来就流传着一种笔画纤细、笔笔倾斜的特殊文字。这种文字没有横、撇、捺、钩4种笔画，特别有趣的是，它历来只由妇女掌握，靠母传女、老传少，一代代传下来。因此，当地人都把这种文字称做"女书"。

女书也被称为"蚊脚书"，它的文字呈长菱形，字体秀丽娟细，造型奇特。目前人们搜集到的女书文字有近2000个字符，所有字符只有点、竖、斜、弧4种笔画。与汉字不同的是，女书是一种标音文字，每一个字代表一个音。

古时候，当地女子用这种男人不懂的文字与闺中姐妹互通心迹，还将女书刺绣、刻画、戳印、书写在纸、扇、巾、帕等女红作品上。目前搜集到的"女书"作品有近20万字，内容多描写当地妇女的生活，文体多为七字韵文，可用当地的土语进行演唱。每逢节日，当地女人便聚在一起，吟诵这些作品。

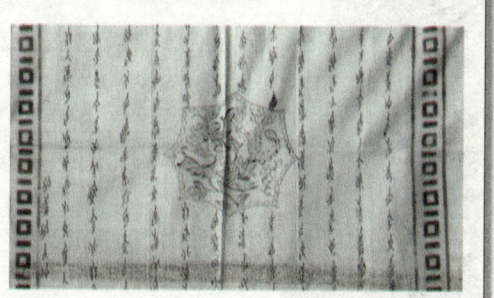

写有女书的绢帛
女书是世界上独一无二的一种女性文字，呈长菱形，字体秀丽娟细，造型奇特。女书作品一般书写在自制的手写本、扇面、布帕等贴身物品上，十分讲究形式美。

■ 苏美尔人的楔形文字

公元前4000年左右，西亚北部的两河流域出现了最早的定居民族——苏美尔人。他们创造的苏美尔文明是全世界最早的文明。苏美尔人用削成三角形尖头的芦苇秆或骨棒、木棒当笔，在湿黏土制成的泥版上写字，字形自然呈楔形，所以这种文字被称为"楔形文字"。

【百科链接】
两河流域：
两河指西亚北部的幼发拉底河和底格里斯河，它们都发源于今土耳其境内，向东流入波斯湾。两河沿岸地区土地肥沃、水源丰富，适宜发展农业生产。

最初苏美尔人用图形将猪、牛、马、羊、庄稼等事物画下来。随着不断的改进和发展，图形越来越简单，最后固定下来就成了表意的文字符号。把几个符号组合起来，还可以表示一个新的含义。比如用"口"的符号来表示"说"的意思，用"眼睛"和"水"的符号来表示"哭"的意思。随着文字的推广和普及，苏美尔人干脆用一个符号来表示一个声音，并且逐渐增加了一些限定性的部首符号，如人名前加一个倒三角形符号，就表示这是男人的名字。这样，这种文字体系就基本完备了。

在苏美尔文明之后的2000年间，楔形文字一直是两河流域唯一通用的文字体系。公元前500年左右，这种文字甚至成了西亚大部分地区通用的商业交往媒介。

楔形文字泥版
古代苏美尔人用削成三角形尖头的芦苇秆或骨棒、木棒当笔，在湿黏土制成的泥版上写字，字迹呈楔形，所以这种文字被称为"楔形文字"。

祭司：古埃及时期的神职人员。他们的职责是管理国家事务、维护宗教信仰、施行占卜和举行典礼等。

▶ 埃及象形文字
▶ 腓尼基字母：欧洲文字的始祖

■ 埃及象形文字

罗塞塔石碑
罗塞塔是一块刻有埃及国王托勒密五世诏书的大理石石碑，造于公元前196年。近代考古学家们根据石碑上三种不同的语言版本，成功解读出埃及象形文字。

埃及的象形文字产生于公元前4000年左右，是从原始社会最简单的图画和花纹产生出来的。

古埃及的象形文字由表意、表音和部首3种符号组成。表意符号是用来表示一些事物的概念或定义的图画，由于它不能表示字的发音，因此古埃及人又发明了表音符号。表音符号共有24个子音，它们通过一定的规律组合，又构成了大批的双子音和三子音，但这些发音都不止表示一种意思。为了有所区分，埃及人又发明了部首符号，其作用是区分不同范畴的符号，类似汉字中的部首。绝大多数的埃及文字都有部首符号。

在古代埃及历史的不同阶段，象形文字也随着社会生活的需要出现过多次变化：中王国时期出现过祭司体，后埃及时代出现过民书体，在罗马统治期间又出现了科普特文字（用改造过的希腊字母书写的埃及文字）。

■ 腓尼基字母：欧洲文字的始祖

腓尼基是古代中东的一个民族。大约公元前13世纪，腓尼基人依据古埃及文字，创造出了历史上第一批字母文字，即腓尼基字母。这种文字共有22个辅音字母，没有元音字母。

关于腓尼基字母的发明，有一个古老的传说。相传，有一个叫卡德穆斯的腓尼基木匠，在别人家里干活时发现一件工具忘带了，就随手用刀在一片木头上划了几下，让人送给在家中的妻子。他的妻子看到木片，就把这件工具递给了来人。据说，卡德穆斯使用的就是腓尼基字母，此后许多人来向他求教，于是腓尼基字母就这样传播开来。

实际上，腓尼基字母的产生并非偶然，而是实践需要的结果。腓尼基人的商业和航海业十分发达，记账和签署"文件"之类的事非常频繁，但是当时流行的象形文字和楔形文字写起来太费时。于是腓尼基人对埃及象形文字和巴比伦楔形文字进行了简化和整理，简便的22个字母就这样诞生了。

【百科链接】
元音：
发音时从肺部呼出的气流通过起共鸣作用的口腔发出的阻力极小无摩擦的语音。

古埃及方尖碑上的象形文字
方尖碑也是古埃及文明的重要象征之一，一般以整块的花岗岩雕成，重达几百吨，四面均刻有象形文字。

平假名：日语中表音符号的一种。平假名多是从中国汉字的草书演化而来的，据说是为书写和歌、物语而诞生的，形成于10世纪前后。

在没有自己文字的地中海地区，腓尼基字母很快被推广开来。随后，古希腊人又在腓尼基字母的基础上创造了希腊字母。以后，在希腊字母的基础上，又形成了拉丁字母。因此可以说，腓尼基字母是欧洲国家字母文字的始祖。

■ 拉丁字母：流传地域最广的字母

拉丁字母

拉丁字母是当今世界最具影响力的文字符号，也是使用最广泛的一种字母文字系统，又叫"罗马字母"。

拉丁字母也叫"罗马字母"，为拉丁语的字母，是在公元前7至前6世纪时从希腊字母发展而来的。它最初只有20个大写字母，后来增加到26个。同时，为了书写方便，小写字母和各种不同的书写字体也逐渐出现。

及）所使用的文字，东欧的波兰语、捷克语、霍尔瓦特语、斯洛文尼亚语和亚洲的越南语也都采用了拉丁字母。中国的汉语拼音方案也是用拉丁字母制订的。另外，各国通用的科学符号也大都使用拉丁字母。

同时，现代医药科学和生物学界的重要工具性文字，医学界的国际交流都是以正规的拉丁文处方进行的。

■ 日本文字：由汉字演化而来

写有日文的纸灯笼

日文是由汉字的偏旁与草书变化而来的。柔和的汉字草书适合书写日本和歌，尤其在盛行用草书书写信件、日记、小说之后，汉字草书逐渐形成了一种简练流畅、自由洒脱的字体。

拉丁语是中世纪以前欧洲的官方语言。16世纪时，拉丁语与各地的方言融合，发展成意大利语、法语、西班牙语、葡萄牙语、罗马尼亚语等现代欧洲语言。就连英语和德语，在词汇和语法上也颇受拉丁语的影响。

【百科链接】

拉丁语：

原是居住在今意大利中西部拉丁姆地区台伯河入海口附近的拉丁人的语言，后来成了罗马帝国的官方语言。

上古时的日本列岛居民只有语言没有文字。公元前1世纪，日本人接触到了汉字。据《汉书》记载，公元前57年，汉光武帝赐给倭国（现在的日本）一枚刻有"汉倭奴国王"字样的金印，从那时起，汉字开始传入日本。隋唐两代（日本的飞鸟、奈良、平安时期），日本先后22次派出使者来中国学习，汉字由此大量传入日本。

最初，日本人是把汉字作为音符来使用的，即用汉字来注音。9世纪时，日本人模仿汉字草体创造了平假名，又取汉字的偏旁部首创造了片假名。假名与汉字一起组成了日本文字

拉丁字母形体简单、匀称、美观，便于认读和连写，是世界上最通行的字母。它是西欧、美洲、澳洲、非洲（除埃塞俄比亚和埃

僧侣：为了信仰而离开世俗生活独自修行的人。在东方，僧侣指信仰佛教的和尚；在西方，则是指信仰基督教的修道士。

▶ 盲文：摸着读的文字
▶ 国际音标：发音的统一标记

的整体。

早期，日本正规的文章使用的都是汉字，片假名只是佛教僧侣们在读经诵典时用来标音的，平假名则是女性使用的文字。发展至今，日文中常用的汉字有2000个，片假名大多用来表示外来语，其余的则多用平假名。现代日文中，假名共有71个，最基本的有46个，排列成了"五十音图"。

■ 盲文：摸着读的文字

盲文也称为点字、凸字，是一种专为盲人设计的、靠触觉感知的文字。它是由法国盲人路易·布莱叶在1824年创造的，所以国际上通称盲文为"布莱叶盲文"。

布莱叶盲文由63个编码字符组成，每一个字符由排在一个有6个点位的长方形字板中的1至6个凸起的点组成。这些凸起在厚纸上的行

路易·布莱叶像
法国人布莱叶从小双目失明，聪明勤奋的他经过不懈的努力，终于创造出了六点制盲文。这种盲文最终被人们接受和认可，得到广泛传播。

盲文
盲文字符凸起在纸上，盲人靠触摸来进行阅读，因此盲文也被描述为"用手去读的文字"。

行盲文，可以用手指轻轻摸读。手写盲文时，首先要准备一个金属或塑料制成的盲文字板（由大小相同的两片板构成）和专用的锥笔。然后，把纸放在两板中间，用铁笔头穿过上层板的孔把纸压到下层板上的小窝里，形成向下的凸点或浮雕状，按布莱叶字符从右向左写。写完后把纸翻过来，点就朝上凸起，从左往右读即可。布莱叶盲文也可用特制的机器印造出来。

布莱叶盲文问世后，世界各国都根据本国的文字特点，参照这一体系创造了自己的盲文文字。中国1953年公布的拼音制新盲字，就借鉴了布莱叶的浮雕六点制原理。

■ 国际音标：发音的统一标记

各国的语言千姿百态，语音体系千差万别，想要用一套音标为人类所有的语言注音，似乎是个妄想。而实际上，人类虽然能够发出千变万化的声音，但是每种语言所用的声音元素却是有限的，大多数语言都是用几十个音，有些语言甚至只用十几个音。因此，制订一套统一的音标是完全有可能的。

【百科链接】
音标：
记录音素的符号，是音素的标写符号。它的制定原则是：一个音素只用一个音标表示，一个音标只表示一个音素。

1888年，国际语音协会根据人类发音器官的各部位所能发出的语音以及各种不同语言实际存在的语音拟定了一套音标符号，把每个不同的音素用特定的符号标注出来。这套音标符号就是我们今天熟悉的国际音标（IPA）。

起初，国际音标主要用于为欧洲各国的语言注音，所以符号数目不多。后来新的符号不断增加，原来的符号也有所增改，整个系统才日臻完善。现在的国际音标共有134个，以拉丁字母为基础。但是有限的拉丁字母远不够用，于是人们就以改变字形和借用其他语言字母的方式来补充。在读音上，多数符号以拉丁语或其他语言的原音为标准。

- 文学是什么
- 诗歌：最古老的文学
- 小说：表现力最强的文学形式

贺拉斯：古罗马诗人、批评家。他的"寓教于乐"的观点以及对类型、共性的论说为17世纪古典主义制定了基本原则。

语言文学篇

文学王国

芦苇

芦苇在古时候称蒹葭，又称荻。我国最早的诗歌总集《诗经》中有《蒹葭》一篇，通过芦苇写相思之情，有人说"古之写相思，未有过之《蒹葭》者"。

荷马的礼赞

这幅画出自意大利画家安格尔之手，描绘了胜利女神给古希腊伟大诗人荷马加冕的情景。围绕在荷马周围的是历代著名的作家、美术家和音乐家。

■ 文学是什么

文学是一种以语言为媒介和手段来塑造形象、反映社会生活、表达作者思想感情的艺术形式，又被称为语言的艺术。最早出现的文学类别是口头文学，它一般与音乐相结合，形成可以演唱的抒情诗歌，在远古社会的人群中口口相传。

文学作品不能构成直接可视、可闻、可触的形象，而是更多地诉诸于读者的想象力和创造力。有才能的作家善于最大限度地调动读者的想象力，使其在阅读的同时能够重新体会到作家曾经体验过并且想要表达的思想感情。所以文学虽然不如绘画、雕刻、戏剧、电影等艺术形式那样鲜明、确定、可感，但也有其他艺术形式所不及的优点。

■ 诗歌：最古老的文学

诗是最古老最具文学特质的文学样式，它来源于古代人的劳动号子和民歌。最初的诗和歌是不分的，诗和音乐、舞蹈结合在一起，统称为诗歌。中国的诗歌有着悠久的历史和丰富的遗产，如《诗经》、《楚辞》、《汉乐府》等作品，都达到了非常高的艺术水准。西欧的诗歌，由古希腊的荷马、萨福和古罗马的维吉尔、贺拉斯等诗人开启了创作之源。

诗歌是高度集中、高度概括的一种文学体裁，它饱含着作者的思想感情，语言凝练、生活形象，具有鲜明的节奏与和谐的音韵，富于音乐美。诗的语句一般分行排列，注重结构形式的美。

■ 小说：表现力最强的文学形式

小说以刻画人物为中心，是通过完整的故事情节和具体的环境描写来反映社会生活的一种文学体裁。情节、人物、环境是构成小说的三大要素。

小说的表现力极强，写人、状物、拟声、描绘人的感受以

【百科链接】

叙事：

通过语言组织起人物的行动和事件的经过，从而形成的文学上的写作方法。

说唱文学：说唱艺术的文学底本。它是以叙述故事为主，兼用韵文、散文手法，连讲带唱的一种文艺形式，如古代的变文和诸宫调、现代的评弹和大鼓等。

▶ 散文：形散神不散
▶ 民间文学：群众口头创作
▶ 诺贝尔文学奖：世界文学界的最高荣誉

及心理状态等，无所不能。同时还可以转换叙事视角，变换叙事人称，利用旁白、议论和抒情等方式，来增强其思想力度和艺术魅力。

小说按篇幅长短可分为长篇小说、中篇小说和短篇小说。此外，还可从其他角度对小说进行分类。

■ 散文：形散神不散

散文是和诗歌、小说、戏剧文学并列的一种文学样式，包括杂文、小品、游记、通讯、回忆录等类别。

【百科链接】

通讯：
以叙述、描写为主要表达方式，具体形象地报道具有新闻特性的典型人物、事件和经验的文体。

散文最大的特点就是"散"。它题材广泛，写法自由灵活，可以叙事、抒情、描写、议论，像小说那样渲染环境、烘托气氛，也可以像诗歌那样运用比喻、象征、拟人等手法创造意境。

散文又必须做到散而不乱、散而有致。作者需要把深刻的思想、美好的情怀凝聚为生动的画面与文字，使内情与外物相融合、诗意与境界相交织，使之既具有时代气息，又体现个人风格。

■ 民间文学：群众口头创作

民间文学是指由人民群众口头创作、口头流传，并经集体不断修改、加工的文学。它包括神话、民间传说、民间故事、民歌民谣、长篇叙事诗、说唱文学、谚语、谜语等各种体裁。

用口头语言创作和传播是民间文学的主要特征。由于口头语言的不稳定性，民间文学作品在流传的过程中常常因时间、地域、民族的不同以及传播者和听众的变化而有所变异。

从风格上说，民间文学作品语言朴素简练，形式生动活泼，其中蕴涵着深刻而丰富的智慧，为广大群众所喜闻乐见。

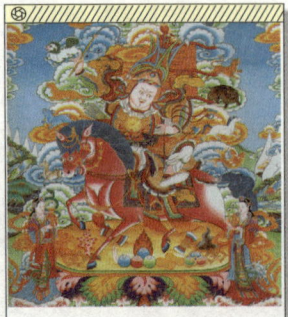

《格萨尔王像》唐卡
《格萨尔王传》是在藏族、蒙古族地区流传千年的一部伟大的英雄史诗，大约产生在公元前3世纪至公元6世纪之间，代表着古代藏族、蒙古族民间文化与口头叙事艺术的最高成就。

■ 诺贝尔文学奖：世界文学界的最高荣誉

诺贝尔文学奖是瑞典化学家诺贝尔临终前决定设立的五项诺贝尔奖之一。他在遗嘱中说，诺贝尔文学奖应颁给"在文学界创作出具有理想主义倾向的最佳作品的人"。

诺贝尔文学奖获奖人是由瑞典文学院评议和决定的。因此，院内设置了专门的评奖机构，并建立了诺贝尔图书馆，收集各国文学作品、百科全书和报刊文章。各国文学院院士、大学和其他高等学校的文学史和语文教授、历年的诺贝尔奖获得者和各国作家协会主席都有权推荐候选人，个人申请者不予考虑。

首届诺贝尔文学奖于1901年颁发，获奖者是法国诗人普吕多姆。历史上，罗曼·罗兰、萧伯纳、海明威等著名作家均获过此奖。

美国作家威廉·福克纳
福克纳是1949年诺贝尔文学奖获得者，获奖作品是《我弥留之际》，获奖理由是"他对当代美国小说作出了强有力的、无与伦比的贡献"。

- 盘古开天辟地
- 女娲造人补天

三山五岳：三山一般指安徽黄山、江西庐山、浙江雁荡山；五岳指东岳泰山、西岳华山、北岳恒山、中岳嵩山、南岳衡山。

语言文学篇

中国远古神话

■ 盘古开天辟地

太古时代，宇宙像一个大鸡蛋，里面漆黑一片，英雄盘古就睡在里面。盘古沉睡多年，终于苏醒。他很想舒展一下筋骨，但"鸡蛋"紧紧包裹着他。一怒之下，他操起一把巨斧，奋力挥舞。一阵巨响过后，一股清新的气体飘飘扬扬升到高处，变成了天空；另外一些浑浊的东西缓缓下沉，变成了大地。

盘古开天辟地
在我国的神话故事中，盘古生前完成了开天辟地的伟大业绩，死后留给后人无穷无尽的宝藏。盘古因此成为中华民族的英雄。

盘古担心天地会重新合在一起，于是双脚踩地，头顶天空，施展法术，使身体一天长高9次。他每长高一尺，天空就增高一尺，大地也增厚一尺。18000年后，天空升得高不可及，大地也变得厚实无比。

精疲力竭的盘古缓缓地躺在地上，与世长辞了。他的遗体变成了世间万物：左眼变成太阳，右眼变成月亮，头发变成星星，四肢和身躯变成三山五岳，肌肉变成千里沃野，骨骼变成树木花草……

■ 女娲造人补天

传说女娲是一位人身龙尾的女神。盘古开天辟地后，大地上并没有人，是她根据自己映在水中的身影，照着自己的样子捏了许多泥人，她又朝泥人吹了口气，才有了"活"的人。女娲想让人遍布大地，就把一根绳子放进河底的淤泥里搅，然后提起绳头向空中一挥，溅落的泥点就变成了一个个人。

后来，水神共工撞塌了撑天的柱子不周山，天上出现了一个大窟窿，大地也被震破了，大水汹涌而出……为了拯救人类，女娲到黄河边挑选了许多五色石头，把它们放在熔炉里熔化，用它们补好了天。接着，她又从东海捉来万年巨龟，斩下它的四足，撑住了天地四方。最后，她把芦苇烧成灰，填平了地上洪水滔天的沟壑，世界终于又恢复了平静。

《伏羲女娲图》
出于新疆吐鲁番的古墓中，为唐初遗物，表现了我国古代神话传说中人类始祖的形象。图中伏羲和女娲面容相对，各用一手抱住对方腰部，另一手扬起，下半身均为蛇形，互相交绕。传说他们交合而有了人类。

【百科链接】
共工：
古代传说中的水神，是神农氏的后代，属于炎帝一族，有人的面孔、手足和蛇的身体。

炎帝：传说为远古时期姜姓部落首领，与黄帝同为中华民族始祖。据《史记》等古籍追记，炎帝姓"伊耆"，名石年，母为有娇氏女，是少典正妃。

- 夸父追日
- 精卫填海
- 黄帝战蚩尤
- 伏羲作八卦

■ 夸父追日

远古时，我国北部住着一个巨人族——夸父族，他们的首领夸父力大无穷。

有一年，太阳烤焦了地上的庄稼，晒干了河里的水，很多人都死了。为此，夸父发誓要把太阳捉住，让它听从人的吩咐。夸父从东海边开始追赶太阳，9天9夜后，终于追上了它。太阳的炽热让他口渴难当，他喝干了黄河水，又喝干了渭河水，还是不解渴。他打算再到北边去喝一个大泽的水，可他体力严重透支，还没走到大泽就倒在地上死去了。

夸父死后，他的身体变成了一座大山。他扔下的手杖变成了一片果实累累的桃林，桃林终年茂盛，一直在为过往的客人遮阳解渴。

■ 精卫填海

精卫填海
精卫填海的故事以悲剧的方式反映和赞颂了远古人民征服自然、百折不回、誓死不屈的坚毅品格。

古时候有一座发鸠山，山上有一个柘树林，树林里生活着一只小鸟，人们叫它"精卫鸟"。精卫鸟的身子黑黑的、嘴白白的、爪子红红的、脑袋上还有花纹。它经常叼着石子和树枝飞到东海，把它们扔到海里再飞回来，一趟一趟从不停歇。这是为什么呢？

原来，精卫鸟是炎帝的小女儿变的。有一次，她去东海游泳时被海浪吞没，死后灵魂化为了精卫鸟。她怨恨海水夺去了自己的生命，立誓要填平东海。小小的精卫鸟，居然敢跟大海作对！人们很钦佩它的这种精神，因此又叫它"冤禽"、"誓鸟"；没有忘记它是炎帝女儿的人，还叫它"帝女雀"。

■ 黄帝战蚩尤

数千年前，中国的黄河流域有两个部落，首领分别是黄帝和炎帝。而在长江流域，有一个九黎族，首领叫蚩尤。蚩尤有81个兄弟，个个兽身人面，凶猛无比。有一次，蚩尤侵占了炎帝的地盘，炎帝向黄帝求救。

【百科链接】

魃：
古代传说中引起旱灾的怪物。相传它相貌奇丑，一张嘴就能喷出火焰。

于是黄帝联合各部落首领，在涿鹿跟蚩尤展开了一场大战。

战争之初，蚩尤连连取胜。黄帝只好请来龙和其他猛兽助战，蚩尤则请来了风伯和雨师，刹那间，狂风大作，雷电交加。黄帝不甘示弱，请来旱神"魃"帮忙，驱散了风雨。后来，蚩尤又用妖术制造了一场大雾，使黄帝的士兵迷失了方向。黄帝受到北斗星的启发，造了一辆"指南车"，指引兵士冲出了迷雾。

经过激烈的战斗，最终黄帝大获全胜，杀死了蚩尤，并将他的头和身子分葬在两个地方。后来，黄帝为百姓做了很多好事，和炎帝一起被尊为华夏民族的祖先。

黄帝
黄帝是传说中的华夏民族的共主，"五帝"之首。相传他姓公孙，出生于轩辕之丘，故号轩辕氏；因在姬水边长大，又以姬为姓；后来在有熊建国，故又称有熊氏。

■ 伏羲作八卦

古时候有一个华胥国。一次，华胥国的公主在一个叫雷泽的地方看见一个巨大的脚印，便忍不住伸出脚踩了那个脚印一下。谁知她刚踏上大脚印，就听见天上传来了"轰隆"一声雷响。从这天起，公主的肚子就开始变大了。10个月后，她生下了一个男孩，取名伏羲。

- 后羿射日
- 嫦娥奔月
- 大禹治水

启：夏代国王名，姓姒名启，大禹的儿子，禹病死后即位为天子，从此中国历史上的王位更替从"禅让制"变成了"世袭制"。

语言文学篇

伏羲是雷神的儿子，从小就很有神力。他长大以后，画出了代表天地万物的八卦。八卦包括乾、坤、坎、离、艮、震、巽、兑，分别代表天、地、水、火、山、雷、风、泽等各种自然现象，人们可以用它来记载生活中发生的各种事情。此外，他还发明了琴瑟，创作了乐曲，制定了姓氏，使先民从蛮荒时期转入了早期文明时代。

■ 后羿射日

很久以前，世上共有10个太阳，它们每天一换，轮流值班。可是有一天，它们突然一起出现在天空中。这一下，田地被烤焦了，许多人和动物都渴死了。

神箭手后羿决心帮助大家脱离苦海，于是来到东海边，拉弓搭箭，瞄准太阳，"嗖"的一箭射去，第一个太阳就被射落了。接着，他又连发8箭，无一虚发。天上只剩下1个太阳了，这个太阳害怕极了，躲进了大海。

天上没了太阳，大地立刻变得黑暗而寒冷。于是人们请求天帝，让第10个太阳出来。从此，这个太阳每天认真工作，人们终于又能幸福地生活了。后羿因为射杀太阳，拯救了万物，被天帝赐封为天将。

【百科链接】

金乌

传说太阳里有金黄色的三足乌鸦，所以古代人们就把"金乌"作为太阳的别名，也称"赤乌"。

■ 嫦娥奔月

后羿曾向王母娘娘求得一包仙药，但他舍不得撇下妻子嫦娥独自成仙，就把仙药交给妻子珍藏。嫦娥将药藏起来，不料却被后羿的弟子蓬蒙看到了。

八月十五，后羿外出狩猎，蓬蒙假装生病留了下来。待后羿走后，他手持宝剑闯入内宅，威逼嫦娥交出仙药。危急之时，嫦娥将仙药一口吞下，她的身子立即飘离地面，冲出窗口向天上飞去。最后，嫦娥飞到月亮上成了仙。

后羿回到家听说了白天的事情后，仰望夜空呼唤爱妻。突然，他发现月亮里面有个酷似嫦娥的身影在晃动，于是他便在后花园摆上香案，放上蜜食鲜果，遥祭妻子。

百姓们听说后，也纷纷在月下摆设香案，向嫦娥祈求平安。从此，八月十五拜月成了民间的习俗。

《嫦娥执桂图》局部

这幅画是明代画家唐寅的作品，图中的嫦娥神情温柔，飘逸清丽，颇有仙人的风姿。

■ 大禹治水

远古的部族首领尧在位时，黄河流域发生了水灾，百姓苦不堪言。尧将治水的重担交给鲧，但鲧只懂得"水来土掩"，一味造堤筑坝，不但没把洪水制服，反而使水灾闹得更厉害。舜当上首领后，发现鲧办事不力，就处死了鲧，让鲧的儿子禹去治水。

禹改变了父亲的做法，用开渠排水、疏通河道的办法，把洪水引到大海中去。他为了治水，四处奔波，多次经过自己的家门都没有进去。一次，妻子涂山氏生下了儿子启，婴儿正在哇哇地哭，在门外经过的禹听到了哭声，还是狠下心没进屋探望。

经过13年的努力，禹终于把洪水引到大海里去了。后代的人称颂他的功绩，尊称他为"大禹"。

禹王像

大禹姓姒，名文命，夏后氏首领，传说为帝颛顼的曾孙。禹治黄河水患有功，受舜禅让继帝位，后传位于自己的儿子启，从此"家天下"取代了禅让制。

汨罗江：位于湖南东北部，是湘江在湘北的最大支流，因中国古代大诗人屈原在此投江自尽而闻名。

▶《诗经》：第一部诗歌总集
▶屈原与楚辞

中国古代文学

■《诗经》：第一部诗歌总集

《诗经》是中国第一部诗歌总集，原名为《诗》，原有古诗3000多篇，后孔子删选，保留了其中的305篇，因此又称"诗三百"。从汉朝起，它就被儒家奉为经典，因此也称为《诗经》。

《诗经》中的诗歌诞生于西周初至春秋中叶的500年间，分为"风"、"雅"、"颂"三类。"风"有十五国风，广泛而深刻地反映了当时的社会现象，是《诗经》中艺术成就最高的部分；"雅"分"大雅"、"小雅"，主题是祈丰年、颂祖德，"小雅"中也有部分民歌；"颂"则为宗庙祭祀的诗歌。

《山鬼图》
清代画家罗聘作。《山鬼》是屈原《楚辞·九歌》中的一篇，叙述了一位多情的女山鬼在山中采灵芝及约会恋人的情景。

《诗经》所录的诗歌大多来自民间，因为周朝设有专门的采诗官采集民歌。还有一部分诗歌是公卿、士大夫向周天子所献的歌功颂德、粉饰太平的诗。

《诗经》中的诗歌形式多为四言一句，隔句用韵，但并不拘泥，而是富于变化，常通过章节的复叠来加强表达效果。它的表现手法有"赋"、"比"、"兴"三种。"赋"是直接铺叙陈述，"比"是比喻，"兴"是借物起兴，以引起下文。

■屈原与楚辞

屈原（约公元前340~前278），名平，字原，战国时楚国人，是楚辞的首创者和奠基人，也是中国文学史上第一位伟大的诗人。屈原曾受楚怀王器重，任左徒之职。他主张改革时政、联齐抗秦，却因此受到楚国腐朽势力的攻击。襄王时期，屈原遭到流放。后来秦将白起攻陷郢都，绝望的屈原便投汨罗江自尽了。

屈原在文学上取得了辉煌的成就，他开创了诗歌的新体式——楚辞，这标志着中国文学史上真正的诗人个性化诗歌创作的开始。汉代时，刘向把屈原的作品及宋玉等人"承袭屈赋"的作品编辑成集，命名为《楚辞》。《楚辞》成为继《诗经》以后对我国文学影响最为深远的一部诗歌总集。楚辞运用楚地（今两湖一带）的文学样式、方言声韵，叙写楚地的山川人物、历史风情，具有浓郁的地方特色。

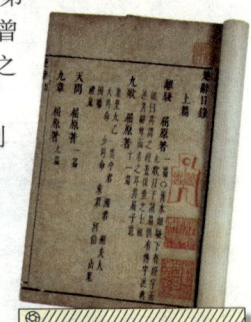

《楚辞》书影
楚辞是诗人屈原创造的一种诗体，运用楚地（今两湖一带）的文学样式、方言声韵，叙写楚地的山川人物、历史风情，具有浓郁的地方特色。

春秋战国以后，楚国日益强大，与北方各国的接触也更加频繁，楚国也受到了北方中原文化的深刻影响。正是这种南北文化的汇合，才孕育了屈原这位伟大的诗人和《楚辞》这部异彩纷呈的诗歌总集。

- 司马迁与《史记》
- 司马相如与汉赋

语言文学篇

卓文君：汉代才女，她貌美而善文辞及鼓琴。据说大文学家司马相如作了一首《凤求凰》向卓文君求爱，她领会其才情后以心相许。此典故后来被传为千古佳话。

【百科链接】

左徒：
　　古代官名，战国时楚国设置。左徒对内参与议论国政、发布号令，对外负责接待宾客、应对诸侯。

■ 司马迁与《史记》

司马迁（公元前145~前90），字子长，是中国历史上伟大的史学家。他生活在西汉武帝时代，曾担任郎中、太史令、中书令等职。他出任太史令后，就开始阅读、整理史料，准备写一部前无古人的通史，前后共用了16年才基本完成了全部写作计划。期间，他还因直言进谏而被处以宫刑。但他忍受着巨大的痛苦，用整个生命写就了《史记》这部"究天人之际，通古今之变，成一家之言"的史学巨著。

司马迁
　　司马迁撰写《史记》时，因为李陵事件触怒了汉武帝，被判处死刑。按汉朝法律，死刑有两种减免办法：拿五十万钱赎罪或受宫刑。司马迁家贫，拿不出这么多钱，为了完成《史记》，他只好接受了宫刑。

《史记》内分"本纪"12篇，按帝王世序和年代记述帝王事迹和政治上的重大事件；"表"10篇，用表格谱列历代史实；"书"8篇，分别叙述礼乐、天文、历法、水利、文化等方面的发展情况；"世家"30篇，主要是诸侯、王公的史实记载；"列传"70篇，主要记载官吏、名人及一部分下层人物的事迹。

《史记》的思想内容丰富深刻，人物形象生动鲜明，在语言的运用上也有极大的创造性。它既是伟大的历史著作，也是优秀的传记文学名著，在我国散文发展史上起着承前启后的作用。

■ 司马相如与汉赋

赋是继《诗经》《楚辞》之后中国文坛上兴起的一种新的文体。在汉末文人五言诗出现之前，它是两汉文人创作的主要文学样式。赋介于诗、文之间，其主要特点是：在语句上以四、六字句为主，并追求骈偶；在语音上要求声律铿锵；在文辞上讲究藻饰和用典。

文君听琴
　　司马相如在卓王孙家的宴会上弹奏《凤求凰》，向正在帘后偷听的卓文君表达爱意。卓文君被琴声打动，两人从此心意相通。

司马相如是西汉最重要的辞赋作家，蜀郡成都（今四川成都）人，字长卿，小名犬子，由于仰慕战国时完璧归赵的名臣蔺相如，因而改名为相如。司马相如的代表作《上林赋》是史上第一篇全面体现汉赋特色的大赋。其结构宏大、层次严密、语言华丽、句式多变，加上对偶、排比手法的大量使用，使全篇气势磅礴、铺张扬厉，确立了汉代大赋的体制。

据说，司马相如听说卓王孙的女儿卓文君才貌双全、寡居在家，就趁在卓家做客的机会，弹奏了一曲《凤求凰》，以表达对卓文君

【百科链接】

宫刑：
　　古代割除男子生殖器官的一种酷刑，是仅次于杀头的最残酷的刑罚。

祭酒：古代一种官名，指飨食时祭神的长者。汉代称博士祭酒，西晋称国子祭酒，隋唐以后称国子监祭酒（为国子监的主管官）。该官职清末废除。

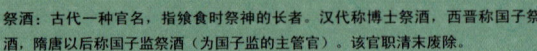
- 叙事长诗《孔雀东南飞》
- 建安文学"三曹"
- 田园诗人陶渊明

的爱慕之情。卓文君怦然心动，于是和司马相如私奔了。为了维持生计，两人经营酒肆，当垆卖酒。最后，卓王孙也承认了他们的爱情。

■ 叙事长诗《孔雀东南飞》

《孔雀东南飞》是我国文学史上最早、最优秀的长篇叙事诗，大致创作于东汉建安年间，是当时人们根据庐江郡（今属安徽）一个真实的婚姻悲剧写成的，后来在民间广为流传。

从汉末到南朝，《孔雀东南飞》在民间口头传唱中经过不断加工润色，汲取了丰富的民歌叙事艺术手法和技巧，成为汉代乐府民歌中最杰出的长篇叙事诗。这首诗通过描写焦仲卿、刘兰芝的爱情悲剧控诉了封建礼教的罪恶，表达了青年男女追求婚姻幸福、爱情美满的愿望。刘兰芝是个平民家的女子，焦仲卿是个没落贵族之家的子弟。婚后他们夫妻恩爱，但仲卿的母亲歧视兰芝的身份，逼迫仲卿休妻。兰芝被遣回娘家后，在兄长的逼迫下答应再嫁。新婚之夜，兰芝赴水自尽，随后仲卿也自缢身亡。他们用生命进行了最后的抗争，表明了自己对爱情的忠贞。

全诗以兰芝的婚姻遭遇为主线，描述了从焦母逼归到兰芝自尽的整个过程，故事完整，剪裁精当，冲突尖锐，情节动人。

【百科链接】
乐府
　　原是古代掌管音乐的官署，负责宴会、游行时所用音乐的创作、演奏以及民间诗歌和乐曲的采集。后来人们将魏晋至唐代可以配乐的诗歌以及后人效仿乐府古题而作的诗歌统称为乐府。

有了新的生机。在当时的都城邺城（今河北临漳境内）聚集了一大批文人，诗、赋、文的创作都有了新的突破。因这次文学的繁荣发生在汉献帝建安时期，故后人将这一时期的文学称为"建安文学"。

"三曹"即曹操、曹丕、曹植父子3人，他们是建安文学的代表和核心人物。曹操是建安文学的主将和开创者，今存乐府诗20余首，其代表作《蒿里行》《短歌行》均是脍炙人口的名篇。曹丕是曹操的次子，他的诗委婉悱恻，其中两首《燕歌行》是我国现存最早的七言诗，而他所著的《典论·论文》是中国文学批评史上的重要著作。不过这一时期最负盛名的作家当数曹植，他的诗赋文章流传至今的共有100多篇，如描绘人民痛苦生活的《泰山梁甫行》和描写爱情的《美女篇》《洛神赋》等。曹植写《七步诗》的故事，更是尽人皆知。

■ 田园诗人陶渊明

陶渊明（约365~427），又名陶潜，东晋诗人。他出生于一个没落的官僚地主家庭，早年曾任江州祭酒、彭泽县令。他任彭泽县令时，遇上郡里的督邮来视察，县吏请他穿好官服去拜见。陶渊明长叹一声说："我岂能为五斗米向乡里小儿折腰！"当日，他就解除印绶离职而去，回到家乡隐居种田去了，从此进行文学创作，不再做官。

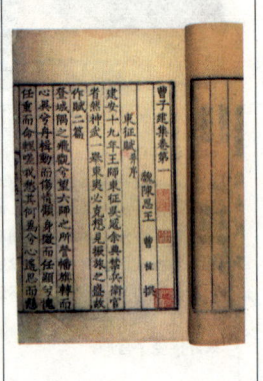

《曹子建集》书影
　　曹植是建安文学中成就最高的诗人。他的诗以笔力雄健和词采华茂见长，留有集三十卷，已佚，今存《曹子建集》为宋人所编。

- 《世说新语》：第一部笔记小说
- 诗仙李白

志人小说：魏晋六朝流行的专记人物言行和记载历史人物传闻轶事的一种杂录体小说。著名的志人小说有《笑林》、《世说新语》等。

语言文学篇

陶渊明现存的作品共有诗120多首、散文6篇、辞赋3篇。他的文学成就主要体现在诗歌方面，田园生活是他的诗歌的重要题材，他的诗文以纯朴自然的语言、高远拔俗的意境著称，为中国诗坛开辟了新天地，他因此被后人称作"田园诗人"或"隐逸诗人"。

在陶渊明的田园诗中，随处可见的是他对污浊现实的厌烦和对恬静的田园生活的热爱。在《归园田居》中，他将官场比作"尘网"，将身处其中的自己比喻为"羁鸟"和"池鱼"，更将退隐田园比为冲出"樊笼"、返回"自然"。陶渊明的名士风范和对简朴生活的热爱之情，影响了后世无数的中国文人乃至整个中国文化。

《渊明醉归图》
明代画家张鹏所画。画中的主人公陶渊明醉眼蒙胧、微带笑意，在侍童搀扶下缓步前行。人物神情飘逸，略带感伤意味，甚是传神。

盛唐：指唐玄宗在位的开元、天宝年间，大致相当于8世纪上半叶。这时国家统一，经济繁荣，政治开明，文化发达，对外交流频繁，社会充满自信，是中国封建社会的鼎盛时期。

时期一些名士的言行与轶事。书中所载的人物在历史上都确有其人，但他们的言论或故事有一部分可能出于传闻，并不完全符合史实。

全书共收录了1000多则故事，每则文字长短不一，记述简练，有的只有几行文字，有的甚至只是三言两语。但正是这些短小的故事形象地反映了当时的社会风貌，尤其是士大夫阶层的生活状况乃至精神世界。

《世说新语》语言质朴精练，有的就是民间口语，言简意赅，耐人寻味。其对人物的记载，往往只是一些零碎的片段，但却传神地体现了人物的个性。书中随处可见出色的比喻、夸张等描写技巧。《世说新语》语言艺术上成就对后世笔记文学有很大影响。

《世说新语》书影
《世说新语》诞生于南北朝时期，是一部记述东汉末年至东晋时期豪门贵族和官僚士大夫的言谈轶事的作品，作者是刘宋宗室临川王刘义庆。

■ 《世说新语》：第一部笔记小说

刘义庆（约403~443），南朝宋人，是宋武帝刘裕的侄子，袭封临川王，爱好文学。他招纳了很多门徒，并与他们一起编撰了我国最早的志人小说集《世说新语》。

本书通行本包括6卷，分德行、言语、政事、文学、方正、雅量、识鉴、赏誉、品藻、规箴等36篇。书中内容主要是记载东汉末年至东晋

■ 诗仙李白

李白（701~762），字太白，是盛唐时期伟大的浪漫主义诗人，被誉为"谪仙"、"诗仙"。他一生写了近千首诗，其中很多表达了自己的远大理想、对民生疾苦的同情和对官场腐败的憎恶，爱憎分明。他用蔑视世俗、飘逸洒脱的态度来表达自己对现实的不满，给人一种绝世超凡、如处仙界的印象。

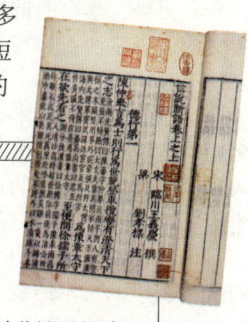

李白
李白是文学史上继屈原之后又一伟大的浪漫主义诗人，有"诗仙"之称。他的诗歌被看作盛唐气象的典型代表。

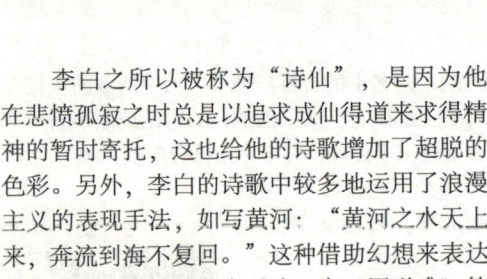

骈体文：也称"骈俪文"或"四六文"，是与散文相对而言的。骈文全篇以双句（俪句、偶句）为主，讲究对仗的工整和声律的铿锵。

▶ 诗圣杜甫
▶ 王维：山水田园诗人

李白之所以被称为"诗仙"，是因为他在悲愤孤寂之时总是以追求成仙得道来求得精神的暂时寄托，这也给他的诗歌增加了超脱的色彩。另外，李白的诗歌中较多地运用了浪漫主义的表现手法，如写黄河："黄河之水天上来，奔流到海不复回。"这种借助幻想来表达喷薄欲出的激情的艺术手法，在《蜀道难》等名篇中表现得特别突出。正是这种高度浪漫的表现手法和似在天外的诗歌意境，使他的诗常常给人以飘飘欲仙的感觉。

李白的诗歌创作出色地继承了屈原和汉乐府优秀民歌的艺术传统，推陈出新，对我国诗歌艺术的发展做出了巨大贡献。

■ 诗圣杜甫

杜甫（712~770），字子美，是唐代伟大的现实主义诗人。因他曾居于长安城南少陵，后世称之为"杜少陵"；又因他曾在成都担任检校工部员外郎，也有人称他为"杜工部"。

杜甫思想的核心是儒家的仁政思想。他热爱生活，热爱百姓，热爱祖国的大好河山，嫉恶如仇，所以对朝廷的腐败、社会的黑暗都会毫不留情地进行批评和揭露。他的诗歌创作始终贯穿着忧国忧民这条主线，其诗具有丰富的社会内容、强烈的时代色彩和鲜明的政治倾向，真实深刻地反映了"安史之乱"前后这一历史时期广阔的社会生活画面，因而被称为一代"诗史"。

杜甫

杜甫的诗歌深入社会，关注政治和民生疾苦，重视写实。杜诗不仅标志着唐诗内容与风格的重大转折，也对中唐以后直至宋代诗歌的发展产生了深刻的影响。

杜甫一生共留下1400多首诗，其风格基本可以概括为"沉郁顿挫"。所谓"沉郁"，主要表现为意境开阔壮大，感情深沉苍凉；所谓"顿挫"，主要表现为语言韵律曲折有力，而不是平滑流利或任情奔放。

杜甫的诗在语言和篇章结构上富于变化，讲求炼字炼句。其作品中不但各种诗体兼备，而且艺术手法也多种多样，成为后人作诗的典范。宋代的王安石、苏轼、黄庭坚、陆游等文坛大家都对杜甫推崇备至，从而也使杜诗受到更加广泛的重视。

【百科链接】

用典：

又称用事，指诗文中引用的过去的人、地、事、物的史实或语言文字。以此增加词句的含蓄与典雅。

■ 王维：山水田园诗人

王维（701~761），字摩诘，是盛唐时期的著名诗人，官至尚书右丞，所以被称为"王右丞"。

王维的诗作中，描绘山水田园和歌咏隐居生活的作品成就最高。他在描绘自然美景的同时，常流露出生活中闲逸消散的情趣：或静谧恬淡，或气象萧索，或幽寂冷清，表现了诗人对现实漠不关心甚至禅学寂灭的思想情绪。作为盛唐山水田园诗派的代表人物，王维继承和发扬了谢灵运开创的山水诗并独树一帜，使山水田园诗的成就达到了一个新的高峰，在中国诗歌史上具有重要的地位。

王维

王维是盛唐时期的著名诗人，他在绘画方面也取得了很大成就，尤其善画人物、丛竹、山水等。苏东坡曾赞他"诗中有画，画中有诗"。

王维其他题材的诗作如送别诗、纪行诗，也常有写景佳句，如"山中一半雨，树杪百重泉"、"大漠孤烟直，长河落日圆"等，这些名句历代传诵不衰。

除了工于诗歌，王维还精于绘画，并且能将诗歌与绘画相互融通。苏轼赞其为"诗中有画，画中有诗"。

■ 唐宋八大家与古文运动

"唐宋八大家"是对唐、宋两代的8位著名散文家的合称，他们是唐代的韩愈、柳宗元和宋代的欧阳修、苏洵、苏轼、苏辙、王安石、曾巩。

中唐时期，文章讲求对偶、声韵和用典等形式，而不注重内容，所以骈体文在文坛占据统治地位。于是，文坛领袖韩愈和柳宗元开始反对骈文，提倡先秦两汉时期的散文形式，这逐渐发展成声势浩大的"古文运动"。韩愈和柳宗元倡导"文以载道"、"陈言务去"，"文章合为时而著，歌诗合为时而作"。韩愈的文章雄奇奔放，富于变化而又流畅明快。柳宗元也写了大量优秀的文章，其中最值得称道的是寓言文和游记。

北宋时，欧阳修继承韩、柳"古文运动"的传统，与同时代的曾巩、王安石、苏洵父子等人一起，进一步拓展了散文创作的领域。欧阳修的文章内容充实，气势旺盛，平易自然而又流畅婉转。王安石以说理文见长，论辩透辟，用语准确。苏轼的散文可以说是集宋代古文运动之大成，无论是书札、杂说，还是游记、小赋，都随笔挥洒，词采妙出。曾巩、苏洵、苏辙的散文也各有特点。

【百科链接】

尺牍：
早期是一种文体的名称。古人在书写时用的是木简（即牍），于是用一尺长的木简写的书信就称尺牍。后来，尺牍逐渐成为了书信的代名词。

由唐宋古文运动开始的古文新传统，支配了文坛1000多年，直到五四新文化运动以后，才被白话文所代替。

■ 苏轼：诗词文章的全能大家

苏轼（1037~1101），字子瞻，又字和仲，号"东坡居士"，眉州眉山（今四川眉州）人，宋代著名的文学家、书画家。他是继欧阳修之后北宋文坛的领军人物，在诗、词、散文等方面都取得了巨大的成就。

《东坡博古图》
这幅画描绘了苏东坡与友人一起鉴赏字画古玩的情形，表现出苏东坡渊博的知识和清远的气质。

● 坎坷的一生

苏轼天资聪颖，学识广博，22岁就中了进士。元丰二年（1079年），他因"乌台诗案"被贬为黄州团练副使，后来又因与执政者政见不和被一贬再贬，一直贬到今天的海南岛，直到临死前半年才获赦北归，途中病死在常州（今属江苏）。

● 诗：笔力纵横

苏轼的诗现存约有4000首，内容广博，风格多样，以豪放为主，笔力纵横，为宋诗发展

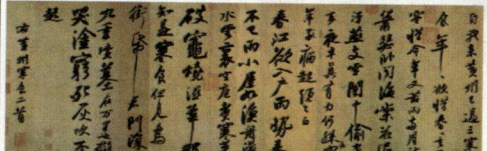

《黄州寒食帖》
《黄州寒食帖》是苏轼行书的代表作。这是一首遣兴的诗作，是苏轼被贬黄州第三年的寒食节所发的人生之叹。诗写得苍凉多情，表达了苏轼此时惆怅孤独的心情。该诗的书法也正是在这种心情和境况下有感而出的，通篇起伏跌宕、光彩照人、气势奔放，而无荒率之笔。

书札：又称手札、信札、尺牍，相当于现在的书信。魏晋时期，书札应用非常普遍，并且渗透到文学、书法艺术等各个领域。

▶ 辛弃疾：壮怀逸兴

开辟了新的道路。其诗善用夸张、比喻，在艺术表现方面也独具风格。苏轼的写景诗和理趣诗艺术价值最高，脍炙人口。

● 词：气势豪迈

苏轼的词现存340多首，在我国词史上占有特殊的地位。他将北宋诗文革新运动的精神扩展到了词的领域，扫除了晚唐五代以来的传统词风，冲破了专写男女恋情和离愁别绪的狭窄题材，开创了与婉约派并立的豪放词派，扩大了词的题材，丰富了词的意境，冲破了"诗庄词媚"的界限，对词的革新和发展作出了重大贡献。

● 文：才情奔放

苏轼是"唐宋八大家"之一。以叙事记游为题材的文章，在苏轼的散文中艺术价值最高。他的写景游记，更以捕捉景物特色和寄寓理趣见长，实现了诗情画意和理趣的和谐统一。他的记叙体散文，常常熔议论、描写和抒情于一炉，在文体上不拘常规，在风格上因物赋形，汪洋恣肆。

书札、题记、叙跋等杂文，在苏轼的文集中也占有重要地位。他所写的书札尺牍大都随笔挥洒，不假雕饰，使人洞见肺腑。这类作品最能显现出作者坦率、开朗、风趣的个性。

● 书画：宋四家之一

苏轼擅长行书、楷书，与黄庭坚、米芾、蔡襄并称"宋四家"。他的书法遍学晋、唐、五代名家而自成一家，自我评价"自出新意，不践古人"。苏轼还擅画墨竹，拜画家文与可为师，后又自成一格，主张"画外有情"、"画要有寄托"，反对"形似"和"程式的束缚"。

■ 辛弃疾：壮怀逸兴

辛弃疾（1140~1207），字幼安，别号稼轩居士，南宋著名的爱国词人，历任湖北、江西、湖南、福建、浙东安抚史。辛弃疾一生坚决主张抗击金兵、收复失地，但他的主张并未得到采纳。他本人也因投降派的掣肘而被革职，最后抑郁而终。

辛弃疾是一位杰出的豪放派词人，他继承了苏轼的豪放词风，与苏轼并成为"苏辛"。他还进一步开拓了词的意境，扩大了词的题材，几乎达到"无事无意不可入词"的地步。他又创造性地在词中融汇了诗歌、散文、辞赋等各种文学形式的优点，丰富了词的表现手法，形成了辛词独特的风格。

辛词以豪放为主，但又不拘一格，沉郁、明快、激励、妩媚等风格兼而有之。他善于运用比兴手法和奇特的想象，对自然界的一草一木赋予情感和性格，并有所寄托。他还善于吸收民间的口语入词，尤其善于用典和引用前人诗文，对这些典故、诗文稍加改造就能使其别出新意。

【百科链接】

婉约派：

宋词流派之一，与豪放派对举，内容侧重于描述儿女风情，结构精细缜密，音律婉转和谐，语言圆润清丽，有柔婉之美，但内容比较狭窄。

《清平乐》

虽然辛弃疾词风属于豪放派，但其中一些田园诗也写得清雅秀美，充满农家之乐。图为辛弃疾《清平乐》意境图。全词如下：茅檐低小，溪上青青草。醉里吴音相媚好，白发谁家翁媪。 大儿锄豆溪东，中儿正织鸡笼。最喜小儿无赖，溪头卧剥莲蓬。

金石："金"指刻有铭文的铜器，"石"指刻有文字的石刻。专门研究金石的学问叫金石学，中国历史上比较著名的金石学家有宋代的赵明诚和清代的罗振玉。

语言文学篇

■ 旷世才女李清照

李清照是生活于两宋之交的女文学家，自号易安居士。她工于诗和散文，尤其擅长作词，是我国古代最杰出的女词人、婉约词派大家。

李清照出身书香门第，少年时就具有良好的文化教养，能诗能文，精通音律。她16岁时与酷爱金石书画的学者赵明诚结婚，夫妇志趣相投，生活平静而幸福。但是不久金兵南下，宋室南迁，赵明诚也因病去世。从此，李清照孤身一人过着颠沛流离的生活，直至去世。

李清照
这是清代画家崔错的作品。图中的李清照淡妆素服，倚石而坐，烘托出一种虚空、寂寞的情绪。

李清照的词从题材到风格都具有婉约柔媚的特点，展现了她的生活、情趣和心灵世界。北宋覆灭前，李清照身为大家闺秀和贵族少妇，这一时期的词大多反映大自然的美和个人对生活的感受。但是南渡以后，她的词多悲叹身世，抒发个人深重的哀愁，有时也流露出对中原的怀念，表达了她的爱国之情。

李清照的词艺术成就很高，在文学史上占有重要地位。她的词具有强烈的抒情性，常运用巧妙的构思，选取一些生活片段写入词中，具体细致地展现自己的内心世界。她还善于用白描手法来摹写具体事物，含蓄自然。其词风以婉约为主，但也偶有豪放之作，语言优美精巧，独具特色。

■ 剧坛领袖关汉卿

关汉卿是元代大都（今北京）人，中国戏剧史上最伟大的作家，是元代杂剧的奠基人和元初剧坛的领袖。关汉卿大约生活在金末元初，他多才多艺，精通音律，能歌善舞。由于长期混迹于行院勾栏，他得以充分接触到下层民众，对被压迫者的不幸遭遇感同身受。他曾亲自参与杂剧的演出，获得了丰富的舞台体验，这使得他的戏剧创作更具本色。

关汉卿一生共创作了60多种杂剧，保存至今的有18种。他的杂剧具有强烈的现实性和昂扬的战斗精神，深刻地再现了社会现实，充满着浓郁的时代气息。关汉卿最为杰出的作品是《窦娥冤》。《窦娥冤》取材于汉代流传下来的"东海孝妇"的故事，是元杂剧中最著名的悲剧。

关汉卿在中国戏曲史上贡献卓著，被后人列为元曲四大家之首。

【百科链接】
勾栏：
古时候大城市里固定的娱乐场所，也是宋元戏曲在城市中的主要表演场所，相当于现在的戏院。

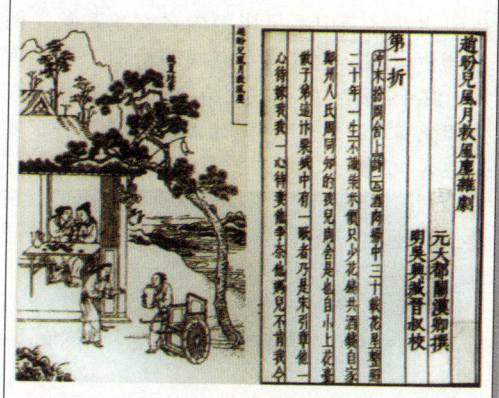

《救风尘》明校本
《救风尘》是关汉卿一部杰出的现实主义古典喜剧，描写妓女赵盼儿为搭救从良受骗的同伴宋引章机智地同富豪恶少周舍做斗争的故事。这部剧情节曲折，矛盾突出，妙趣横生。

诸宫调：流行于宋、金、元时期的一种大型说唱艺术。金、元时的诸宫调作品，至今完整保存的只有金人董解元著的《西厢记诸宫调》。

▶ 王实甫与《西厢记》
▶ 汤显祖的"临川四梦"

王实甫与《西厢记》

王实甫是元代著名的杂剧作家。关于他的生平，历史记载很少。据推测，他是大都（今北京）人，主要创作活动大约在元成宗元贞、大德年间（1295~1307），这正是元杂剧的鼎盛时期。

王实甫的杂剧作品如今仅存《西厢记》《破窑记》和《丽春园》等13部。其中，《西厢记》是他的代表作，在元代和明代备受推崇，被称为"杂剧之冠"。

《西厢记》插图《红娘传简》

作为我国古典戏剧的杰作，《西厢记》对后来以爱情为题材的小说和戏剧创作影响很大，如《牡丹亭》《红楼梦》等都不同程度地汲取了《西厢记》中反封建的思想元素。

《西厢记》的故事最早起源于唐代元稹的传奇小说《莺莺传》，金代董解元据此写成了诸宫调《西厢记》，王实甫又将这部诸宫调改编成了能由多人参与演出的戏剧剧本。王实甫的剧本在戏剧冲突、结构安排、人物塑造等方面都取得了很高的艺术成就。

《西厢记》以唐朝为时代背景，描述书生张珙在寺庙中遇见崔相国之女崔莺莺，两人产生爱情，通过婢女红娘的帮助，历经坎坷，终于冲破封建礼教而结合的感人故事。张生和崔莺莺的恋爱故事，已经不再停留在"才子佳人"的模式上，也没有把"夫贵妻荣"作为婚姻的理想。他们始终追求真挚的感情，将爱情置于功名利禄之上。《西厢记》的结尾处，王实甫在中国文学史上第一次正面表达了"愿普天之下有情人都成眷属"的美好愿望，鼓舞青年男女为争取爱情自由、婚姻自主而抗争。

汤显祖的"临川四梦"

汤显祖字义仍，号若士，又号清远道人，是明代杰出的剧作家、文学家，被誉为"东方的莎士比亚"。

汤显祖从小聪明好学，21岁就中了举人，后因拒绝当朝首辅张居正的延揽而在会试中落选。张居正去世后，他才中了进士。汤显祖早年的文学创作以诗文为主，晚年辞官返乡后才集中精力从事戏剧创作。他的戏剧代表作《紫钗记》《南柯记》《牡丹亭》和《邯郸记》合称"临川四梦"，其中以《牡丹亭》艺术成就最高。

【百科链接】

首辅：
明代对首席大学士的习称。明中期以后，大学士成为实际上的宰相，称为"辅臣"，首席大学士则称"首辅"。首辅主持内阁大政，权力极大。

《牡丹亭》的大致情节如下：太守杜宝之女杜丽娘在梦中与书生柳梦梅幽会，醒来后幽怀难遣，抑郁而死。杜宝升官离任，葬女于官衙花园。柳梦梅赴京应试路过此地，碰巧拾得杜丽娘画像。他观画思人，终于和杜丽娘的阴魂相会。于是，柳梦梅挖墓开棺，杜丽娘起死回生，两人结为夫妇。

汤显祖成功地塑造了杜丽娘这个封建时代大胆追求幸福的少女形象，传达了封建专制主义重压下广大青年争取爱情自由和婚姻自主的呼声。

《牡丹亭》书影

《牡丹亭》是汤显祖最著名的剧作，在思想和艺术方面都达到了较高水准。据记载，"《牡丹亭》一出，家传户诵，几令《西厢》减价。"

> 宋徽宗：北宋皇帝，名赵佶，号道君太上皇帝。他是宋代著名的画家和书法家，擅长山水画、人物画、花鸟画及楷书、草书。在书法中，他独创了"瘦金体"。

■ 第一部长篇章回小说《三国演义》

元末明初，通俗小说家罗贯中综合民间传说和戏曲、话本，结合陈寿的《三国志》和裴松之所注的史料，根据个人对社会与人生的体悟，创作了《三国演义》。这是我国历史上第一部长篇章回小说。

《关羽擒将图》
这幅画的作者是明代画家商喜，表现的是《三国演义》中关羽水淹七军、生擒魏将庞德的故事。

《三国演义》描写的是从东汉末年到西晋初年之间近100年的历史风云。全书通过对三国时代的政治军事斗争的描述，反映了三国时期的各种社会矛盾，塑造了一大批叱咤风云的英雄人物。

《三国演义》中有许多关于战争的描写，构思宏伟，手法多样。作者在书中塑造了近200个人物形象，其中最成功的有诸葛亮、曹操、关羽、刘备等人。诸葛亮是贤德与智慧的化身，被赋予了呼风唤雨、神机妙算的奇异本领；而曹操是一位奸雄，既有雄才大略，又残暴奸诈；对于关羽，作者着重突出了他的"威猛刚毅"、"义重如山"，使其成为后人心目中"忠义"的化身；刘备则是礼贤下士、知人善任的仁君典型。

■ 古典白话章回小说《水浒传》

《水浒传》又名《忠义水浒传》，是中国历史上第一部用白话文写成的章回小说，成书于元末明初。一般认为是施耐庵所著，也有人认为是施耐庵与罗贯中合著。

《水浒传》中所描写的以宋江为首的农民起义，发生在宋徽宗年间。这场起义声势极盛，在民间留下了

《水浒传》
《水浒传》杰出的艺术成就集中体现在人物的塑造上。小说塑造了一系列性格鲜明、呼之欲出的英雄形象和形形色色的小人物，千百年来他们一直活在人们的心中。

许多奇闻异说，并在口耳相传的过程中不断得到加工增饰。施耐庵就是在民间传说、民间说话艺术和元杂剧水浒戏的基础上加工写出此书的。

《水浒传》以杰出的艺术手段展现了中国古代农民起义的发生、发展和失败的全过程，深刻地揭露了封建社会的黑暗和腐朽，说明了造成农民起义的根本原因是"官逼民反"。书中至少出现了120个个性鲜明的英雄，其形象有血有肉，栩栩如生。小说的语言明快、洗练，生动准确而富有表现力，通常只用寥寥几笔就能达到形神毕肖的效果。

【百科链接】

话本：
宋代"说话"人的底本。"说话"就是讲故事，类似现代的说书。话本的作者几乎都是无名氏，创作后又经不断的补充润饰。大多话本都经文人加工过。

传奇：唐代时是对短篇小说的称谓，如《柳毅传》；明清时指以演唱南曲为主的戏曲形式，如《牡丹亭》《鸣凤记》《长生殿》《桃花扇》等。

- 《西游记》：神话小说
- 《儒林外史》：杰出的讽刺小说
- 《聊斋志异》：谈狐说鬼

■《西游记》：神话小说

《西游记》
孙悟空是《西游记》中的第一主人公，神的本领、人的感情、兽的形貌完美地结合在他的身上，使他成为了一个光彩夺目的神话英雄。

《西游记》是明代长篇神话小说，是古代神魔小说的杰出代表，一般认为作者是吴承恩。《西游记》取材于历史上唐僧取经的真实事件，是在前代传说、话本和戏曲的基础上创作出来的。

小说共有100回，以前7回的"大闹天宫"故事为开篇，把孙悟空的形象提到了全书的首要地位。第8至12回写如来说法、观音访僧、魏征斩龙、唐僧出世等故事，交代了取经的缘起。第14回到全书结束，叙述了孙悟空在八戒、沙僧协助下保护唐僧取经，一路上斩妖除魔，历经九九八十一难，终于到西天修成"正果"的经过。

《西游记》所描写的幻想中的世界和人物，大都以现实生活为基础，在神奇的形态下体现了人们的某些美好愿望。81难、72变、各种神魔的本领等都充满了幻想色彩，而书中各式各样的武器法宝都具有超自然的惊人威力，这也体现了人们要征服自然的美好愿望。

在结构上，《西游记》以取经人物的活动为主线，逐次展开情节。各个小故事相对独立，错落有致而又因果分明，可谓匠心独运。

■《儒林外史》：杰出的讽刺小说

《儒林外史》是我国文学史上一部杰出的现实主义长篇讽刺小说，成书于清朝雍正、乾隆年间，作者是吴敬梓。

《儒林外史》的艺术成就突出表现为风格独特的讽刺。全书在冷静的叙述中，真实地描绘了明清时代读书人的丑态。对哭贡院的周进、中举发疯的范进、宣扬举业的马二先生、悭吝成性的严监生等人，作者虽没有给予明显的褒贬评价，但这些形象本身无不体现出强烈的讽刺效果。

《儒林外史》是由很多可以独立成篇的短篇小说连缀而成的。全书没有贯穿始终的主要人物和中心事件，而是以一回或数回写一个人物的故事，自成一环；然后，这些人物退居次要地位，新的人物又登场成为主要人物，又构成新的一环。如此环环相扣，连成长篇。这种结构形式使作品兼具短篇与长篇的特点，既显示了传奇与话本的传统，又体现了作者在整体构思上的创新。

【百科链接】

讽刺：
用比喻、夸张等手法进行指责和嘲笑。

■《聊斋志异》：谈狐说鬼

《聊斋志异》是一部诞生于清代前期的文言短篇小说集。作者蒲松龄（1640~1715），字留仙，又字剑臣，别号柳泉居士，山东淄川（今淄博）人。

《聊斋志异》包括491篇短篇小说，题材非常广泛，内容极其丰富。多数故事通过谈狐说鬼的手法，对当时的社会现实进行了反映和揭露。全书语言典雅明快，无论是叙述故事还是记叙人物对话，都极简洁而富于表现力。作品不仅以深刻的思想打动读者，还用精巧完美的艺术形式给人以美的享受。在塑造人物方面，作者善于把幻想与现实、虚构与真实结合起来。他所写的鬼狐妖仙虽是幻想中的形象，但却把人的世界作为他们生活的主要环境，还把人的真实生活细节附在这些虚构的形象身上。因此，书中

《红楼梦》：古典小说的巅峰

语言文学篇

高鹗：字兰墅，一字云士，因酷爱小说《红楼梦》，别号"红楼外史"。一般认为，长篇小说《红楼梦》的后40回为高鹗所续。

《红楼梦》插图
图中画的是林黛玉进贾府的情景。林黛玉与贾宝玉初会，宝玉得知"神仙似的妹妹"黛玉也没有玉，突然"狂病"发作，把从小戴的"通灵宝玉"摘下来，狠命地向地上摔去，引起了一场惊慌。

《红楼梦》写的是一个封建贵族大家庭从繁荣走向衰败的故事，贾宝玉、林黛玉、薛宝钗的恋爱婚姻悲剧，是这个故事的中心。但是作品的主题没有局限在爱情悲剧本身，而是围绕着中心事件展开了许多错综复杂的矛盾斗争，描绘了一幅极其广阔的社

《十二金钗图·黛玉葬花》
"黛玉葬花"出自《红楼梦》第二十三回，是小说中非常精彩的经典段落，突出表现了林黛玉的形象和性格特点。尤其是一首《葬花吟》，代表了"林黛玉感叹身世遭遇的全部哀音"。

的主人公尽管有行踪飘忽、变幻异常的鬼狐特点，却也极富人情味，使整部书散发着浓郁的生活气息。

■《红楼梦》：古典小说的巅峰

《红楼梦》又名《石头记》，是清代乾隆年间的伟大文学家曹雪芹所写的长篇小说，被誉为封建社会的"百科全书"。它的出现把世情小说的创作推向了最高峰，标志着中国古代小说的艺术水准迈上了一个新台阶。

曹雪芹（约1715~1763），名霑，字梦阮。幼年时家势显赫，从曾祖父至父亲，曹家世袭江宁织造之职，后来其父因事获罪，曹家从此家道衰落，举家北迁。中年后，曹雪芹住在北京西北郊，家境清贫，过着"举家食粥"的日子。少年时代豪奢的生活，使他对贵族大家庭里的人情世态非常熟悉；后半生的贫困潦倒，又使他能够更清醒深刻地观察生活，看清社会的腐朽和罪恶。因此，他能够写出《红楼梦》这部中国古典小说的巅峰之作。可以说，曹雪芹既是中国18世纪最杰出的文学巨匠，也是中国最早呼唤新时代到来的人。

《红楼梦》全书共120回，前80回为曹雪芹所写，后40回一般认为是高鹗续写。续书在思想和艺术成就上与前80回有一定的差距，但它使全书的故事完整无缺，因此也具有很高的价值。

会生活画卷，使读者预感到那个古老的千疮百孔的制度必然灭亡的命运。

在艺术方面，作者纯熟地运用现实主义手法，以精雕细琢的功夫，描绘了一大批活生生的典型人物形象。书中有名有姓的人物多达400余人，均各有特色。

作品结构宏伟严整，情节波澜起伏、千头万绪，却组织得周密有致、跌宕多姿。其语言优美生动、洗练新颖，散发着浓郁的生活气息——特别是人物对话，或长或短，或文或野，无不是契合人物身份、性格的口吻。

《红楼梦》对中国文学和世界文学都产生了巨大而深远的影响，被公认为世界上第一流的作品。国内外对它的研究，已经形成了一门专门的学问——"红学"。

【百科链接】

江宁织造：
清代设在南京的官府，负责织造宫廷所需的丝织品，并直接向朝廷提供江南地区的各种情报。其权势显赫，地位仅次于两江总督。

校勘：将同一部书的不同版本和有关资料加以比较，考订文字的异同，目的在于确定原文的真相。历史上较为著名的校勘学家有戴震、惠栋、王念孙、段玉裁等。

▶ 鲁迅：现代文学的奠基人

中国现代文学家

■ 鲁迅：现代文学的奠基人

鲁迅（1881~1936），原名周樟寿，后改名周树人，号豫才，是中国现代伟大的文学家、思想家和革命家。他是浙江绍兴人，出身于没落的封建家庭。

1898年，鲁迅到南京求学，初步接触了西方资产阶级的"科学"与"民主"思想。1902年，他赴日本留学，开始学医，后来弃医习文，开始从事文艺活动，希望以文艺改造国民精神。回国后，他发表了第一篇现代白话小说《狂人日记》，此后一发而不可收，陆续发表了《孔乙己》《药》《阿Q正传》等杰作。同时，他还结合革命斗争需要，写了许多被称为"匕首"和"投枪"的杂文、论文。

1930年，中国左翼作家联盟成立，鲁迅是发起人和主要领导人之一。他拥护中国共产党提出的抗日民族统一战线的方针，提出"坚持民族革命战争的大众文学"的口号。

作为中国新文化运动的旗手，鲁迅给人们留下了宝贵的精神遗产。他著有小说集3部、杂文集16部、散文诗集1部、回忆散文集1部、书信1400多封，还有1912至1936年间的日记以及《中国小说史略》《汉文学史纲要》等学术著作。他还翻译了14个国家近百位作家的作品，并辑录、校勘古籍18部。

最能充分体现鲁迅的精神和创造力的是他的杂文。鲁迅的杂文可以说

三味书屋
三味书屋是清末绍兴城里的私塾，鲁迅童年时曾在这里学习，后来他在名作《从百草园到三味书屋》中提到这里。

是中国现代文化的一部"史诗"，它不但记录了鲁迅一生的战斗业绩，而且也记录了鲁迅所处的那个时代中国的思想史和文化史。鲁迅一生所写的16部杂文集，把笔触伸向了各种不同的文化现象和各种不同阶层的人物，其中有无情的揭露，有愤怒的控诉，有尖锐的批判，有辛辣的讽刺，有机智的幽默，有细致的分析，有果决的论断，有激情的抒发，有痛苦的呐喊，有亲切的鼓励，有热烈的赞颂。笔锋驰骋纵横，词采飞扬，形式多样，变化多端。

鲁迅的一生是为中华民族的生存和发展呐喊奋斗的一生。他用自己的笔坚持社会正义，反抗强权，保护青年，培育新生力量。毛泽东曾评价他说："鲁迅的骨头是最硬的，他没有丝毫的奴颜和媚骨，这是殖民地半殖民地人民最宝贵的性格。"

鲁迅与家人的合影
这张照片是鲁迅与夫人许广平和儿子周海婴的合影。鲁迅出生于浙江绍兴，是我国伟大的文学家、思想家和革命家，中国现代文学的奠基人之一，他的精神被誉为"民族魂"。

语言文学篇

- 胡适：新诗的老祖宗
- 郭沫若：新文化的旗帜

《新青年》：20世纪初伴随新文化运动诞生的一份具有革命性质的杂志，由陈独秀于1915年在上海创立。1917年该杂志迁到北京后成为新文化运动的主要阵地。

【百科链接】

杂文： 杂体文章，是现代散文中以议论和批评为主而又具有文学意味的一种文体。

■ 胡适：新诗的老祖宗

胡适（1891~1962），字适之，祖籍安徽绩溪，是我国著名的学者、历史学家、文学家和哲学家，五四文学革命和新文化运动的代表人物之一。1917年1月，在美国留学的胡适在陈独秀主持的《新青年》杂志上发表了《文学改良刍议》一文，提出文学改良"八事"，强调以白话代替文言作为正式的文学语言，为以新文学取代旧文学的文化运动打开了缺口。他也因此被誉为文学革命"首举义旗的先锋"，一时享誉全国。

同年，胡适回国受聘为北京大学教授，并参与《新青年》杂志的编辑工作，与陈独秀、李大钊等共同领导新文化运动，积极倡导文学改良和白话文学，提倡"国语的文学，文学的国语"，对白话文取代文言起了决定性作用。在倡导理论的同时，胡适还进行了一些文学创作的"尝试"。他于1920年出版的《尝试集》是中国文学史上第一部白话新诗集，他也因此自称为"新诗的老祖宗"。

胡适
胡适作为我国现代著名的学者和国学大师，在文学、哲学、史学、考据学、教育学、伦理学、红学等诸多领域都取得过重大成果。他更因提倡文学革命而成为新文化运动的领袖之一。

■ 郭沫若：新文化的旗帜

郭沫若（1892~1978），原名郭开贞，四川乐山人，是我国现代著名的作家、诗人、剧作家、历史学家、考古学家、古文字学家和社会活动家，对中国的科学文化事业做出了多方面的贡献，被誉为"继鲁迅之后中国文化战线上的又一面光辉旗帜"。

1914年，郭沫若赴日本留学，先学医，后从文。1919年五四运动爆发后，他发动同学组织夏社，投身新文化运动，并于1921年出版了第一部诗集《女神》。《女神》摆脱了中国传统诗歌形式的束缚，充分反映了"五四"时代精神，在文学史上开创了一代诗风。

1924至1927年，郭沫若先后创作了历史剧《王昭君》《聂莹》《卓文君》。自1928年起，郭沫若流亡日本达10年之久。期间，他致力于中国古代历史和古文字学的研究，成绩卓著。

抗日战争爆发后，郭沫若只身潜回祖国，投身抗日救亡运动。新中国成立后，郭沫若曾任政务院副总理、中国科学院院长、中国科技大学校长、中国科学院哲学社会科学部主任等职，以主要精力

《新青年》书影
《新青年》杂志创办于1915年。1917年，胡适先后在《新青年》上发表了《文学改良刍议》和《文学革命论》两篇文章。从此《新青年》正式举起了文学革命的大旗。

【百科链接】

新诗： 五四文学革命中产生的以白话作为基本语言手段、有别于古典诗歌和旧体诗的诗歌体裁。

左翼作家联盟：简称"左联"，一个带有无产阶级革命性质的文学社团。1930年3月在上海成立，成员有冯乃超、鲁迅、冯雪峰等。

▶ 茅盾：左翼文学巨匠
▶ 朱自清：有骨气的文学家

从事文化的组织领导工作和促进世界和平的对外友好交流事业。

■ 茅盾：左翼文学巨匠

茅盾本名沈德鸿，字雁冰，著名作家和社会活动家。1916年，于北京大学预科毕业，后进入上海商务印书馆工作。1921年1月，茅盾与郑振铎、叶圣陶等人在北京成立了文学研究会，从事新文学的倡导、评论和外国文学的评介工作。不久，他参加了上海共产主义小组，积极筹建中国共产党，成為最早的中共党员之一。国共合作破裂之后，茅盾开始了文学创作活动，写出了《蚀》三部曲（《幻灭》《动摇》《追求》）和《虹》等名作。

1930年，茅盾加入中国左翼作家联盟，从此和鲁迅一起从事革命文艺活动，进行社会斗争。他在20世纪30年代完成的作品，中篇小说有《路》《三人行》，短篇小说有"农村三部曲"《春蚕》《秋收》《残冬》和《林家铺子》。

1933年，茅盾的长篇小说《子夜》正式出版。《子夜》是大规模地描写中国社会全貌的力作，它的出版显示了左翼文学的实绩，把五四以后新文学的发展推入了一个新的里程，对于后来的文学创作产生了深远的影响。

【百科链接】

通感：
　　是把不同感官的感觉沟通起来，借联想引起感觉转移的修辞手法。通感的运用能突破语言的局限，丰富文章表情达意的情趣，增强文采。

茅盾故里——乌镇
　　茅盾生于浙江桐乡县乌镇，这是一个历史悠久、风光秀丽的鱼米之乡，紧邻着现代化的上海，是人文荟萃之地。茅盾在这样的环境中成长，形成了勇于面向世界的开放心态及精致入微的笔风。

■ 朱自清：有骨气的文学家

朱自清是现代著名的散文家、学者。他原名自华，号秋实，字佩弦，原籍浙江绍兴，生于江苏东海，长于扬州。1916年，他考入北京大学预科，次年入读哲学系。他参加过五四运动，是文学研究会的早期会员，还参与发起了新文学史上第一个诗歌团体——中国新诗社。朱自清1920年大学毕业后，曾在江浙一带多所中学任教，并撰写小说和散文。抗日战争爆发后，他来到昆明西南联大任中文系主任。抗战胜利后，他参与了爱国民主运动。在身患重病时，他仍拒绝领取美国援助的面粉，最终死于贫病交迫之中，被誉为"有骨气的文人"。

朱自清一生有著作27部，包括诗歌、散文、文艺批评、学术研究等，共约190万字。他本是凭借新诗踏上文坛的，但是他1923年发表的《桨声灯影里的秦淮河》却显示出他在散文方面的才能。从此以后，他致力于散文创作，并取得了巨大的成就，成为当时最负盛名的散文家。朱自清的散文主要是叙事性和抒情性的小品文，他的写景散文在现代文坛的散文创作中占有重要地位。

英国剑桥
徐志摩所说的"康桥"指的就是今天英国东南部的剑桥。徐志摩曾满怀深情地说："我的眼是康桥教我睁的，我的求知欲是康桥给我拨动的，我的自我意识是康桥给我胚胎的。"

■ 徐志摩："新月派"代表诗人

"新月派"是现代新诗史上一个重要的诗歌流派，源于1923年成立于北京的文学社团——新月社。它是五四运动以来以探索新诗理论与新诗创作为主的最大的文学社团。社员们对于诗歌艺术的追求带有唯美倾向，主张新诗格律化，不能杂乱无章。徐志摩是新月社的组织者和代表诗人。

徐志摩（1896~1931）是浙江海宁人，于1918年赴美留学，1921年成为英国剑桥大学皇家学院特别生，并在那里开始了诗歌创作。1922年，徐志摩回国，在教书之余，负责编辑《晨报副刊·诗镌》。后来，他成了新月社的组织者之一。

徐志摩共出版了四本诗集：《志摩的诗》《翡冷翠的一夜》《猛虎集》《云游》。另外，他还有《翡冷翠山居闲话》《北戴河海滨的幻想》等散文和《死城》《曼殊斐尔小说集》《涡堤孩》等译著。

徐志摩的诗字句清新，韵律谐和，比喻新奇，想象丰富，意境优美，神思飘逸，富于变化，并追求艺术形式的整饬、华美，具有鲜明的艺术个性。他的散文也自成一格，成就很高。

徐志摩
徐志摩（1896~1931），现代诗人、散文家。1931年11月19日，他在从南京到北平途中因飞机失事遇难。

■ 闻一多：诗人、学者、民主战士

闻一多是我国现代文学史上著名的学者和诗人，原名亦多，族名家骅，生于湖北浠水。他于1912年考入清华大学，1922年毕业留美，专攻美术，1925年归国，历任北京艺术专门学校、武汉大学、清华大学、西南联合大学等七校教授、文学院长、中文系主任等职。

抗战胜利后，闻一多坚决反对国民党发动的全面内战。1944年，闻一

闻一多
闻一多（1899~1946），伟大的爱国主义者，坚定的民主战士，中国民主同盟早期领导人，中国共产党的挚友。

李公朴：中国现代伟大的爱国主义者，坚定的民主战士，中国民主同盟早期领导人，杰出的社会教育家，于1946年7月11日晚被国民党特务杀害。

冰心：风格独特的文学大师
老舍：人民的艺术家

【百科链接】

文学研究会：
1921年1月4日成立于北京，是五四文学革命后最早成立的新文学团体，主张"为人生"而创作，不少成员后来成为了现代文学史上重要的作家。

多加入中国民主同盟，次年被选为民盟中央执行委员。1946年7月15日，他因为李公朴被杀害一事拍案而起，怒不可遏地发表了著名的《最后一次讲演》，当晚便被国民党特务用无声手枪暗杀。

早期，闻一多热心于新诗的创作与理论研究，以《红烛》《死水》两部诗集及他所倡导的新格律诗，开创了一代诗风；中期，他以传统与近代相结合的科研方法，专心从事中国古代文学研究，考索渊博，立说新颖；后期，他反独裁、反内战、争民主，仗义执言，无私无畏，一身正气。

■ 冰心：风格独特的文学大师

冰心（1900~1999），原名谢婉莹，福建长乐人，现代著名小说家、散文家、诗人。

冰心大学时代就开始了文学创作，并加入了文学研究会。她先以一系列触及社会、家庭、妇女等人生现实问题的小说引起了世人的瞩目，继而以清新隽永的哲理小诗《繁星》和《春水》饮誉诗坛，后又以婉约清丽的抒情散文《往事》《寄小读者》和《山中杂记》等系列作品轰动文坛。冰心的早期创作以人道主义的博爱胸怀关注人生，探寻使人幸福的方剂，讴歌母爱、童真和大自然。尤其是她的散文，笔调流丽婉约、亲切抒情，形成了冰心散文独特的风格，吸引和感动了无数青年读者。

20世纪30年代以后，她创作了小说《分》和游记《平绥沿线旅行记》，标志着她的创作视野得到了拓展，文风也从柔细清丽转向苍劲朴茂。50年代后，冰心著有散文集《归来以后》《樱花赞》《晚晴集》《我的故乡》和儿童文学集《小桔灯》《三寄小读者》等。她晚年所作则日趋凝炼老辣。

■ 老舍：人民的艺术家

老舍，原名舒庆春，字舍予，我国现代著名小说家、剧作家。1899年2月3日出生于北京一个贫民家庭。

1918年，老舍毕业于北京师范学校。1924年，他前往英国，任伦敦大学东方学院的汉语讲师，并在这一时期开始了文艺创作。1929年夏，老舍取道新加坡回国，次年到山东大学任教，课余继续长篇小说的创作。

老舍

老舍作品多以城市人民的生活为题材，爱憎分明，有强烈的正义感；人物性格鲜明，细节刻画真实；能纯熟地驾驭语言，准确地运用北京话表现人物、描写事件，使作品具有浓郁的地方特色和强烈的生活气息。

《骆驼祥子》就是这个时期的作品，它是20世纪30年代中国最优秀的文学作品之一，奠定了老舍在中国现代文学史上的地位。

抗日战争爆发后，老舍只身奔赴武汉，主管全国文艺界抗敌协会的日常事务。在此期间，他写了不少宣传抗战的通俗作品供艺人演出，其中包括京剧、鼓词、相声、数来宝、坠子、话剧等。1944年初，老舍开始创作长篇小说《四世同堂》。

新中国成立后，老舍在北京重新定居下来，他以巨大的热诚投入了对新时代的讴歌。1951年，他的话剧《龙须沟》上演，引起了社会各界尤其是文艺界的强烈反响，老舍因此被授予"人民艺术家"的称号。

数来宝：曲艺的一种，流行于北方各地，由一人或两人说唱，用竹板或系以铜铃的牛髀骨打拍，常用句式为"三、三"六字句和"四、三"七字句。

语言文学篇

■ 曹禺：20世纪最优秀的剧作家

曹禺（1910~1996），原名万家宝，祖籍湖北潜江，是中国现代杰出的剧作家。

曹禺是中国话剧史上继往开来的重要人物，他在继承先驱们的民主精神和艺术主张的同时，广泛借鉴了中国古典戏曲和欧洲近代戏剧的表现手法，把中国的话剧艺术提升到了一个新的高度。他的作品《雷雨》《日出》《北京人》《家》等都是公认的杰出作品。尤其是《雷雨》，取得了极高的艺术成就。

《雷雨》是一部4幕悲剧，表现了两个家庭8个人物在短短一天之内发生的故事。狭小的舞台上不仅突现了伦常的矛盾、阶级的矛盾，还有个体与环境和时代强烈的不协调的矛盾。作者就在这种种剧烈的冲突中完成了对人物的塑造。

《雷雨》语言简练含蓄，情节扣人心弦，在自然景物、肖像描写方面，特别重视音响和色彩效果。同时，作品还注重对人物的声音、气味、眼睛进行夸张的处理。《雷雨》奠定了曹禺在中国现代戏剧史上的大师地位，被看作中国话剧艺术成熟的标志。

曹禺
曹禺（1910~1996），原名万家宝，字小石，"曹禺"是他在1926年发表小说时第一次使用的笔名。他的姓氏"万"的繁体字"萬"为草字头加"禺"，"草"与"曹"谐音，故"曹禺"即"万"。

■ 巴金：中国文学的良心

著名的现代作家巴金（1904~2005），原名李尧棠，字芾甘，出生于四川成都的一个封建官僚大家庭。在五四运动中，他接受了民主主义思潮的洗礼，开始走上文学创作的道路。1928年，在法国留学的巴金完成了他的第一部中篇小说《灭亡》，并在国内发表，引起了强烈反响。1928年冬，巴金回到上海。之后的数年间，他著作颇多，主要作品有《死去的太阳》《新生》《砂丁》《萌芽》和著名的"爱情三部曲"《雾》《雨》《电》。1931年，著名的长篇小说"激流三部曲"之一的《家》在《时报》上连载。这是巴金的代表作，也是我国现代文学史上最卓越的作品之一。

粉碎"四人帮"以后，巴金最主要的作品是记录他"真实思想和真挚感情"的随笔。1977年5月，他发表了散文《一封信》，此后又陆续发表了多篇回忆录和散文。1978年底至1986年7月，他写成了5集150篇的《随想录》。巴金以强烈的历史责任感和严于自剖的品格，推心置腹地与读者交流自己对于祖国和人民命运的深沉思索。巴金被誉为"20世纪中国文学的良心"。

巴金与夫人萧珊
巴金与夫人萧珊36年的爱情故事浪漫而感人，她是他生命的永恒部分。巴金曾深情地写道："她的骨灰里有我的泪和血。"

【百科链接】

三一律：
一种西方古典戏剧规则：一出戏只能表现单一的行动，情节只能在一天之内和一个地点展开。这有助于剧本结构的集中、严谨，但也对创作造成了束缚。

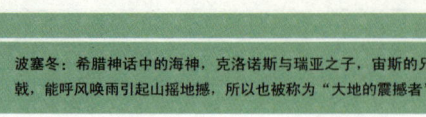

波塞冬：希腊神话中的海神，克洛诺斯与瑞亚之子，宙斯的兄弟。他手持三叉戟，能呼风唤雨引起山摇地撼，所以也被称为"大地的震撼者"。

▶ 宙斯：宇宙的主宰
▶ 阿波罗：太阳之神
▶ 雅典娜：智慧女神

外国古代神话

■ 宙斯：宇宙的主宰

宙斯是古希腊神话中的第三代"众神之主"。他的父亲克洛诺斯为了防止自己的权力被子女们夺走，就在子女出生时把他们一个个吞进肚里。宙斯出生后，他的母亲瑞亚偷偷地用一块石头把他替换下来，藏到山洞中。宙斯长大后，强迫父亲把吞下的子女都吐出来，并推翻了父亲的统治，确立了以自己为首的新一代神祇的权力。由于宙斯和众神常住在希腊中部的奥林匹斯山上，因而他们也被称为奥林匹斯神。

宙斯
宙斯是希腊神话中的主神，维持着天地间的秩序，公牛和鹰是他的标志。

宙斯和兄弟波塞冬、哈得斯三分天下，波塞冬主管海域，哈得斯主管冥间，宙斯主管天空。作为天空之神，宙斯掌管着风雨等各种天象，霹雳、闪电是他用来向人类表示自己意志的手段。他掌控着人间的一切事务，几乎相当于命运之神。

■ 阿波罗：太阳之神

阿波罗是古希腊神话中的太阳神，他同时还掌管光明、青春、医药、畜牧、音乐等。他是宙斯和暗夜女神勒托的儿子，是狩猎女神阿耳忒弥斯的孪生兄弟。

阿波罗
阿波罗是希腊神话中的太阳神，主神宙斯之子，司掌文艺，还主管医药、畜牧、音乐等，是人类的保护神。他年轻英俊，精力充沛，头上常戴着用月桂树枝做的冠冕。

阿波罗容貌英俊，精力充沛。他头上经常戴着用月桂树枝叶编成的冠冕，每天黎明他都会驾驶黄金做的太阳马车巡视大地，给人类送去光明和温暖。阿波罗的标志性配饰是竖琴、弓、箭、箭袋和三脚架。

与阿波罗有关的神话传说很多，例如：他在德尔斐斩杀恶龙，修建神庙；他参加奥林匹斯山众神与巨灵的战斗；他和海神波塞冬合力，帮助特洛伊建起牢不可破的城墙。

■ 雅典娜：智慧女神

雅典娜是希腊神话中象征智慧和战争的女神，传说是宙斯与聪慧女神墨提斯所生。因大地女神盖亚曾预言墨提斯所生的儿女会推翻宙斯，所以雅典娜一出生就被宙斯吞入腹中。宙斯却因此得了严重的头痛症，只好要求火神赫斐斯托斯打开自己的头颅。就在他的头被打开的一刹那，

【百科链接】

帕忒农神庙：
　　又译为帕特农神庙、巴台农神庙。帕忒农原意为贞女，是雅典娜的别名。此庙是供奉雅典娜女神的最大神庙，坐落在雅典卫城中央最高处。

- 赫拉克勒斯：力大无穷的英雄
- 珀耳修斯与蛇发女妖
- 忒修斯与牛怪

> 普罗米修斯：古希腊神话中最有智慧的神之一，被称为"先知者"。他是人类的老师，教给人类有用的知识，最后因盗火拯救人类而受到宙斯的惩罚。

语言文学篇

一位身披铠甲、光彩照人的女神走了出来，她就是雅典娜。

相传雅典娜曾与波塞冬争夺一个城邦的庇护权，最终雅典娜获胜。众神便决定以她的名字，将这个城邦命名为"雅典"。在雅典，至今还残存着古希腊最著名的建筑物之一——帕忒农神庙，庙内有一尊雅典娜的青铜铸像。雅典娜端庄威严，脚边立有圣鸟猫头鹰。

■ 赫拉克勒斯：力大无穷的英雄

赫拉克勒斯是古希腊神话中的大英雄，是宙斯与底比斯王后阿尔克墨涅之子。赫拉克勒斯出生后，神后赫拉无意中给他喂了奶，使他获得了超人的力量。他长大后杀死了墨亚森林的猛狮，并使忒拜摆脱了弥尼埃人的欺压。

赫拉克勒斯
赫拉克勒斯是古希腊神话中的大英雄，是宙斯与阿尔克墨涅之子。他神勇无比，完成了12项英雄伟绩，被升为武仙座。

赫拉克勒斯去过许多地方，曾参加过阿耳戈船寻取金羊毛的远航，曾解救了因偷盗天火而被锁在高加索山上永受苦刑的普罗米修斯，还攻打过特洛伊和伯罗奔尼撒的皮洛斯，声名显赫。最后，赫拉克勒斯因穿了抹有马人涅索斯毒血的衬衣而中毒身亡。他死后，宙斯让他上奥林匹斯山成了神，并和青春女神赫柏结为夫妻。

【百科链接】

奥林匹斯山：
希腊最高的山脉，坐落在希腊北部，被古希腊人尊奉为"神山"。在希腊神话中，它的地位相当于天堂。

■ 珀耳修斯与蛇发女妖

珀耳修斯是古希腊神话中的英雄，他是宙斯与阿尔戈斯王阿克里西奥斯的女儿达那埃的孩子。阿克里西奥斯得到预言说自己会被外孙杀死，就让人把达那埃母子二人装进柜子里，投入大海。柜子漂到塞里福斯岛时，达那埃母子得救了。后来，这个岛的国王波吕得克忒斯爱上了达那埃。国王为了谋害珀耳修斯，就故意派他去取女妖美杜莎的头。

在雅典娜和赫尔墨斯的帮助下，珀耳修斯得到了飞行鞋、革囊和冥王的隐身帽。传说被美杜莎看到的人都会变成石头，于是珀耳修斯便把盾牌当做镜子来观察美杜莎的举动，最终成功地砍下了她的头。珀耳修斯回到塞里福斯岛，恰遇母亲正遭受波吕得克忒斯的迫害，于是他拿出美杜莎的头把波吕得克忒斯变成了石头。

珀耳修斯
古希腊神话中宙斯和达那埃之子，死后成为英仙座。

■ 忒修斯与牛怪

在古希腊神话中，爱琴海小岛克里特岛的国王叫米诺斯。米诺斯在岛上建造了一座庞大的迷宫，并在迷宫的最深处养了一只人身牛头的怪物米诺牛。他强迫雅典人每隔9年就送7对童男童女到克里特岛来喂养米诺牛。

雅典国王爱琴的儿子忒修斯看到人们遭受不幸，深感不安，便决心前往克里特岛杀死米诺牛。忒修斯在克里特岛上岸后，得到了米诺斯国王的女儿阿里阿德涅公主的帮助，公主送给他一把魔剑和一个线球。忒修斯一进入迷宫，就将线球的一端拴在入口处，然后放开线团，拉着线绳沿着曲折的通道向迷宫深处走去。最终，他找到了米诺牛，并用魔剑杀死了它。

念珠：又名珠数、诵珠、咒珠。佛教徒欲除去烦恼、安定心念，便用念珠不断地诵念"南无阿弥陀佛"。念珠有54颗、108颗等不同类型。

▶ 毗湿奴：战无不胜的保护神
▶ 湿婆：三只眼的破坏之神
▶ 大梵天：印度神话中的创造之神

■ 毗湿奴：战无不胜的保护神

毗湿奴是印度神话中的太阳神，据说他有1000个称号，最常见的是那罗衍、救世者、诃利、世界之主等。他有4只手，分别执有神螺、神盆、神杵和莲花。他的武器为神弓和神剑。他通常躺在一条巨蛇身上，在海上漂浮，肚脐上长着一朵莲花，上坐梵天。他的坐骑是金翅鸟。传说毗湿奴不能以神的身份拯救世人，而必须下凡投胎为人或其他生物，以所化生物的身份行动才能除暴安良。

【百科链接】

《吠陀》：

印度最古老的宗教历史文献，是对神的颂歌和祷文，完成于公元前1500至前1000年间，是印度文化的渊源。"吠陀"指有关宇宙的神秘知识。

■ 湿婆：三只眼的破坏之神

湿婆是印度神话中的毁灭之神，同时也担当创造的职能。他的形象被描绘成5头3眼4手，手中分执三股叉、神螺、水罐、鼓等法器，身着兽皮衣，浑身涂灰，脖子上绕着一条蛇，头上有一弯新月作为装饰，头发盘成犄角形，上有恒河

湿婆
湿婆是印度教中的毁灭之神，兼具生殖与毁灭、创造与破坏的双重性格，可呈现出各种奇谲怪诞的相貌。同时他也是音乐与舞蹈之神。

的象征物。传说恒河下凡时曾先落在他的头上，然后再分7路流向大地。湿婆的坐骑是一头大白牛。据说湿婆有极大的降魔能力，他那长在额上的第三只眼，能喷出毁灭一切的神火。

湿婆也是苦行之神，他终年在喜马拉雅山上的吉婆娑山苦行修炼，通过最严格的苦行和最彻底的沉思来获得最深奥的知识和最神奇的力量。他还是舞蹈之神，创造出了刚柔两种舞蹈，因而被誉为舞王。另外，他也是妖魔鬼怪的统帅。

■ 大梵天：印度神话中的创造之神

大梵天是印度神话中的三大神之一，地位仅次于毗湿奴和湿婆，他创造了世间万物，被称为万物的始祖。据传，大梵天原有5个头，后被湿婆毁掉一个。他通常高坐在莲花宝座上，4个头分别面向东、南、西、北四方。他有4臂4手，分别拿着《吠陀》经典、弓箭、莲花、念珠或钵等圣物。他的坐骑是一只天鹅或由7只鹅拉的一辆车。

他的妻子娑罗湿伐底是文艺女神，是从他的左手大拇指上出世的。他还有10多个儿子，分别从他的心、手脚中生出。

大梵天
大梵天是印度神话中世界万物的创造者。在印度神话中，大梵天从金蛋中破壳而出，蛋壳分为两半，变成了天和地。他又从自己的心、手、脚中生出十个儿子，妻子文艺女神是从大拇指上生出来的。他的子孙又分别生出了天神、凡人、妖魔、禽兽及宇宙万物。

- 拉：古埃及的太阳神
- 奥西里斯：冥界的判官
- 阿努比斯：长着狼头的神

法老：对古埃及君主的尊称。法老作为奴隶制专制君主，掌握着全国的军政、司法、宗教大权，是古埃及的最高统治者。

语言文学篇

向大梵天乞求恩典的人通常都会得到满足。但他善恶不分，有求必应，使许多恶魔也得到纵容，为非作歹，这使得后来众天神为剿除恶魔而费尽了心力。佛教产生后，大梵天被奉为释迦牟尼的护法神。

■ 拉：古埃及的太阳神

在古埃及的传说中，遥远的古代世界一片黑暗，大地上除了一条叫努恩的大河之外，什么也没有。努恩河孕育了一个闪闪发光的蛋，这就是太阳神"拉"。拉法力无边，可以变为多种形态。他的愿望都能实现，无论他说想要什么，那些东西都会立刻出现在他的眼前。

拉的眼泪变成了人类，他呼出的气体变成了空气之神和雾的女神。空气之神和雾的女神生下了大地之神和天空女神这对孪生兄妹。新生的两个神在出世时紧紧抱在一起，于是空气之神只好将自己置于他们中间，才使天地分离。后来，其他众神不断诞生，人类也不断繁衍。

据说拉每天都会在众神的陪同和守护下乘太阳舟来到天国视察，然后再回到地上，因为他既是天空之王，又是大地之王。拉的统治维持了上千年，为埃及带来了丰收的福音。

太阳神"拉"
"拉"神不仅拥有绝对的权威，而且法力无边。据说他只要随心所欲地说出心中的愿望，所提的东西就会立刻出现在眼前。

■ 奥西里斯：冥界的判官

在古埃及神话中，奥西里斯原是埃及的法老。在一次酒宴上，他被自己的弟弟赛思骗了，被装进箱子扔进了尼罗河。他的妻子伊西斯找到了箱子，并使他复活。但赛思再次发现并杀害了他，还将他的尸体分成48块，扔到了埃及的各个角落。伊西斯历尽千辛万苦，把奥西里斯的尸骸一一找全，并拼在了一起。但此时奥西里斯已经无法在人间复活了，于是便成了冥界主宰和死亡判官。同时，他还是掌管复活、降雨和植物的神，是文明的赐予者，被称为"丰饶之神"。

■ 阿努比斯：长着狼头的神

阿努比斯是古埃及神话中的冥界和亡者之神。他长着一颗胡狼的头，胡狼是一种常见的犬科动物，经常在墓地搜寻腐烂的尸体。

传说，在奥西里斯成为冥神以前，就是阿努比斯指引死者走向通往冥府的道路的。在奥西里斯被杀以后，阿努比斯帮助伊西斯将奥西里斯的尸体做成了木乃伊。因此，阿努比斯后来又成了尸体防腐者之神。

奥西里斯
奥西里斯是古埃及最重要的九大神明之一，他生前是一个开明的国王，死后是地界主宰和死亡判官，还是复活、降雨和植物之神。

阿努比斯还与正义女神玛特联系在了一起。古埃及人认为人死后会前往亡者之殿，在那里，阿努比斯用玛特的羽毛来称量亡者心脏的重量——如果心脏重于羽毛，就说明这个人生前犯下了罪恶，将被打入地狱；如果心脏与羽毛重量相当的话，那么这个人就可以升上天堂，与众神一起获得永生。

希伯来人：犹太人的祖先。古代希伯来人在很早的时候就进入了巴勒斯坦地区。公元1至2世纪，罗马帝国统治期间，他们中的绝大部分被赶出住地，流散到世界各地。

► 亚当与夏娃：人类的始祖
► 诺亚方舟：生命的避难所
► 巴别塔：未能完工的通天塔

■ 亚当与夏娃：人类的始祖

希伯来人是古代西亚的游牧民族，是今犹太人的先祖。传说全知全能的上帝在创造出世界的第6天，用泥土按照自己的形象造出了第一个人，并为其取名"亚当"。接着，上帝又取亚当的一根肋骨，造了一个女人做他的配偶，名叫"夏娃"。

上帝在东方为亚当和夏娃造了一座伊甸园，在里面放了许多动物和植物，包括园中央的两棵树：生命树与智慧树。上帝告诉他们，除了这两棵树上的果子外，园中其他的果子都可以吃。

后来有一天，夏娃与亚当受到化身为蛇的魔鬼撒旦的诱惑，偷吃了禁果，犯下了原罪，因而受到上帝的惩罚，被逐出了伊甸园。

■ 诺亚方舟：生命的避难所

亚当和夏娃被逐出伊甸园后，生了无数子女，于是人类逐渐遍布大地。人类受到上帝的诅咒，必须付出艰辛的劳动才能生存。因此人与人之间怨恨日增，开始了无休止的争斗。

上帝看到人世间充满了暴力和罪恶，决定毁灭人类和飞禽走兽，重新建立一个理想的世界。他选中了诺亚一家，打算将他们作为新一代人类的种子保存下来。他让诺亚和家人造了一只方舟，又让他们将所有的畜类和飞鸟各带7公7母上船，留待将来繁殖。

诺亚600岁生日那天，下起了倾盆大雨，水位迅速上涨，地上的生灵都死了，只有方舟里的人和动物安然无恙。洪水退却后，诺亚全家和方舟里的所有生物都走出了方舟，重新开始繁衍生息。

■ 巴别塔：未能完工的通天塔

经过大洪水的劫难之后，人们开始向东迁移，并在西亚北部的两河流域找到一片平原定居下来。后来人们决定建造一座城市和一座高塔，同时使塔顶通天。那时候天下人都讲一样

巴别通天塔
巴别塔的故事最初是为了解释世上为什么会出现不同的语言和种族，后来这个故事被用来表示对妄自尊大的人类进行惩罚和批判。

的语言，沟通非常简单，他们同心协力，很快就建成了繁华美丽的巴比伦城，高塔也逐渐插入云霄。

人类的这一举动惊动了上帝。他看到人们这样齐心协力，担心人们还会干出更夸张的事来，于是就悄悄地来到人间，弄乱了人类的语言。于是，人们突然听不懂对方说的话了，工程也就没法再继续进行下去，只好停下来，那座塔也就变成了废墟。

诺亚与方舟
诺亚方舟的故事出自《圣经·创世纪》。上帝不满人类的罪孽而欲实施惩罚，但他又舍不得把自己所造之物全部毁掉，因此选中诺亚一家作为新一代人类的种子，让他造方舟以避难。

【百科链接】

撒旦：
《圣经》中的恶魔。他原是上帝座前的六翼天使，负责在人间放置诱惑，后来他堕落成为魔鬼，被看作与光明力量相对的邪恶、黑暗之源。

- 《荷马史诗》：古代西方的杰作
- 《伊索寓言》：最早的寓言集

特洛伊：也称"伊利昂"，古希腊殖民城市，位于今天土耳其的希萨利克地区。特洛伊因荷马的史诗《伊利亚特》中载有"特洛伊战争"而闻名。

语言文学篇

欧洲文学

■《荷马史诗》：古代西方的杰作

荷马

荷马约生活在公元前9至前8世纪的古希腊，是一位失明的游吟诗人。《荷马史诗》被称为欧洲文学的始祖，是西方古代文艺技巧高度发展的结晶。

《荷马史诗》记录了公元前11至前9世纪的古希腊的历史和传说，相传为古希腊盲人诗人荷马所作。史诗包括《伊利亚特》和《奥德赛》两部，前者长达15693行，后者也有12110行。事实上，史诗中的故事最初只是一些来源于古代传说的零散篇章，后来由乐师们的说唱得以流传民间，荷马可能只是将这些故事整理定型的人。

《伊利亚特》叙述了希腊联军在迈锡尼王阿伽门农的率领下攻打特洛伊城的故事。希腊联军主将阿喀琉斯因自己喜爱的一个女俘被阿伽门农夺走，愤而退出战斗，特洛伊人乘机大破希腊联军。危急关头，阿喀琉斯的好友帕特洛克罗斯穿上阿喀琉斯的盔甲上阵，被特洛伊王子赫克托耳杀死。阿喀琉斯悔恨至极，重上战场，杀死了赫克托耳，特洛伊国王以重金赎回儿子的尸体。史诗以赫克托耳的葬礼结束。

在《奥德赛》讲述的故事中，经历了10年战争的希腊英雄们纷纷回国，伊塔克国王奥德修斯也与同伴乘船向故乡进发。史诗以倒叙的手法讲述了奥德修斯在海上漂泊10年，历尽艰险终于回到故乡与妻子团聚的故事。

《荷马史诗》内容丰富，风格古朴，节奏感很强。2000多年来，西方人始终认为它是古代最伟大的史诗。

特洛伊古城的木马

《荷马史诗》是著名的古希腊史诗，也是西方最伟大的古代史诗。《伊利亚特》中"木马屠城"的故事至今仍然脍炙人口。这座木马模型现在就矗立在土耳其境内的特洛伊古城遗址上。

【百科链接】

迈锡尼：

希腊古城，古文化遗址，位于伯罗奔尼撒半岛东北部。它是于公元前16世纪建立的奴隶制国家的卫城，是爱琴文化的中心。

■《伊索寓言》：最早的寓言集

伊索是古希腊的寓言家，约生活在公元前6世纪。据记载，伊索原是一个奴隶，后来因主人欣赏他的才智让他获得了自由。此后他游历希腊各地，还曾到吕底亚宫廷协助国王料理政务。后来，他在德尔斐与当地居民发生了争执，被人以渎神的罪名杀害。

今天流传的《伊索寓言》，是根据收集于14世纪的古代寓言和后来陆续发现的古代寓言抄本汇集而成的，全都假托于伊索名下。

《伊索寓言》共有寓言30多则，大多属于动物寓言，形象刻画鲜明生动。其中既有对社会矛盾的反映和揭露，也有对人生哲理的领悟，还有对日常生活经验的总结。《伊索寓言》曾对后代欧洲寓言的创作产生过不小的影

拉封丹：法国著名的寓言诗人。他的寓言善于借用现成的民间故事情节，然后运用诗的语言进行再创作，主要诗作有《寓言诗》《故事诗》等。

▶ 古希腊三大悲剧作家
▶ 阿里斯托芬：欧洲喜剧之父

讲故事的伊索

据记载，伊索相貌丑陋，身体驼背，上肢短小，下肢是罗圈腿。但他思维敏捷，足智多谋，能言善辩，尤其善于讲述动物的故事。

响，法国的拉封丹、德国的莱辛、俄国的克雷洛夫等都应用过《伊索寓言》中的材料，模仿过它的创作技巧。

■ 古希腊三大悲剧作家

古希腊悲剧起源于祭祀酒神狄奥尼索斯的庆典活动，后来逐渐发展成一种有合唱队伴奏、有演员表演并依靠幕布、背景、面具等塑造环境的戏剧样式，这是西方戏剧的雏形。悲剧中描写的冲突往往是难以调和的，主人公往往具有坚强不屈的性格和豪迈的英雄气概，却总是在抗争的过程中遭遇失败。公元前5世纪是希腊悲剧的繁荣时期，期间涌现出许多优秀的悲剧作家，其中最有名的是埃斯库罗斯、索福克勒斯和欧里庇得斯。

埃斯库罗斯是古希腊最伟大的悲剧作家，被誉为"悲剧之父"。他的代表作《被缚的普罗米修斯》讲述了"盗火者"普罗米修斯从天界盗回火种，为人类带来光明与温暖，后甘受宙斯惩罚的故事。

索福克勒斯是雅典民主制全盛时期的悲剧作家，被誉为"戏剧艺术的荷马"。他的悲剧作品结构复杂，布局巧妙，其代表作《俄底浦斯王》被认为是古希腊悲剧的典范。

欧里庇得斯一生共创作了80余部悲剧，有18部传世。其中最优秀的是《美狄亚》《特洛伊妇女》。《美狄亚》被认为是古希腊最动人的悲剧之一，也是西方文学中第一次把妇女作为主要角色来塑造的作品。

索福克勒斯

索福克勒斯（约公元前496～前406）生活在雅典民主制全盛时期，他的剧本多反映这一繁荣时期的思想。

■ 阿里斯托芬：欧洲喜剧之父

古希腊的喜剧多半是政治讽刺剧和社会讽刺剧，产生于言论比较自由的民主政治繁荣时期，被称为"旧喜剧"。这些喜剧具有较强的批判性，尤其擅长讽刺当权人物。公元前5世纪，雅典曾产生过三大喜剧诗人，但其中只有阿里斯托芬（约公元前446~前358）有作品传世。

阿里斯托芬的生平鲜为人知，虽然人们知道他大约出生于公元前446年，但却无法确定他的出生地。他生活的年代，雅典的城邦文明正在走向

【百科链接】

乌托邦：

英国空想社会主义学者莫尔在《乌托邦》一书中，描绘了一个人人平等的理想国度。此后"乌托邦"被用于比喻无法实现的理想或空想的美好社会。

恺撒：古罗马杰出的军事家、政治家，共和国末期的独裁者。公元前60年，他与庞培、克拉苏结成同盟，共同统治罗马共和国，史称"前三头"。

衰落，社会出现了贫富分化等现象，这些都成为剧作家创作的素材。阿里斯托芬一生共写过44个喜剧剧本，完整流传下来的有11部，比较著名的有《巴比伦人》《云》《鸟》《骑士》等。其中《鸟》是他最优秀的作品，也是乌托邦喜剧的起源。阿里斯托芬奠定了西方文学中的喜剧以滑稽形式表现严肃主题的传统，被认为是整个欧洲的喜剧之父。

维吉尔最重要的作品是史诗《埃涅阿斯纪》。诗人于公元前29年开始写这部作品，直到逝世前才完成初稿。他逝世后，友人帮他发表了这部诗稿。全诗12卷，1万余行，情节和结构模仿了《荷马史诗》，但在具体描写上有自己的特色。《埃涅阿斯纪》是欧洲文学史上第一部个人创作的史诗，2000多年来一直受到很高评价。

■ 维吉尔：古罗马最伟大的诗人

维吉尔（公元前70~前19）是古罗马最伟大的诗人，生于阿尔卑斯山南高卢曼图亚附近

维吉尔

维吉尔是古罗马奥古斯都时期最重要的诗人，他最重要的作品——史诗《埃涅阿斯纪》是欧洲文学史上第一部个人创作的史诗。

的安得斯村。在家乡受过基础教育后，维吉尔开始辗转于罗马和南意大利攻读哲学、数学和医学。约公元前44年，他回到故乡，一面务农，一面从事诗歌创作。

维吉尔第一部公开发表的诗集《牧歌》共收录了10首诗。诗集中虚构了一些牧人的生活和爱情故事，通过对话或对唱的方式抒发田园之乐，有时也涉及一些政治问题。维吉尔的第二部作品《农事诗》写于公元前37至前30年，共4卷，每卷分别叙述一个农业问题：种谷、园艺、畜牧和养蜂。

■ 西塞罗：黄金时代的天才作家

古罗马帝国在屋大维的统治下进入了前所未有的繁荣时期，这一时期也是古罗马文学的黄金时代。当时最杰出的演说家、教育家西塞罗则被称为"黄金时代的天才作家"。

西塞罗年少时曾学过哲学和法律，并做过一段时间的律师。43岁时，他进入政界任执政官，后又任西西里总督。内战时期，他追随庞培反对恺撒，它场，后来在政治倾轧中被刺身亡。

西塞罗的主要文学成就是散文写作——书信和演说词。他的书信现存约900封，反映了共和国末期的社会生活，描绘了形形色色的政治人物，风格接近口语。他的演说词有58篇传世，按内容可分为法庭演说

【百科链接】

屋大维：

恺撒大帝的养子和继承人，罗马帝国的开国君主，最伟大的罗马皇帝之一。他结束了罗马长达一个世纪的内战，使罗马进入了相当长的和平繁荣时期。

西塞罗

西塞罗（公元前106～前43），古罗马著名的政治家、演说家、雄辩家、法学家、哲学家和教育家。

亚瑟王：英格兰传说中的国王，圆桌骑士团的首领，一位近乎神话般的传奇人物，据推测他所生活的年代是公元500年前后。

▶ 骑士文学：神异的冒险生活
▶ 但丁与《神曲》

和政治演说两类。

西塞罗的散文注重材料组织的顺序化，句法考究、词汇丰富、段落对称、音调铿锵，被称为"西塞罗句法"。这种散文风格对后世影响深远，成为欧洲诸民族散文的楷模，连他的政敌恺撒也曾公然称赞他："你的功绩高于军事将领，因为扩大知识领域比扩大罗马帝国的版图有着更可贵的意义。"

■ 骑士文学：神异的冒险生活

骑士文学是欧洲中世纪（4~15世纪）封建文学的代表体裁，其主题包括忠君、护教、行侠等，主要以英雄与美人、冒险与恋爱为题材，采用即兴的、自由的、浪漫的手法进行创作。这类作品均由社会上的行吟诗人和宫廷诗人（或称弦歌诗人）所作。

12至13世纪是骑士文学的繁荣时期，以法国最盛。它主要包括两大类：

一是骑士抒情诗"破晓歌"。破晓歌是诗体而不是诗的题目。骑士抒情诗以法国普罗旺斯地区为中心，内容多描绘骑士与贵夫人幽会后在破晓时的离别情景，这种诗体对文艺复兴以后的抒情诗有较大影响。

二是骑士传奇。骑士传奇以法国北方为中心，多叙述骑士的冒险经历。最著名的骑士传奇是亚瑟王与他的圆桌骑士的故事。骑士传奇主要表现贵族趣味，情节荒诞，反映的生活面狭窄。但骑士小说已经初具近代长篇小说的规模，是欧洲长篇小说发展史上不可忽视的一环。

■ 但丁与《神曲》

意大利诗人但丁（1256~1321）是欧洲文艺复兴时代的开拓人物之一，恩格斯称他是"中世纪的最后一位诗人，同时又是新时代的最初一位诗人"。

但丁

但丁（1256～1321），意大利诗人，现代意大利语的奠基者，欧洲文艺复兴时代的开拓人物之一。他的代表作《神曲》传诵至今。

但丁出生于一个没落的贵族家庭。他青年时代投身于反对封建贵族的斗争，遭到敌对势力的迫害，被赶出城邦，经历了近20年的流放生活。大约在1307年，但丁开始了《神曲》的创作，这是他长期酝酿的一部巨著。

《神曲》全长14000多行，分为《地狱》

中世纪的骑士决斗

中世纪西欧的骑士在战斗时会挺起长长的矛，策马全速冲向敌方。当长矛被折断或坠落后，骑士才会使用手中的宝剑。

【百科链接】

炼狱：

在教会传统中，炼狱是指先前罪恶没有赎尽的人死后灵魂暂时受罚的地方。在那里，人的灵魂会经历一次精炼的体验，然后到达圆满的境界（天堂）。

佛罗伦萨：意大利中部的一座城市，托斯卡纳区首府。佛罗伦萨是一座历史文化名城，它既是意大利文艺复兴运动的发源地，也是欧洲文化的发源地。

《炼狱》《天堂》三部分。全诗采用中古文学特有的梦幻形式，叙述了诗人但丁在"人生的中途"所做的一个梦。在梦中，但丁在古罗马诗人维吉尔的带领下游历了地狱和炼狱，又在圣女贝阿德丽采的引导下游历了天堂。

《神曲》通过对诗人幻游过程中遇到的上百个不同人物的描写，以极其广阔的画面反映出意大利从中世纪向近代社会过渡这一转折时期各领域发生的变革，透射出人文主义的曙光。《神曲》对古往今来的政治、哲学、神学、诗歌、绘画和文化作了艺术性的阐述和总结，因此它不但在思想上达到了时代的先进水平，是一座划时代的里程碑，而且还是一部百科全书式的鸿篇巨制。

■ 薄伽丘与《十日谈》

薄伽丘（1313~1375）是意大利著名的人文主义作家。他才华横溢，勤勉多产，既以短篇小说、传奇小说蜚声文坛，又擅长写作叙事诗、牧歌、十四行诗，在学术著述上也成就卓著。短篇小说集《十日谈》是薄伽丘最优秀的作品。1348年，佛罗伦萨爆发了一场灾难性的瘟疫——黑死病，居民死亡过半，城里十室九空。瘟疫刚一平息，薄伽丘就开始着手创作《十日谈》，历时5年才大功告成。

【百科链接】

黑死病：
14世纪肆虐于欧洲的一种瘟疫，传染性很强，患者皮肤上会出现许多黑斑，最后大都痛苦地死去。现在一般认为这是一种淋巴腺疾病。

《十日谈》说的是在黑死病肆虐于佛罗伦萨的时候，10名青年男女到乡村避难，借欢宴歌舞和讲故事的方式来打发时间。在10天里，每人每天讲一个故事。就是这100个故事，构成了全书的主体。

薄伽丘
薄伽丘（1313~1375），意大利文艺复兴运动的杰出代表。其代表作《十日谈》批判宗教守旧思想，主张"幸福在人间"，被视为文艺复兴的宣言书。

《十日谈》里的故事来源广泛。薄伽丘从历史事件、中世纪传说和《一千零一夜》等东方民间故事中汲取素材，将一些情节移植到意大利，以人文主义思想加以改造和再创作。

在许多故事里，薄伽丘把抨击的锋芒指向了天主教会和宗教神学，毫不留情地揭开教会神圣的面纱，把僧侣们奢侈逸乐、敲诈聚敛、买卖圣职、镇压异端等种种黑暗勾当暴露在光天化日之下。

爱情故事在《十日谈》中占有重要的地位。作者认为，禁欲主义是违背自然规律和人性的，人有权享受爱情和现世幸福。他在故事里热情赞美青年男女冲破封建等级观念，为争取幸福而进行的斗争。作者还宣扬全面发展的理想，强调人应当既健康、俊美又聪明、勇敢，主张人要多才多艺，全面和谐地发展。

《十日谈》对欧洲文学的发展产生了深远

《十日谈》的来历
10个年轻男女为躲避肆虐的瘟疫，来到佛罗伦萨郊外的别墅，通过轮流讲故事的方式来打发时间。《十日谈》就这样诞生了。

清教徒：指那些接受过基督教改革、信奉加尔文教义而不满英国国教教义的新教徒。后来清教徒主要指遭受英国宗教迫害而逃亡到美国的新教徒。

▶ 伟大的戏剧天才莎士比亚

的影响。英、法、西班牙和德国不少作家的作品都模仿过《十日谈》，或从它的故事中汲取过创作素材。

■ 伟大的戏剧天才莎士比亚

1564年4月，莎士比亚出生于英国沃里克郡，他是英国伟大的戏剧家、诗人，被马克思誉为"人类最伟大的戏剧天才"。他一生创作了37部戏剧、2部叙事长诗、154首十四行诗。

《哈姆雷特》
哈姆雷特是丹麦王子，被父王的鬼魂所困扰，立志向杀父凶手复仇。在经历了痛苦的挣扎之后，他终于达到了目的，但整个王宫也陷入了死亡的恐惧之中，最后他中了致命的毒剑死去。

● 四大悲剧

莎士比亚取材于欧洲历史传说的四大悲剧——《哈姆雷特》《奥赛罗》《李尔王》《麦克白》，足以代表他的最高成就。这四大悲剧着力塑造了这样一批新时代的主人公：他们从中世纪的禁锢和蒙昧中醒来，雄心勃勃地想要发展或完善自己，但又不能克服时代和自身的局限，终于在同环境和敌人的斗争中不可避免地遭到了失败和牺牲。这四大悲剧的诞生，标志着作者对时代、人生的感悟达到了一个新的境界。

● 喜剧成就

莎士比亚在喜剧方面也取得了很高的成就，《威尼斯商人》《仲夏夜之梦》等都是他的喜剧代表作。他的喜剧大都以爱情、友谊、婚姻为主题，主人公多是一些具有人文主义智慧与美德的青年男女，他们敢于为争取自由和幸福而斗争。作者在剧中也温和地嘲讽了禁欲主义的虚矫、清教徒的伪善和高利贷者的贪鄙等。而在著名的悲剧《罗密欧与朱丽叶》中也洋溢着喜剧气息，所以它一般被称为悲喜剧。

【百科链接】
摩尔人：
中世纪时西欧人对北非穆斯林的贬称。摩尔人实际上是柏柏尔人、阿拉伯人和黑人混合的后裔。

● 戏剧艺术的典范

作为无与伦比的戏剧大师，莎士比亚的剧作虽然有悲、喜剧之分，但他在创作中又打破了悲、喜剧的界限，展现出人物丰富饱满的精神世界。他善于同时描写几条各行其道的线索，促进复杂的情节发展。在写作技巧上，莎士比亚则着力表现出一种奇妙的戏剧紧迫感，那逐渐加快的情节节奏，往往有一气呵成的感觉，令读者惊叹不已。

莎士比亚的剧作完全是诗化的语言，柔婉如淙淙流水，激荡如惊涛拍岸，令人回味无穷。据统计，莎士比亚所用的词汇

莎士比亚故居
莎士比亚于1564年出生在英国中部的沃里克郡斯特拉福德镇亨利街，并在那里生活了很长时间。他的故居是一栋二层楼的房子，至今仍保留着莎翁当年居住时的原貌。

在15000个以上。他还善于运用比喻、双关等修辞手法,许多莎剧的语言都演化成了英文中的成语和典故,极大地丰富了英语词藻。他的语言形式以无韵诗为主,又杂有古体诗、民谣体、俚语和轻快滑稽的散文体对话,可谓多种多样。

■ 塞万提斯与《堂吉诃德》

塞万提斯是文艺复兴时期西班牙的小说家、剧作家和诗人,被誉为西班牙文学界最伟大的作家。他的小说《堂吉诃德》是西班牙文学史上的第一部现代小说,也是世界文学的瑰宝之一。

堂吉诃德与桑丘
在西班牙首都马德里的广场上,矗立着塞万提斯纪念碑,纪念碑下面就是堂吉诃德与侍从桑丘的铜像。

《堂吉诃德》全面真实地反映了16世纪末、17世纪初西班牙的社会现实,生动地描写了各个行业、各个阶层的人物的生活遭遇,有力地揭示了西班牙王国的社会危机和它必然衰落的趋势,表达了作者的人文主义思想。

在《堂吉诃德》中,塞万提斯用骑士小说中惯用的人物言行举止来讽刺骑士小说,并借题发挥,自然而然地批判了没落的骑士精神及其赖以生存的社会环境。作者将堂吉诃德性格中内在的矛盾和悲剧因素用喜剧的形式表现出来,使喜剧和悲剧、滑稽和崇高、可笑和可爱集中在了同一个人身上。堂吉诃德所引发的笑是一种"含泪的笑",发人深省。

■ 弥尔顿与《失乐园》

约翰·弥尔顿(1608~1674)是文艺复兴时期英国杰出的诗人、散文家和政论家。他出生于伦敦一个富裕的清教徒家庭,从小热爱文学,深受人文主义思想的熏陶。弥尔顿一生的文学创作可分为两个时期:前期以短诗为主,这些诗歌清纯质朴、严谨优美,表达了诗人对大自然和人生的热爱以及对人类的崇高美好情操的赞颂;后期,弥尔顿创作了3部长诗——《失乐园》《复乐园》和《力士参孙》,它们都取材于《圣经》中的故事。

其中,《失乐园》被认为是英国近代的著名英雄史诗、世界文学史上"文人史诗的典范"。诗人写这首诗的目的在于说明人类不幸的根源——他认为人类由于意志薄弱、感情冲动,经不起诱惑才走错了路,丧失了乐园。具体来说,夏娃的堕落是由于盲目求知,妄想成神;亚当的堕落是由于溺爱妻子,感情用事;撒旦的堕落是由于野心勃勃,骄傲自满。

弥尔顿
弥尔顿(1608~1674),英国诗人、政论家,主要作品有《失乐园》《复乐园》和《力士参孙》等。他的大量古典主义作品对18世纪英国古典主义文学产生了重大影响。

【百科链接】

天使:
基督教中指上帝所造的一种超自然的人物。她圣洁无瑕,负责传达和执行上帝的使命,一般被描绘为带羽翼的美女。

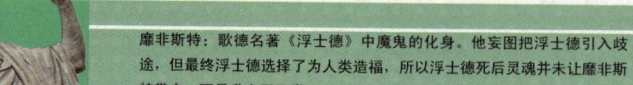

摩非斯特：歌德名著《浮士德》中魔鬼的化身。他妄图把浮士德引入歧途，但最终浮士德选择了为人类造福，所以浮士德死后灵魂并未让摩非斯特带走，而是升上了天堂。

▶ 笛福与《鲁宾逊漂流记》
▶ 歌德与《浮士德》

弥尔顿的三部长诗都采用富有独创性节奏的无韵体，寄意崇高、气势恢宏、人物生动、哲理深刻、形式精美。弥尔顿也成为继莎士比亚之后英国最伟大的诗人。

■ 笛福与《鲁宾逊漂流记》

笛福是英国18世纪的杰出作家，被称为"现代小说之父"。作为西方新兴资产阶级的

《鲁宾逊漂流记》插图
不幸独自一人漂流到荒岛上的鲁宾逊凭着惊人的毅力和辛勤的劳动，自力更生，不仅在岛上生存下来了，还创造了一个又一个奇迹。

代言人，笛福开辟了以写实为风格、追求逼真效果的现代长篇小说的发展道路。其代表作《鲁宾逊漂流记》一问世就风靡全球，被誉为英国文学史上第一部长篇小说，也是世界文学宝库中一部不朽的名著。

《鲁宾逊漂流记》的主人公鲁宾逊出身于中产阶级，他雄心勃勃，决心舍弃安逸舒适的平庸生活出海远航。第一次出海时他几乎淹死，第二次出海时他又被海盗掳去，逃出后在巴西发了财。但他仍不死心，后来又再次出海，结果遇到了海难，在一个荒无人烟的海岛上滞留了28年。

在荒岛上，鲁宾逊凭着自己顽强的斗志和辛勤的劳动与大自然作斗争，为自己的生存创造了条件。作者借此歌颂了资产阶级在资本原始积累时期的冒险进取精神，强调个人的智慧和毅力具有无坚不摧的伟大力量。

■ 歌德与《浮士德》

歌德是18世纪中叶到19世纪初期德国最重要的作家、诗人以及狂飙突进运动的主将，其作品充满了反叛精神。歌德在诗歌、戏剧、散文等方面都有较高的成就，主要作品有剧本《葛兹·冯·伯里欣根》、中篇小说《少年维特的烦恼》、未完成的诗剧《普罗米修斯》和诗剧《浮士德》。此外他还写了许多抒情诗和评论性的文章。

悲剧《浮士德》是歌德的代表作，以主人公浮士德的性格变化以及他追求理想的过程为主线。浮士德上下求索的人生是从两次打赌开始的：首先是魔鬼与天帝打赌，魔鬼靡非斯特否定人类，认为浮士德欲望无穷，必将堕落，天帝却相信人的精神力量，相信浮士德凭借理性和智慧一定能找到有为的道路；第二次是浮士德与靡非斯特打赌、订约，魔鬼将今生侍奉浮士德，让他的人生重新开始，而一旦浮士德感到满足，说出"你真美呀，请停留一下"这句话时，他就必须死去，灵魂归魔鬼所有，这次打赌为浮士德上天入地提供了条件。

【百科链接】

狂飙突进运动： 18世纪德国文学界的运动，使文艺形式从古典主义向浪漫主义过渡，代表人物是歌德和席勒。

歌德
歌德是18世纪中叶到19世纪初期德国和欧洲最重要的作家、诗人。他一生跨越了两个世纪，正是欧洲社会大动荡、大变革的年代。歌德不断接受先进思潮的影响，从而加深了自己对于社会的认识，创作出了大量优秀的作品。

童话：运用幻想和夸张手法来塑造形象，以曲折动人的情节和浅显易懂的文字来反映现实生活的文学形式。著名的童话集有《安徒生童话》《格林童话》等。

> 童话大王安徒生
> 斯威夫特的《格列佛游记》

语言文学篇

《浮士德》构思宏伟、内容复杂、结构庞大、风格多变，融现实主义与浪漫主义于一体，时庄时谐、有讽有颂，达到了极高的艺术境界。

■ 童话大王安徒生

安徒生（1805~1875）是19世纪丹麦著名的童话作家，世界文学童话的创始人。他生于丹麦欧登塞城一个贫苦鞋匠家庭，自幼酷爱文学。从1835年起，他开始给孩子们写童话。在此后近40年的创作生涯中，他共留下了童话168篇。

安徒生的童话是现实性与艺术性的完美结合。有些作品如《卖火柴的小女孩》《丑小鸭》等，既真实地描绘了穷苦人的悲惨生活，又渗透着浪漫主义的情调和幻想。由于出身贫寒，对社会上贫富不均的现象感触极深，他一方面以真挚的笔触歌颂和同情穷人，另一方面又愤怒地鞭挞残暴、贪婪、虚伪、愚蠢的统治者和剥削者，批判社会罪恶。

安徒生的童话继承并发扬了民间文学朴素清新的格调。他早期的作品大多取材于民间故事，后期创作中也引用了很多民间歌谣和传说。在语言和行文风格上，安徒生大量运用丹麦下层人民的日常口语和民间故事的结构形式，使作品显得生动、自然、流畅、优美，充满浓郁的乡土气息。

安徒生
安徒生的童话故事体现了丹麦文学中的民主传统和现实主义倾向，既真实地描绘了穷苦人的悲惨生活，又渗透着浪漫主义的情调和幻想。其很多童话到今天还被世界上众多的成年人和儿童所传诵。

■ 斯威夫特的《格列佛游记》

斯威夫特是18世纪英国著名的讽刺作家和政治家，代表作是寓言小说《格列佛游记》。

《格列佛游记》共分4卷，通过主人公格列佛到小人国、大人国、飞岛、巫人岛、贤马国等虚构国度的离奇旅行和种种遭遇，集中反映了18世纪初英国社会的各种矛盾，想象丰富，构思奇特。作者对当时英国的议会政治和反动的宗教势力进行了无情、辛辣的讽刺、抨击，有的直言相讥，有的借异邦人的唇舌来道出，有的隐喻挖苦，有的以兽讽人，风趣滑稽，神情兼备。

> 【百科链接】
>
> 议会政治：
> 行政和立法互相依存的政府体制。国家元首通常空有头衔，而行政实权被赋予内阁，内阁的议员单独地或集体地对议会负责。

《格列佛游记》插图
《格列佛游记》不是单纯的少儿读物，而是饱寓讽刺和批判的文学杰作。斯威夫特的叙事技巧和讽刺才能在书中得到了淋漓尽致的展现。

情节的幻想性与现实的真实性有机结合，给小说增添了独特的艺术魅力。虽然作者展现的是一个虚构的童话般的神奇世界，但它是以当时英国真实的社会生活为基础的。由于作者精确、细腻、贴切的描述，使人感觉它不是虚构的幻景，而是真情实事。例如，在描述飞岛的运行、宫殿的建筑、城镇的结构时，作者有意运用了数学、物理、化学、天文、医学诸方面的知识与数据，使局部细节的真实转化为整个场景的和谐统一，极大地增强了作品的真实感和感染力。

47

游记：描写旅行见闻的一种散文形式。游记文笔轻松、描写生动、记述翔实，给人以丰富的知识和美的享受，如《岳阳楼记》《游褒禅山记》等。

- 浪漫主义诗人拜伦和雪莱
- 狄更斯和《双城记》

■ 浪漫主义诗人拜伦和雪莱

雪莱
雪莱（1792～1822），英国浪漫主义诗人，著有长诗《解放了的普罗米修斯》和《倩契》以及不朽的名作《西风颂》。

拜伦和雪莱都是19世纪上半叶英国浪漫主义诗人的卓越代表。

1788年，拜伦出生于英国一个破落的贵族家庭。成年后，他出国游历，先后去过许多国家，他在旅途中写下了长诗《哈罗尔德游记》，震动了欧洲诗坛。他未完成的长篇诗体小说《唐璜》气势宏伟、意境开阔、见解高超，在英国乃至欧洲的文学史上都是罕见的。

1816年4月，拜伦前往瑞士，在那里结识了雪莱。后来他又到了意大利，参与了烧炭党人反对奥地利侵略者的斗争。1823年7月，拜伦率领自己组织的远征军亲赴战场支援希腊的民族独立战争，翌年在希腊病逝。

雪莱出生于英国一个古老的贵族家庭。1813年，他出版了自己的第一部长诗《仙后麦布》，对专横的封建统治进行了无情的批判，因而遭到了统治阶级的迫害，被迫到意大利和瑞士避难，并与诗人拜伦结为知己。

雪莱写了大量优美的抒情诗，如《云》《致云雀》《致月亮》《悲歌》等，这些诗歌表达了当时欧洲最先进的思想。因此，他被马克思和恩格斯誉为"真正的革命家"和"天才的预言家"。

■ 狄更斯和《双城记》

狄更斯1812年2月7日出生于英国朴次茅斯，是英国19世纪最杰出的作家，一生共创作了14部长篇小说，还有许多中、短篇小说和杂文、游记、戏剧、小品。其中，《双城记》是他的代表作。

小说讲述了这样一个故事：巴黎著名外科医生曼奈特遭侯爵艾弗勒蒙德兄弟陷害，被关进巴士底狱。18年后，医生获释，开始了新的生活。后来，他的女儿路茜爱上了侯爵的儿子查尔斯，他为了女儿的幸福，决定放弃仇恨。1789年，法国大革命爆发，贵族被一个个送上断头台，查尔斯也即将被执行死刑。危急时刻，一向暗恋路茜的助理律师卡尔登买通狱卒，混入了监狱，顶替查尔斯走上了断头台，而医生父女与查尔斯则顺利地离开了法国。

狄更斯在这部作品中，以曼奈特医生的经历为主要线索，把冤狱、爱情与复仇这三个各自独立而又互相关联的故事交织在一起，同时采取倒叙、插叙、设伏、铺垫等手法，使小说结构严密、情节曲折，表现了作者卓越的艺术技巧。

【百科链接】

巴士底狱：
1370年建于法国巴黎的军事堡垒。18世纪末期，它成了控制巴黎的制高点和关押政治犯的监狱。

狄更斯
狄更斯（1812～1870），英国著名作家，代表作有《匹克威克外传》《雾都孤儿》《大卫·科波菲尔》《双城记》等。

48

- 萧伯纳：撕掉绅士的假面具
- 拉伯雷的《巨人传》
- 喜剧大师莫里哀

经院哲学：与宗教神学相结合的唯心主义哲学，属于欧洲中世纪特有的哲学形态。它的研究只允许在基督教教义的范围内进行，主要是为信仰找到合理的根据。

语言文学篇

■ 萧伯纳：撕掉绅士的假面具

萧伯纳是爱尔兰著名的戏剧家，1925年诺贝尔文学奖获得者，被誉为"20世纪的莫里哀"。他从小就爱好音乐和绘画，1876年移居伦敦，为报纸写音乐评论和剧评，并开始从事新闻工作。

萧伯纳的一生和社会主义运动关系密切，他曾认真研读过《资本论》，并公开声称自己是"一个普通的无产者"、"一个社会主义者"。然而，由于世界观上的局限性，他没能成为无产阶级战士，而成了资产阶级改良主义者。

1892年，萧伯纳完成了他的第一部剧作——《鳏夫的房产》，揭露和批判了资产阶级如何靠经营贫民窟的房产来盘剥重利的丑恶行径。此后至1939年，他共写了50部戏，大都是喜剧或带有喜剧意味的笑剧、闹剧、狂剧以及历史剧、哲理剧、政治幻想剧等。

萧伯纳的戏剧在题材、手法上虽有变化，但始终如一的是讽刺、揭露的精神。他的戏剧最突出的特点是与现实中的政治斗争紧密结合，敢于触及资本主义社会最本质的问题，敢于撕掉所谓的上流绅士伪善的假面具。

■ 拉伯雷的《巨人传》

拉伯雷是欧洲文艺复兴时期法国的重要作家，他出身于律师家庭，早年在修道院里研读了古希腊文学和哲学。长篇小说《巨人传》是拉伯雷最重要的代表作，受到了城市资产阶级和下层人民的热烈欢迎，同时也遭到了教会和贵族的仇视，先后被巴黎大学和法院宣布为禁书。

《巨人传》共五部，第一部写巨人卡冈都亚出生、求学、保卫祖国及创立德廉美修道院的事迹。卡冈都亚是从母亲的耳朵里出生的，一生下来便会说话。他每天要喝1.7万多头母牛的奶，要用1.2万多尺布才能给他做一件衣服。第二部写卡冈都亚的儿子庞大固埃出生、受教育、游学和御敌的事迹。第三部叙述庞大固埃的好友巴汝奇去各地寻找"神壶"求教的故事。第四、五部叙述了庞大固埃、巴汝奇和约翰修士访寻"神壶"过程中的奇特经历。

小说通过夸张、讽刺的手法揭露了天主教会、经院哲学、封建统治阶级的黑暗和腐败，充分反映了新兴资产阶级的愿望和要求。同时，它也成功地塑造了文艺复兴时期的巨人形象——力大无穷、知识渊博、宽宏大量、热爱和平。

> 《巨人传》插图
> 《巨人传》从它出版之日起，便以神话般的人物、荒诞不经的故事情节、妙趣横生的独特风格赢得了广大读者的厚爱。

■ 喜剧大师莫里哀

莫里哀是17世纪法国古典主义喜剧的创始人，也是欧洲戏剧史上继莎士比亚之后的又一位戏剧大师。

> 莫里哀
> 莫里哀是法国17世纪古典主义文学最重要的作家，是古典主义喜剧的创建者，在欧洲戏剧史上占有十分重要的地位。

【百科链接】

路易十四：
法国路易十三和西班牙公主安娜之子。路易十四5岁即位，统治法国长达72年，是世界上执政时间最长的君主，因此被称为"太阳王"。

批判现实主义：19世纪在欧洲形成的一种文艺思潮和创作方法，是对现实主义传统的继承和发展，代表作品有《红与黑》《人间喜剧》等。

▶ 巴尔扎克与《人间喜剧》
▶ 雨果：浪漫主义文学领袖

【百科链接】

第二帝国：
1852年12月，法国"拿破仑三世"路易·拿破仑·波拿巴称帝，建立帝国，史称第二帝国。在1870年的普法战争中，第二帝国失败，被法兰西第三共和国所取代。

1645年，莫里哀在巴黎组织了"盛名剧团"，进行流行悲剧的演出，但惨遭失败，于是他决定带着剧团到外省巡回演出。从此，莫里哀有机会深入社会，接触到了民间戏剧，磨砺了自己的技能。1658年，剧团回到巴黎演出，得到了路易十四的赏识，从此立足巴黎。

莫里哀的主要作品有《悭吝人》《达尔杜夫》《唐璜》和《恨世者》等，其中以《悭吝人》的成就最高。《悭吝人》是莫里哀的第一部散文体喜剧，作品通过守财奴阿巴公与子女之间的家庭纠纷，生动地揭露了高利贷者爱财如命的本质和资本主义社会中人与人之间赤裸裸的金钱关系。如今，阿巴公早已成为"悭吝"的代名词。

莫里哀的喜剧在种类和样式上比较多样化。他的喜剧含有闹剧成分，但往往会在风趣、粗犷之中表现出严肃的一面。莫里哀主张戏剧作品要结构自然、情节合理，还特别强调作品的社会效果。

■ 巴尔扎克与《人间喜剧》

巴尔扎克是19世纪法国伟大的批判现实主义作家，是欧洲批判现实主义文学的奠基人，其作品被誉为"法国社会的一面镜子"。巴尔扎克自身的生活充满矛盾而富于戏剧色彩——一边因追求奢华的生活而负债累累，一边以崇高深刻的思想创作出了许多博大精深的文学巨著。

1829年，巴尔扎克发表了他的第一部长篇小说《朱安党人》。在接下来的20年内，他每年都要写4至5部小说。他的创作效率是惊人的，那长达几十万字的名著《高老头》就是在3天之内一气呵成的。巴尔扎克一生共创作了96部小说和随笔。他把自己的作品分类，整理为《风俗研究》《哲理研究》《分析研究》三个部分，合称《人间喜剧》。

《人间喜剧》中出现了2400多个人物，触及到了社会的各个阶层，包括资本家、贵族、野心家、政治家、农民、工人、科学家、警探等，被称为"社会百科全书"。恩格斯认为《人间喜剧》是一部伟大的作品，称赞作者"提供了一部法国'社会'特别是巴黎'上流社会'的卓越的现实主义历史"。

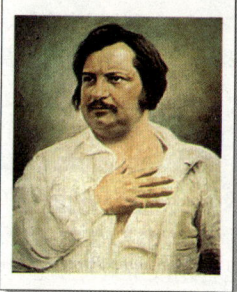

巴尔扎克
巴尔扎克是19世纪法国伟大的批判现实主义作家，也是一位具有浓厚浪漫情调的伟大作家。他虽然因奢华的生活而负债累累，却以崇高深刻的思想创作出了许多博大精深的文学巨著。

■ 雨果：浪漫主义文学领袖

维克多·雨果（1802~1885）是法国文学史上最伟大的作家之一，也是法国浪漫主义文学运动的领袖。他的创作历程长达60多年，作品包括26卷诗歌、20卷小说、12卷剧本、21卷哲理论著，合计79卷之多，给法国文学和人类文化宝库留下了一份辉煌的文化遗产。

雨果
维克多·雨果（1802~1885），法国文学史上卓越的作家之一，19世纪前期法国浪漫主义文学运动的领袖。其代表作有《巴黎圣母院》《悲惨世界》《九三年》等长篇小说。

- 自然主义作家左拉
- 短篇小说巨匠莫泊桑

普法战争：普鲁士为了统一德国并与法国争夺欧洲大陆霸权而发生的战争。战争是由法国发动的，最后却以普鲁士大获全胜并建立德意志帝国而告终。

语言文学篇

雨果的代表作是《巴黎圣母院》和《悲惨世界》。《巴黎圣母院》是雨果第一部大型浪漫主义小说。小说揭露了宗教的虚伪，宣告了禁欲主义的破产，歌颂了下层劳动人民的善良、友爱和舍己为人的高贵品质，也反映了雨果的人道主义思想。

《悲惨世界》是雨果最重要的长篇小说，最能代表他的思想艺术风格。小说以卓越的艺术魅力揭露了资本主义社会的尖锐矛盾和贫富差距，描写了下层人民的悲惨命运，提出了当时社会上存在的三个最为突出的弊病："贫穷使男子潦倒，饥饿使妇女堕落，黑暗使儿童羸弱。"作品猛烈地抨击了虚伪的资产阶级法律，全面反映了19世纪前半期法国的社会生活。

■ 自然主义作家左拉

法国作家左拉是自然主义文学流派的领袖，1840年生于巴黎。19世纪下半叶，科学技

左拉

左拉（1840～1902），法国著名作家，自然主义文学流派的领袖。其代表作为系列小说《卢贡-马卡尔家族》，其中重要的有《娜娜》《萌芽》《金钱》《崩溃》等。

术迅速发展，左拉决定利用生物学、生理学、遗传学等领域的科学实验方法来指导自己的文学创作。1868年，他开始构思系列小说《卢贡—马卡尔家族》，为这个家族制订了世系分支图表。从第一部《卢贡家族的命运》到最后一部《帕斯卡医生》，左拉共花了25年时

【百科链接】

十二月党人：
　　一批俄国的贵族革命家，因在1825年12月于彼得堡和乌克兰先后发动武装起义反对沙皇独裁而得名。

间完成了这个系列的20部小说。这一系列作品从政治、军事、金融、宗教、商业、工业、农业、科学、艺术和日常生活等各个方面入手，构成了一幅反映第二帝国时期社会现实的历史画卷。而每部小说中出现的卢贡—马卡尔家族的人物，都受到彼此亲缘关系和遗传因素的影响。

左拉主张运用自然科学的手段和细节翔实的资料，客观地描绘社会现象。他发展和丰富了传统的现实主义创作方法，只是有时过分夸大了遗传因素和情欲的作用，而且他的许多作品其实并不完全符合他的理论。这些作品远远超出了自然主义的规范，继承和发展了现实主义的传统。

■ 短篇小说巨匠莫泊桑

莫泊桑，19世纪后半期法国优秀的批判现实主义作家，是法国文学史上短篇小说创作数量最多、成就最高的作家。他的小说题材丰富，大致可分为三个方面：

1．有关普法战争的中、短篇小说。最著名的代表作是《羊脂球》，此外还有《菲菲小姐》《两个朋友》《决斗》等。

2．表现小职员、公务员阶层的生活与情感的短篇小说，如

莫泊桑

莫泊桑（1850～1893），19世纪后半期法国优秀的批判现实主义作家。一生共创作了6部长篇小说和350多篇中短篇小说，其中短篇小说成就最为突出。他与契诃夫、欧·亨利并称为"世界短篇小说之王"，对后世文学创作产生了极大影响。

卢梭：法国著名的启蒙哲学家、教育家、文学家，是18世纪法国启蒙运动的代表人物之一。其主要著作有《社会契约论》《爱弥儿》《忏悔录》等。

▶ 普希金：俄国诗歌的太阳
▶ 列夫·托尔斯泰：俄国革命的镜子

《一家人》《我的叔叔于勒》《项链》《遗产》等。作者从各个侧面反映了小职员生活的卑微和凄惨，同时也揭示了他们追名逐利、虚荣浮夸的心理。

3.反映诺曼底地区的自然风光、人情世态、风俗习惯的中、短篇小说，重要的作品有《一个女雇工的故事》《戴家楼》《绳子》等。

莫泊桑擅长从平凡琐碎的事物中截取富有典型意义的片段，以小见大地概括出生活的真实。其小说构思布局别具匠心，细节描写、人物语言均有独到之处。莫泊桑因此被称为"短篇小说之王"。

■ 普希金：俄国诗歌的太阳

普希金
普希金作品崇高的思想性和完美的艺术性使他具有世界性的重大影响，世界人民以各种形式来纪念这位伟大的文学巨匠。

普希金是19世纪俄国浪漫主义文学的主要代表作家，同时也是俄国现实主义文学的奠基人。他开创了俄罗斯的民族文学和文学语言，在诗歌、小说、戏剧乃至童话等文学界的各个领域都为俄罗斯文学树立了典范，被高尔基誉为"一切开端的开端"。

普希金青年时期深受十二月党人的影响，写下《自由颂》《致恰达耶夫》等歌颂自由、反对沙皇暴政的诗歌。他的激进思想和社会影响引起了沙皇政府的不安，他因此被流放到南俄。

1823至1830年，普希金完成了他最重要的代表作——诗体长篇小说《叶甫盖尼·奥涅金》。小说突出塑造了奥涅金这个俄罗斯文学史上第一个"多余人"的形象，具有浓厚的现实主义色彩。

普希金的文学创作和社会活动令沙皇政府颇感头疼，他们阴谋挑拨法国籍宪兵队长丹特斯亵渎普希金的妻子冈察洛娃，结果导致了普希金和丹特斯的决斗。决斗中，普希金负伤身亡，年仅37岁。他的早逝令俄国人民感叹："俄国诗歌的太阳沉落了！"

■ 列夫·托尔斯泰：俄国革命的镜子

列夫·托尔斯泰（1828~1910），19世纪俄国最伟大的作家之一，列宁称他是"俄国革命的镜子"。

托尔斯泰的成名作是自传体小说《童年·少年·青年》，其中反映了他对贵族生活的批判态度。

托尔斯泰与孩子们
列夫·托尔斯泰（1828～1910），19世纪末20世纪初俄国最伟大的文学家，也是世界文学史上最杰出的作家之一。其代表作有长篇小说《战争与和平》《安娜·卡列尼娜》《复活》以及自传体小说三部曲《童年》《少年》《青年》。

1863至1869年，托尔斯泰创作了长篇历史小说《战争与和平》。小说以四大家族的关系为线索展开情节，展现了当时俄国从城市到乡村广阔的社会生活画面，歌颂了俄国人的爱国热忱和斗争精神。

1873至1877年，他完成了自己第二部里程碑式的巨著《安娜·卡列尼娜》。这本书对当时俄国黑暗现实的揭露和批判更为猛烈、深刻。小说在艺术上也有进一步提高，情节结构更加集中、严谨，对人物的复杂心理的描写也更加精细入微。

托尔斯泰于1889至1899年创作的长篇小说《复活》，是他对自己在长期的探索中思想变化和艺术心得的总结，也是对俄国社会批判得最全面、最深刻、最有力的著作。

【百科链接】

1812年卫国战争：
1812年，俄国抗击法国入侵的民族解放战争，以法军的彻底失败而告终。

- 屠格涅夫：现实主义大师
- 卡夫卡：表现现代人的困惑
- 意识流小说《尤利西斯》

新小说：也被称为"反传统小说"，20世纪五六十年代盛行于法国文学界的一种小说创作思潮，代表作家有阿兰·罗布·格里耶、娜塔丽·萨洛特等。

语言文学篇

■ 屠格涅夫：现实主义大师

屠格涅夫是19世纪俄国拥有世界声誉的现实主义文学大师。他的小说不但反映了当时俄国的社会现实，还通过生动的情节和恰当的语言、行动，通过对大自然情景交融的描述，塑造出了许多栩栩如生的人物形象。

1852年，屠格涅夫的随笔集《猎人笔记》发表。作品以一个猎人的行猎经历为线索，刻画了地主、管家、磨坊主妇、城镇医生、贵族、知识分子、农奴、农家孩子等众多人物形象，真实地展现了农奴制背景下城乡各阶层人民的生活风貌。在大自然的美景中发生的种种悲剧，表达了作者对万恶的农奴制的控诉。

从19世纪50年代中期至70年代后期，屠格涅夫先后发表了6部长篇小说，分别是《罗亭》《贵族之家》《前夜》《父与子》《烟》和《处女地》。它们成了19世纪40至70年代俄国社会生活的艺术编年史。

屠格涅夫

屠格涅夫（1818～1883），俄国现实主义小说家、诗人和剧作家。他的小说不仅迅速及时地反映了当时俄国的社会现实，而且善于通过生动的情节和恰当的语言、行动，通过对大自然情景交融的描述，塑造出了许多栩栩如生的人物形象。其作品语言简洁、质朴、精确、优美，为俄罗斯语言的规范化做出了重要贡献。

■ 卡夫卡：表现现代人的困惑

弗兰兹·卡夫卡，20世纪的奥地利作家，1883年7月3日出生于奥匈帝国统治下的布拉格的一个犹太商人家庭。1912年写成的《判决》和《变形记》是卡夫卡最早的短篇小说——前者的主人公因被认为不诚实、不称职而毫不迟疑地接受了父亲对自己的判决；后者的主人公格里高尔一夜之间变成了一只大甲虫，受尽折磨后死去。这两部小说以荒诞的形式反映了西方社会中人的异化和人与人之间的冷酷。

卡夫卡常用象征、梦幻、隐喻、夸张的手法进行写作，他笔下的主人公都由一种莫名的势力支配着，无法摆脱。这表现了渗透在西方社会中的异化思想以及人们对自身生存状态的困惑和恐惧。

卡夫卡生前默默无闻，在他死后其价值才逐渐被人们所认识。后世许多现代主义文学流派都把卡夫卡奉为鼻祖。

卡夫卡
由于家庭和社会的原因，卡夫卡一生都生活在压抑、孤独和痛苦之中。忧郁的气质使卡夫卡其其书成为了那个时代资本主义社会的精神写照。

■ 意识流小说《尤利西斯》

《尤利西斯》是爱尔兰意识流小说家詹姆斯·乔伊斯于1922年出版的长篇小说。小说以时间为顺序，描述了主人公——苦闷彷徨的都柏林小市民、广告推销员利奥波德·布卢姆在1904年6月16日这一天的全部经历。

小说的题目来源于希腊神话中的英雄奥德修斯，而章节和内容也表现出了和《荷马史诗》《奥德赛》平行对应的特点。

小说大量运用细节描写和意识流手法，构建了一个交错凌乱的时空。另外，小说在语言上也形成了一种独特的风格。

《尤利西斯》是意识流小说的代表作，被誉为"20世纪一百部最佳英文小说之首"。

【百科链接】

意识流小说：

在现代心理学基础上产生的小说类别，20世纪初兴起于西方。其叙述不按时间顺序依次前进，而是随着人的意识活动进行，通过自由联想来组织情节。

梵文：古印度时期的语言，佛教的经典语言。梵文是印度—亚利安语的早期形式（约公元前1000年）。

▶ 古印度梵文史诗《罗摩衍那》
▶ 《源氏物语》：日本最早的长篇小说

亚非拉美文学

■ 古印度梵文史诗《罗摩衍那》

《罗摩衍那》大约成书于公元前4至前3世纪，相传作者为蚁垤仙人。《罗摩衍那》是古代印度两大梵文史诗之一，在印度文学史和世界文学史上都有着崇高的地位。

在早期各种文体的吠陀、梵书、森林书、奥义书等著作中，就有了关于罗摩的故事片段。这些故事最初通过民间行吟艺人和歌人的吟唱，不断丰富发展。后来，学识渊博的蚁垤仙人对它们进行了整理和加工，使之得以定型，才有了现在的规模。所以在印度，人们往往称《罗摩衍那》为"最初的诗"，而把蚁垤仙人誉为"最初的诗人"。

《罗摩衍那》约有24000颂，分为7篇，它以罗摩和妻子悉多的悲欢离合为主线，描写了古代印度宫廷内部的争斗和列国之间的战争。值得一提的是，作者特别注重对诗中人物眼睛的描写，从而使全诗更富于感情色彩。《罗摩衍那》的文体风格总体上明白晓畅，但也已开始出现讲究藻饰和精心雕镂的倾向。因此，它也成为古典梵语诗歌最直接的先导。

【百科链接】

奥义书：
印度最经典的古老哲学著作，是用散文或韵文的形式阐发印度教最古老的吠陀文献的思辨著作。现在已知的奥义书约有108种之多。

《罗摩衍那》插图
《罗摩衍那》以主人公罗摩和妻子悉多的悲欢离合为主线，表现了印度古代宫廷和列国之间的斗争。其间插入了不少神话传说和小故事以及对自然景色、战斗场面的描绘，故而篇幅宏大，人物众多。

■ 《源氏物语》：日本最早的长篇小说

《源氏物语》是日本最早的长篇小说，也是目前所知的世界上第一部长篇小说。"源氏"是小说前半部分的男主人公的姓；"物语"意为"讲述"，是日本古典文学中的一种体裁，类似于我国古代的"传奇"。《源氏物语》的作者是日本平安时代（794～1192）的女作家紫式部。紫式部曾给一个官吏做过小妾，后守寡，寡居10年后进宫做了皇后的侍读女官。这部小说就是她写给皇后供其消遣的读物。

《源氏物语》共54回，约100万字，分前、后两部。前44回为一部分，写主人公源氏享尽荣华的一生，着重描述了他的感情纠葛；后10回写源氏之子薰与宇治山庄的女子之间错综复杂的爱情故事。小说

《源氏物语》插图
《源氏物语》中充满着"物哀"的思绪。在那个繁华的时代，贵族女子们在流水山石的庭院里等待着她们的源氏公子。春花秋露、夏雨冬雪，寄托着她们的缕缕情思，吟风弄月里吟不完的是离愁别绪。

历经4代天皇，跨越了70多个年头，登场人物数以百计，仅主要人物就有几十人之多。

《源氏物语》最大的成功之处在于塑造了众多女性形象。这些女子个个容貌姣好、聪明伶俐，但个个都是有命无运之人——要么走入坟墓，要么削发为尼，要么独守空闺……她们多灾多难的命运和源氏一生的经历一样，反映了紫式部"感物而哀"的独特审美意向。

■《一千零一夜》：阿拉伯民间文学之花

《一千零一夜》又译《天方夜谭》，是中古阿拉伯文学中一部规模宏大、内容丰富的民间故事集。它以丰富的题材，从不同时期、不同角度，用斑斓的色彩、逼真的形象、浓厚的生活气息，生动地描绘了阿拉伯帝国的社会生活，反映了各阶层人民的喜怒哀乐、生活方式、风土人情和社会状况。

阿拉丁神灯

《阿拉丁与神灯》是《一千零一夜》中脍炙人口的故事之一。故事中，一盏旧油灯里住着神通广大的灯神，灯神能实现主人的任何愿望。

《一千零一夜》的书名出自这部故事集的引子。相传萨桑国国王山鲁亚尔生性残暴，他每日娶一少女，翌日清晨便杀掉。宰相的女儿山鲁佐德为了拯救无辜的女子，自愿嫁给了国王。每夜，她都会为国王讲一个故事，而且她总能设法在天刚刚亮的时候讲到故事的最精彩处，使国王不忍心杀她。她一直讲了一千零一夜。国王最终被感动了，愿意与她白头偕老。

《一千零一夜》对世界各国的文学艺术都产生了广泛影响——但丁的《神曲》、塞万提斯的《堂吉诃德》以及欧洲的许多音乐、绘画作品，都直接或间接地受到了它的影响。

■ 泰戈尔：印度文学的骄傲

泰戈尔是印度近代著名的诗人和哲学家，1913年诺贝尔文学奖获得者，他是亚洲第一个获此殊荣的作家。在半个多世纪的创作生涯中，泰戈尔共写了50多部诗集、12部中长篇小说、100余篇短篇小说、20多部剧本以及大量关于文学、哲学、政治的论著。他还创作了1500余幅画和2000余首歌曲，其中包括印度国歌。而最能体现他的风格的，则是他的诗。在印度和

《泰戈尔像》

这幅画是国画大师徐悲鸿应泰戈尔之邀赴印度国际大学讲学期间所画。画中的泰戈尔正在凝神构思一首诗歌，绚丽多彩的背景反衬出诗人深邃奥妙的思维空间。

【百科链接】

泛神论：

把神和整个宇宙或自然视为同一的哲学理论。泛神论者认为整个宇宙本身具有神性或者包含神性的原则，万物存在于神内，神是万物的内因。

新感觉派：日本20世纪20年代初出现的一个文学流派。这一派认为文艺所具有的感觉比以往任何感觉艺术都要新颖生动，代表作家有横光利一、川端康成等。

▶ 川端康成：新感觉派作家
▶ 智利诗人聂鲁达

世界许多国家，泰戈尔都被尊为"诗圣"。

1910年出版的哲理诗集《吉檀迦利》，最早展示了泰戈尔的独特风格。从形式上看，这是一部献给神的颂歌，"吉檀迦利"就是"献诗"的意思。但泰戈尔歌颂的并不是拥有绝对权威、凌驾于万物之上的神，而是由万物化成一体的泛神，是人人可以亲近、具有浓厚平民色彩的存在。所以，《吉檀迦利》体现的是一种泛神论思想。1912年，泰戈尔把《吉檀迦利》译成了英文。

泰戈尔用英文出版的诗集还有《园丁集》《新月集》《采果集》《飞鸟集》等。它们多为不押韵、不饰雕琢的自由诗和散文诗，格调清新而具有民族风格，对印度文学的发展影响很大。

■ 川端康成：新感觉派作家

川端康成是日本新感觉派代表作家之一，也是日本首位获得诺贝尔文学奖的作家。川端康成从初中起就热衷于阅读《源氏物语》和《枕草子》等日本古典文学名著，后来又在东京帝国大学专攻日本文学。1926年大学毕业后，他发表了短篇小说《伊豆的舞女》，一举成名。同时，他和一些青年作家发起了"新感觉派"文学运动。川端康成特别推崇西方现代派文学，尤其是乔伊斯的意识流手法和弗洛伊德的精神分析学。但他的创作并非完全模仿西方，而是在积极学习西方文学的同时，又有意识地将其融入到日本古典文学的传统之中，形成一种新的和谐与统一。

在长达50年的文学创作生涯中，川端康成共写了100余部长篇、中篇和短篇小说，此外还有许多散

川端康成

川端康成出生在大阪。他幼年时父母双亡，后来祖父母和姐姐又陆续病故，孤独和忧郁伴随着他的一生。这些都反映在了他的创作中。

文、随笔、讲演、评论、诗歌、书信和日记等。他的作品以第二次世界大战为界，大致可划分为战前和战后两个阶段。战前，他的作品多着眼于下层少女的哀伤感情、忧郁生活和悲恋故事；战后的作品则多以资产阶级家庭为舞台，描写瞬间的感觉和颓废的情绪，追求一种"忘境的美"。

■ 智利诗人聂鲁达

聂鲁达是智利著名的诗人和政治活动家，

聂鲁达

聂鲁达（1904～1973），智利诗人。其诗歌以浓烈的感情、丰富的想象表现了拉美人民争取独立、民主、自由的历程，具有高度的思想性和艺术性。

1971年诺贝尔文学奖获得者。他16岁进入圣地亚哥智利教育学院学习法语，1945年当选为国会议员，并获智利国家文学奖，同年加入智利共产党。1946年，因政局变化，聂鲁达被迫转入地下，后流亡国外，从事世界和平运动。1950年，聂鲁达获得"加强国际和平列宁奖金"。1952年，政府取消了对他的通缉令，他得以返回祖国。1957年，他出任智利作家协会主席。

聂鲁达的作品除了小说、散文，主要是数十部诗集。1950年完成的《诗歌总集》是他最重要的诗作，标志着诗人创作的顶峰。全书共分为15个部分，共收录248篇诗作。诗集歌颂祖国，赞美拉丁美洲历史上的英雄人物以及水手、鞋匠、渔民、矿工等劳动者，揭露了反动

- 马尔克斯与《百年孤独》
- 惠特曼：美国诗歌之父

近亲结婚：直系血亲和三代以内旁系血亲的人之间相互通婚。近亲结婚会增加一些遗传性疾病的发病率，可能造成后代身体和智力上的缺陷。

语言文学篇

【百科链接】

《枕草子》：
日本平安时代的散文集，完成于11世纪初，作者是宫中女官清少纳言。全书风格清新明快，行文自由。

■ 马尔克斯与《百年孤独》

马尔克斯是20世纪哥伦比亚著名作家，是拉丁美洲魔幻现实主义文学流派的杰出代表，也是1982年的诺贝尔文学奖获得者。

1967年出版的长篇小说《百年孤独》是马尔克斯最重要的代表作。小说描述的是从19世纪中叶到20世纪前半叶，加勒比海沿岸某国小镇马孔多布恩地亚家族兴起、发展直至衰亡的百年历史。其大致情节为：

近亲结婚的表兄妹布恩地亚和乌尔苏拉，为避流言而迁至小镇马孔多。经过多年的繁衍生息，布恩地亚家族成为了当地最重要的大家族。家族最繁盛时6代同堂，但后来逐渐衰败了。到第6代时，家族里只剩下两个人，而第7代则是姨侄乱伦生出的"带猪尾巴"的小孩，不久也被蚂蚁啃死了。

全书近30万字，内容庞杂，人物众多，情节曲折离奇，再加上神话故事、宗教典故、民间传说以及作家独创的从未来回忆过去的倒叙手法等，令人眼花缭乱。作者意图通过布恩地亚家族7代人充满神秘

【百科链接】

魔幻现实主义：
20世纪50年代在拉丁美洲兴起的文学流派。这类作品把现实投放到虚幻的环境和气氛中，并通过客观详尽的描绘，使现实与幻景融为一体。

色彩的坎坷经历，反映拉丁美洲的历史演变和社会现实，提醒人们牢记百年历史，希望拉美民众团结起来，共同努力，摆脱孤独。

■ 惠特曼：美国诗歌之父

华尔特·惠特曼是19世纪美国最杰出的浪漫主义诗人，他的诗歌创作开创了美国诗歌史上的一个新时代，对美国和世界诗坛都有巨大的影响。

惠特曼出生于美国纽约长岛的一个农民家庭，因家庭经济拮据，只读过几年小学。他先后做过勤杂工、学徒、排字工人、乡村小学教师、记者、编辑等。从1850年开始，惠特曼一面从事体力劳动，一面积极展开诗歌创作活动。

《草叶集》是惠特曼一生创作的总汇，也是美国诗歌史上分量最重的里程碑之一。诗集共收有诗歌300余首，其名称来源于其中的一句诗："哪里有土，

聂鲁达的诗作热情奔放，手法夸张，想象与词汇丰富，对拉丁美洲的诗歌发展产生了深远的影响。

马尔克斯
加西亚·马尔克斯作品的主要特色是幻想与现实的巧妙结合，以此来反映社会现实生活，审视人生和世界。重要作品有长篇小说《百年孤独》（1967年）、《家长的没落》（1975年）和《霍乱时期的爱情》等。

《草叶集》书影
"哪里有土，哪里有水，哪里就长着草"——这是《草叶集》中的一句诗，象征着当时正在蓬勃发展的美国。诗集通过"自我"感受和"自我"形象，热情歌颂了资本主义上升时期的情景。

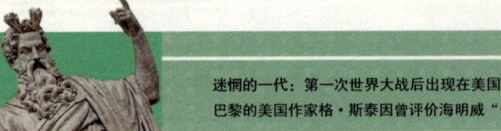

迷惘的一代：第一次世界大战后出现在美国的一个文学流派。这一名称因侨居巴黎的美国作家格·斯泰因曾评价海明威"你们都是迷惘的一代"而得名。

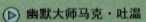 幽默大师马克·吐温
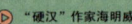 "硬汉"作家海明威

哪里有水，哪里就长着草。"作为土生土长的美国诗人，惠特曼在诗集中创造了一种新诗体——自由体。这种诗不受格律、韵脚的限制和束缚，任思想和语言自由自在地发挥。《草叶集》奠定了美国诗歌创作的基础，对美国及其他国家的诗歌艺术产生了相当大的影响。

■ 幽默大师马克·吐温

马克·吐温是19世纪美国著名的幽默大师、小说家、作家和演说家。19世纪60至70年代，马克·吐温共发表幽默短篇作品70篇，它们的主要特色是极度夸张、幽默、滑稽。这些作品中的主人公往往天真老实、思想单纯，有一套先入为主的想法，结果却处处碰壁。

马克·吐温的代表作是长篇小说《哈克贝利·费恩历险记》。小说主人公哈克为躲避醉鬼父亲的毒打离家出走，半路上遇见黑奴吉姆，两人乘木排沿着密西西比河逃亡。哈克长期生活在蓄奴州，起先受种族歧视观念的影响，觉得不应该帮黑奴的忙，但后来在日日夜夜的漂流生活中，他逐渐被吉姆善良无私的品格所感动，决心帮助吉姆得到自由。他们一路上历尽艰险，遭遇了民兵队的追捕、骗子的虐待以及各种自然灾害。在两人的同心协力下，所有的艰险被一一化解。小说语言颇具特色，作家在广泛采用美国南方方言和黑人俚语的基础上，经过提炼加工，形成了一种富于口语化特征的文学语言，并成为英语文学的范本。

马克·吐温像

马克·吐温（1835～1910），美国幽默大师、小说家、作家，被誉为"美国文学中的林肯"。

■ "硬汉"作家海明威

海明威是20世纪上半叶美国杰出的小说家，1954年诺贝尔文学奖获得者。他出生于一个乡村医生家庭，曾作为红十字会车队司机参加过第一次世界大战，战后担任驻欧记者。晚年的海明威，因患多种疾病导致精神抑郁，最终用猎枪自杀。

海明威早期的长篇小说《太阳照样升起》和《永别了，武器》，成为表现美国"迷惘的一代"的主要代表作。

20世纪三四十年代，海明威摆脱迷惘、悲观的情绪，转而塑造为人民利益而英勇战斗甚至无畏牺牲的反法西斯战士形象。此类作品的代表作是描写西班牙内战的长篇小说《丧钟为谁而鸣》。1952年，海明威发表中篇小说《老人与海》，小说主人公桑提亚哥的性格是海明威笔下"硬汉性格"的发展和升华。

写作中的海明威

海明威（1899～1961），美国小说家，1954年诺贝尔文学奖获得者。他喜欢用铅笔写作，原因是便于修改。有人说他一天要用20支铅笔，而他自己则说没有这么多，写得最顺手时一天只用7支。

海明威的作品文字简约明快，作者运用视觉、触觉、听觉等感官刻画的形象，具有很强的可见性。他还善于以对话和细节间接暗示主题和意向，增强了作品的含蓄性和隐晦性。海明威曾把自己的作品比做"漂浮在海上的冰山"，强调作品内在的寓意"露出水面的只有1/8，还有7/8深藏于水下"。

【百科链接】

种族歧视：
根据种族和民族特征划分人们的社会地位和法律地位，限制或侵犯某些种族的基本权利或自由的社会现象。

Part 2
美术工艺篇

《野牛图》：发现于西班牙阿尔塔米拉山洞中的石壁上，作者是西班牙史前人类——马格德林人，距今已有上万年的历史。《野牛图》被公认为旧石器时代绘画艺术的代表作。

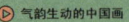
- 壁画：人类最早的绘画
- 气韵生动的中国画

绘画的世界

■ 壁画：人类最早的绘画

壁画，顾名思义，就是画在墙壁上的画。从广义上讲，绘制在建筑物的墙壁上或岩石上以及洞穴壁上的画和图案，都可以称为壁画。壁画是人类历史上最早的绘画形式，早在人类文明的曙光时期，就有原始人用动物血和着矿粉，在岩洞中的壁面上涂抹野牛和猎人的形象。壁画在世界各地的文明遗迹中都存在，它不仅对绘画的产生起着重要作用，还是环境艺术中不可缺少的元素。

建筑物出现以后，壁画开始出现在房屋厅堂的墙壁上。壁画的种类有粗地壁画、刷地壁画、绘制壁画、浮雕壁画、马赛克镶嵌壁画以及其他工艺材料壁画等。

中国古代壁画一般按照绘制场所的不同来区分，有店堂壁画、寺观壁画、石窟壁画、墓室壁画、民居住宅壁画等。

■ 气韵生动的中国画

中国画又称"国画"，指中国传统绘画。它在古代一般被称为"丹青"，主要指的是画在绢、宣纸、帛上并加以装裱的卷轴画。它是用中国独有的毛笔、水墨和颜料创作出来的。

● 国画的种类

中国画可以按不同的标准被分为很多类。通常，人们都按艺术手法的不同，将中国画分为工笔画、写意画和兼工带写画三种形式：工笔是用细腻的笔触描绘物象；写意是用豪放简练的笔墨渲染物象的形神，抒发作者的感情；兼工带写则是工笔和写意两种方法的综合运用。

● 构图与透视

在构图方面，中国画或作长卷，或作立轴，长宽比例是"失调"的，但能够表现出特殊的意境和画者的主观情趣。同时，中国画不采用焦点透视，而是采用散点透视，即不固定在一个立脚点作画，也不受固定视域的局限，而是根据画者的感受和需要，使立脚点移动作画，把见到的和没见到的景物统统摄入画面。

【百科链接】

透视： 绘画术语，在作画时把一切物体正确地表现在平面上，使之具有远、近、高、低的空间感和立体感。

《虢国夫人游春图》
此画是唐代画家张萱绘制的工笔人物画，描绘的是杨贵妃的三姐虢国夫人及其眷从出游赏春的情景。画面构图疏密有致、错落自然，人与马的动势舒缓从容，正应了"游春"的主题。

● 用笔用墨

中国画用笔强调粗细、疾徐、顿挫、转折、方圆的变化，以表现物体的不同质感。而对于用墨，中国画则讲求皴、擦、点、染交互使用，使干、湿、浓、淡合理调配，塑造形体、烘染气氛。中国画的用墨之妙，在于浓淡相生——因为全浓全淡都没有精神，必须做到有浓有淡，使浓处精彩而不滞，淡处灵秀而不晦。

尼德兰：位于莱茵河、马斯河、斯海尔德河下游及北海沿岸一带。14世纪时该地出现了资本主义手工工场，16世纪时资本主义得到了迅速发展。

美术工艺篇

■ 色彩丰富的油画

油画的材料和工具

油画是用透明的植物油来调和颜料，在处理过的布、纸、木板等材料上塑造艺术形象的绘画。创作油画所需的主要材料和工具有颜料、画笔、画刀、画布、上光油、外框等。

油画最早起源于欧洲，它的前身是15世纪以前欧洲的蛋彩画。一般认为，15世纪初期的尼德兰画家凡·爱克兄弟是油画技法的奠基人。他们在前人用油溶解颜料的基础上，尝试以亚麻油和核桃油为媒介作画，并将这种画称为"油画"。如此作画，运笔流畅并能反复覆盖修改，且画面所附着的颜料附着力强，色泽鲜艳，不易剥落、褪色。因此，油画很快在欧洲其他国家流传开来。

油画适合创作大型、史诗般的巨作，是西方绘画史中的主体绘画方式。现存的古代西方绘画作品大多是油画作品。

■ 明澈自然的水彩画

水彩画《静物》

水彩画是以水为媒介调和颜料完成的绘画作品。颜料的透明性会使水彩画产生一种明澈的视觉效果，而水的流动性则会生成淋漓酣畅、自然洒脱的意趣，这是水彩画独特的风格。

水彩画是以水为媒介调和水彩颜料完成的绘画作品，约产生于15世纪末的欧洲，18世纪在英国发展成为独立画种。水彩颜料一般用胶水调制，性质透明；所用画纸质地结实，吸水性适中。水彩画借助于水来表现透明度和色调浓淡，能体现出轻盈、润泽、明丽、淋漓等独特效果。水分的运用和掌握是水彩技法的要点之一，因为水分在画面上有渗化、流动、蒸发的特性，所以充分发挥水的作用是画好水彩画的关键所在。

■ 厚重艳丽的水粉画

水粉画是用水调合粉质颜料绘制而成的绘画作品。水粉画的特点是画面艳丽、柔润、明亮、浑厚。

水粉画与油画和水彩画有着紧密的联系。它与水彩画一样，都使用水溶性颜料，所以水粉画也可以画出水彩画一样的酣畅淋漓的效果。但是，在颜色的活动性与透明性方面，水粉画则无法与水彩画相比。因为水粉颜料含粉质对颜色的流畅度会有所限制，因此水粉画一般不使用多水分调色的方法，而是采用白粉色来调节色彩的明度和浓淡，以厚画的方法来显示独特的色彩效果。这一点与油画的绘制方法相似，因为不透明的水粉颜料与油画颜料都具有遮盖能力。所以水粉画是介于水彩画与油画之间的一个画种。

水粉画最主要的特点是颜料的含粉性和不透明性。水粉颜料容易被水溶解，覆盖力较强且有

【百科链接】

蛋彩画：

用蛋黄或蛋清调和颜料，绘于表面敷有石膏的画板上的画。它盛行于14至16世纪的欧洲文艺复兴时代，16世纪后逐渐被油画取代。

61

现代漫画之父：英国画家托马斯·罗兰森在人物造型及立意上具有现代意识的漫画特征，奠定了现代西方漫画的风格，因而被誉为"现代漫画之父"。其代表作为《辛塔克斯大夫一生的旅行》。

- 刀刻拓印的版画
- 素描：造型艺术的基础
- 幽默讽刺的漫画
- 鲜明夺目的宣传画

黏着性——也就是说，水粉颜料能够覆住底子和下面的色层。所以水粉画干透以后非常结实，表面能呈现出无光泽的天鹅绒般的美感。

■ 刀刻拓印的版画

版画通常是指经过特定技术手段在特定材质（木版、铜版、布、纸等）上使用绘、刻、漏、腐蚀等方法作画，然后再印刷出来的作品。版画的艺术手法概括、精练，形象塑造强烈、鲜明，其独特的效果是难以用笔墨表现出来的。

比如德国女画家柯勒惠支的木刻自画像，人物脸上条条犀利而粗犷的线条、头巾上铲出的块面，都留下了金属刻刀在木板上刻画的痕迹，带有浓烈的"刀味"和"木味"以及拓印产生的平整挺拔的"印味"。线与面的结合，简练地勾画

【百科链接】

柯勒惠支：
柯勒惠支（1867~1945），德国表现主义版画画家、雕塑家，是鲁迅最欣赏的画家。她的作品中既有女性画家所善于表达的母性，又有超出一般女性的开阔和顽强。

出人物的脸形，黑白对比强烈，形象鲜明突出，传神地表现出了人物的内心世界。

■ 素描：造型艺术的基础

素描是以线条为基础的单色画。它所需的工具有铅笔、炭笔、钢笔、毛笔、金属笔等，一般绘制在纸、布料、木板、金属等物品上。常见的素描题材有肖像、静物、风景、人物等。

素描的基本功能是将有色的、立体的对象抽象为单色的、平面的线条，所以它是人类造型艺

炭笔
传统素描一般以炭笔为练习工具。炭笔大多由柳树的细枝烧制而成，有粗细、软硬的区别。炭笔作画可涂可抹，可做线条或块面处理，能表现丰富的层次变化。

术活动最朴素、最原始的阶段。在西方，中世纪以前的素描作品主要是壁画的草图，14世纪末开始素描才成为独立的艺术样式。文艺复兴时期，素描成为工场授徒的主要教学内容。

■ 幽默讽刺的漫画

漫画是绘画艺术中的一个独特的门类，它通常以简练的手法直接揭示事物的本质、特征，多采用夸张、比喻、象征、寓意、讽刺等表现手法，具有较强的讽刺、歌颂、抒情、娱乐等功能。漫画易于表达作者对世事人情的看法，尤以讽刺与幽默见长。

漫画还常用浪漫的手法来表现主旨，而不受时间、

漫画《爱因斯坦》
漫画是用简单而夸张的手法来描绘生活或时事的图画。漫画对事物提出看法并加以评论，同时还具有幽默的特性。所以，讽刺和幽默是漫画最基本的属性。

空间的限制。漫画家经常采用象征和比喻的手法，把一些抽象的概念形象化。比如在西方的一些政治漫画中，法国直接被画成雄鸡，而美国民主、共和两党之争常被画成驴象之争。

■ 鲜明夺目的宣传画

宣传画又称招贴画，是以鼓动、制造社会舆论为目的的绘画，一般附有充满号召性的文字标题。宣传画通常张贴或绘制在容易引人注目、行人集中的公共场所，以便直接面向公众，及时发挥社会作用。一幅好的宣传画，要求造型鲜明、简练通俗、色彩鲜艳、对比强烈，还要求把抽象的概念化做具体可感的艺术形象。

- 顾恺之：笔下传神
- 吴道子：吴带当风

道教：中国固有的一种宗教，距今已有1800余年的历史。道教的最早起源可追溯到老子，故有人将老子奉为道教的教主。

美术工艺篇

中国名家名画

■ 顾恺之：笔下传神

顾恺之（约346~407），字长康，小字虎头，晋陵无锡（今江苏无锡）人，我国东晋时期杰出的画家。顾恺之的人物画大多以日常生活为主要题材，非常注重传达人物的神情。据说，他画人物像时总是到最后才画眼睛，甚至有时人物都画了好几年了，就是一直不画眼珠。他认为，人的身体画得美丑与否都不十分要紧，而人的眼睛却十分重要，因为它能传达出人的精神面貌，正所谓"传神写照，正在阿堵"。

顾恺之虽以人物肖像画为主，但他同时也画了许多神仙、佛像、禽兽、山水等。晋代以前，山水只是人物的衬影，画家一般不单独画山水画。顾恺之是第一个以山水为主题作画的人，开创了中国山水画的先河。

据记载，顾恺之的作品大约有70件。但由于年代久远，大部分画卷都已失散，现存的只有3件摹本：《女史箴图》《洛神赋图》和《列女仁智图》。

顾恺之不仅能诗能画，还写有关于绘画理论的专著，所以他也是我国绘画史上最早的绘画理论家。

■ 吴道子：吴带当风

【百科链接】

兰叶描：
中国古代人物画中衣服褶纹的画法之一，从丰富的衣纹曲折向背发展而来，其特点是压力不均匀，运笔中时提时顿，产生出忽粗忽细、形如兰叶的线条。

吴道子是我国唐代画家，被后世尊称为"画圣"，也被民间画工尊为祖师。他从小失去双亲，为了生计向民间画工和雕匠学艺，20岁时已很有名气。后来，他被皇帝召入宫中，担任宫廷画师。

吴道子性格豪爽，喜欢在酒醉时作画。传说他在描绘壁画中佛头顶上的圆光时，不用尺规，挥笔而成。当时的都城长安是全国的文化中心，汇集了许多著名的文人和书画家，吴道子经常和这些人在一起相互切磋，促进技艺。

吴道子的画作题材广泛，数量颇多。他主要从事宗教壁画的创作，据说仅寺廊壁画就有300余件。另外，他还创作了许多卷轴画，有记录的有100多件，其中以佛教、道教题材最多，另外还有山水、花鸟、走兽等。在笔法上，他打破了长期以来沿袭自顾恺之的那种游丝线描法，开创了"兰叶描"，用笔讲究起伏变化和内在的精神力量。《送子天王图》是吴道子最重要的代表作之一，反映了他的基本画风：画中的人物衣褶飘举，线条遒劲，具有天衣飞扬、满壁风动的效果。这种独特的画风，被誉为"吴带当风"。

《洛神赋图》（局部）
画卷曲折细致而又层次分明地描绘了曹植与洛神真挚纯洁的爱情故事。画面人物安排疏密得宜，在不同的时空中自然地交替、重叠、转换，而在山川景物描绘上也展现出一种空间美。全画用笔细劲古朴，山川树石画法幼稚朴素，体现了早期山水画的特点。

翰林：我国古代官名。唐玄宗时，翰林学士参与机要，握有实权；北宋时，翰林学士开始设为专职；明清两代，翰林学士主管文翰，负责编修国史。

▶ 米芾父子的"米家山水"
▶ 张择端的《清明上河图》

《清明上河图》（局部）
这幅画卷描绘了繁荣的汴京，不仅具有极高的美学价值，也具有极高的史料价值。此画是北宋城市经济情况的写照，从中人们可以了解北宋的城市面貌和当时各阶层人民的生活状况。

■ 米芾父子的"米家山水"

北宋中期，一个新的山水画派——"米派"异军突起，其代表人物是米芾和米友仁。米芾是北宋时的书画家，原籍襄阳（今属湖北），世称"米襄阳"，官至礼部员外郎。他性情旷达，不随流俗，举止狂放，被称为"米颠"。米芾能诗文、擅书法，他的行书、草书博采众家之长，他也因此被列入书法"宋四家"之一。他的山水画多描绘云山、雨雾，不拘形色，以多层烘染和横点子的排比为主要形式，以求含蓄空濛的趣味，并且巧妙地利用生纸的特性，使积、破、渍、渲等水墨技巧得到了充分的发挥。这种横点积叠的画法突破了钩廓添皴的传统，开创了新的风格。

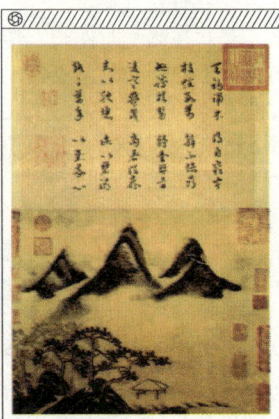

《春山瑞松图》
此图为米芾作品，描绘的是云烟涌动的山林景色。画中山石树木造型秀雅，松树姿态婉然，山石青翠柔丽，景物显得开阔、平静而妻迷，显示出春日润湿而有生趣的意境。

米芾的长子米友仁，人称"小米"，生活在南宋时期，晚年号懒拙老人。他的山水画发展了米芾的画法，"略变其尊人所为，成一家法"。后世将米氏父子的绘画风格合称为"米家山水"。

> 【百科链接】
>
> **生纸：**
> 指生宣纸，即没有经过矾水加工的宣纸。这种纸吸水性和渗水性强，易产生丰富的墨韵变化，多用于写意山水画。

■ 张择端的《清明上河图》

张择端，字正道，东武（今山东诸城）人，宋徽宗赵佶（1101~1124年在位）时期供职于翰林图画院。他专工表现宫室、楼台、屋宇等题材的技法，尤其擅长描绘舟车、市肆、桥梁、街道、城郭等。他的画自成一家，别具一格。

如今，张择端的画作大都散佚，只有现藏于北京故宫博物院的《清明上河图》保存完好。这幅画纵25.5厘米，横525厘米，描绘的是清明时节北宋都城汴京的繁荣景象，是当年汴京繁盛的见证，也是北宋城市经济生活情况的写照。

北宋年间汴京极盛，城内四河流贯，陆路四达，商业繁荣，人口稠密。为了表现汴京的繁荣昌盛，张择端选择了清明这个重要节日，着重描绘了这一天水陆运输和市面繁忙的景象。

《清明上河图》全卷所绘人物500余位、牲畜50多只，各种车（船）20余辆（艘），房屋众多，道具无数，场面巨大，但它段落分明，结构严密，有条不紊。全画技法娴熟，用笔细致，线条遒劲，凝重老练，反映出画家精纯的绘画功力。同时，画中所绘的是当时的社会实录，为后人了解、研究宋朝的城市社会生活提供了宝贵的历史资料。

■ 画坛领袖赵孟頫

《人骑图》（局部）
此图为赵孟頫43岁时所作，代表了他早期人物鞍马画的风格。图中多用铁线描绘，线条细劲秀润，造型生动自然，体现出浓郁的唐代遗风。

赵孟頫是元朝有名的书画大家、画坛领袖。字子昂，号松雪，湖州（今浙江吴兴）人，宋太祖赵匡胤十一世孙。赵孟頫对诗书、画印、音乐、文学无所不精，尤其在绘画方面成绩卓著。人物、鞍马、山水、花木、竹石、禽鸟等各种题材，在他笔下皆成妙品。

赵孟頫的画风大致有两种：一是工整秀雅的重彩画，一是豪放简率的水墨画。除了技法全面外，赵孟頫的绘画还讲求思想内涵的表达。比如他所绘的骏马图，借只能充当皇家禁苑里点缀太平的宠物千里马来抒写自己羁栖元廷、不得重用的尴尬处境；他所绘的墨竹，意在表白自己的清高；他的山水画也含有寄趣林泉、向往自由的情感。为了使画面寄托更多的思想，他还含蓄地题词作跋，这使得绘画的书卷气更加浓郁，并将文人画的表现形式推向了新的高峰。

■ 各具风格的吴门四家

明代中期，随着经济的发展，素有"鱼米之乡"之称的苏州一时文人荟萃，名家辈出，并涌现出了许多卓有成就的画家。其中以沈周、文徵明、唐寅（即唐伯虎）、仇英最为著名，人称"吴门四家"，又称"明四家"。

沈周和文徵明是吴门四家的主要代表人物。他们的画风继承了宋元文人画的传统，主要以山水画见长，作品多描绘江南风景和文人生活，抒写宁静幽雅的情怀，注重笔情墨趣，讲究诗、书、画的有机结合。沈周的山水画以粗笔的水墨和浅绛画法为主；而文徵明则以细笔山水居多，善用青绿重色。而且，文徵明勤奋而长寿，传世作品甚多，弟子流风不绝，所以他也成为"吴门四家"中影响最大的人物。

《孟蜀宫妓图》
这是唐寅的工笔重彩人物画代表作。图中画有宫妓四人，个个衣着华贵，云髻高耸，头饰花冠；人物衣饰线条流畅，刻画精细，表露出富贵的宫廷生活气息。

唐寅和仇英有别于沈周、文徵明，他们代表了"吴门四家"的另一种画风。他们的作品描绘物象精细真实，重视意境的创造和笔墨的蕴藉，具有雅俗共赏的艺术效果。唐寅工笔、写意俱

徐渭：明代杰出的书画家、文学家，参加过嘉靖年间东南沿海的抗倭斗争和反对权奸严嵩的斗争，一生遭遇坎坷。他的著作有《四声猿》《南词叙录》等。

- 八大山人朱耷
- 孤傲怪癖的扬州八怪

佳，尤其精于画山水、花鸟和人物。他的作品笔墨灵逸，畅快淋漓，既传承了传统，又开创了新意。仇英的山水画以青绿山水见长，笔墨细润，风骨峻峭，色彩清丽，意境深邃。他的工笔人物造型准确，形神兼备，色彩明艳绚烂，文雅而严谨，匠心独运，为他人所不及。

【百科链接】

遗民： 指已经灭亡的前朝留下来的老百姓，或者指改朝换代后不仕新朝的人。

■ 八大山人朱耷

朱耷真名朱统𨨗，江西南昌人，明朝遗民，明亡后出家为僧。他一生的字、号、别号极多，主要有法名传綮，号雪个、个山、屋驴、人屋等，尤以八大山人最为知名。在书画上，他也有许多画押，如"三月十九日"、"相如吃"、"拾得"、"何园"等，含义较深。另外，他署款时常将"八大山人"连缀写成"哭之"、"笑之"字样，以抒愤懑之情。朱耷在绘画上长于山水、花鸟，尤以花鸟画著称。他继承了陈淳、徐渭的传统，发展了泼墨写意画法。他的画造型简练、逸气横生、个性强烈，山水意境荒率凄凉，花鸟怪诞冷漠，以象征、寓意和夸张的手法塑造奇特的形象，抒发心中的愤世嫉俗之情和国破家亡之痛。他抱着对清王朝誓不妥协的态度，把满腔悲愤发泄于书画之中。所以在他的画中，常常会出现鼓腹的鸟、瞪眼的鱼，甚至有禽鸟一足着地，眼珠向上，以白眼向青天，以示与清廷势不两立。

八大山人《枯木寒鸦图》

本幅画为对角式构图，表现隆冬季节残石败枝上栖息的寒鸦。其中寒鸦的眼睛画得最有特点：眼眶是一笔圈成的椭圆形，上眼眶处以重墨点睛，使寒鸦"白眼向人"的冷漠孤傲神色跃然纸上。

■ 孤傲怪癖的扬州八怪

清代中叶，在商贾云集、思想活跃的扬州聚集着一个以卖画为生的文人画家群体，人称"扬州八怪"。他们就是金农、罗聘、李方膺、李鱓、黄慎、郑燮（即郑板桥）、高翔、汪士慎。他们为人大多孤傲耿直，不趋炎附势；他们的书画创作流露出强烈的个性，与当时流行于画坛的尚古之风相悖。人们觉得他们很奇怪，于是就称他们为"八怪"。

"扬州八怪"大都是失意文人，深知官场的腐败，所以他们传承明末遗民画家的反抗精神，形成了蔑视权贵、行为狂放的风格。他们作画多以梅、兰、竹、菊、石、雁、鱼等为题材，表现自己清高绝俗的思想品格和孤傲性格。同时，他们也画山水、人物，主要取法于陈淳、徐渭、八大山人、石涛等人。在绘画上，他们既能不拘前人陈规，抒发真情实感，又都能诗能文、擅长书法或篆刻。他们讲究诗、书、画的结合，在一定程度上挣脱了宫廷提倡的正统画风的限制，也相对摒弃了儒雅平和的"书卷气"，形成了重视感受、抒发性灵而又适合商业需要的写意画风，为艺术界吹入了一股清新之风，对后世绘画产生了巨大影响。

郑板桥《墨竹图》

此图绘修竹数竿，长短有殊，左倾右斜，顾盼有情。画家用笔道劲圆润，疏爽飞动。竹后几根石柱挺立，以水墨勾画，笔法秀挺硬朗。竹用浓墨而石取淡笔，浓淡相映，虚实相照，妙趣横生。

- 齐白石:20世纪的国画大师
- 徐悲鸿与马

国画:中国传统绘画的主要种类,古代称为丹青,近现代以来为区别于西方的油画等外国绘画作品而称之为中国画,简称"国画"。

美术工艺篇

■ 齐白石:20世纪的国画大师

齐白石是中国现代著名的国画大师。他出身贫寒,做过农活,学过木匠,从民间画工入手,习古人真迹,学诗文书法,游山川名胜,作幕僚寓客,终于成了诗、书、印、画皆为神品的千古伟人。他工诗文、善书法、篆刻,尤精于绘画。他继承了徐渭、朱耷、扬州八怪诸家的革新精神,又吸取民间艺术的营养,博采众长,融为一体,并在创作上熔诗、书、画、印于一炉,终成一代大师。

齐白石擅画人物、山水,尤长于花鸟草虫,在画法上工笔、写意兼备,造诣精深。齐白石的人物画造型简括、生动,充满人情味和幽默感。他的山水画以寻常景物入画,却能营造出新奇的意境,使作品富有诗意。齐白石的绘画作品中所描绘的对象,如牧童、樵夫、蔬菜、瓜果、青蛙、雏鸡、虾蟹、蜻蜓、蝉雀、蜂蝶、草虫等,无不体现着他对农村生活的回忆和对生活、对劳动、对家乡的热爱。其作品感情真挚、质朴无华,充溢着健康、欢乐、诙谐、倔强和蓬勃向上的生命力。他主张"作画妙在似与不似之间,太似为媚俗,不似为欺世"。

齐白石在我国当代艺术界尤其是画坛上声誉极高,弟子甚众,他的一些学生,如李可染、李苦禅等均为现代知名画家。

齐白石的《虾图》
齐白石的虾,虽寥寥数笔,却生动传神,跃然纸上,令观者叫绝。

■ 徐悲鸿与马

徐悲鸿是中国现代著名的画家和美术教育家。他1895年出生在江苏宜兴,自幼从父学习绘画、书法、篆刻,青年时代在上海业余学习素描,1919年赴法国学习美术,并在西欧各国参观、考察,研究西洋美术。回国后,他曾任第一任中央美术学院院长。

徐悲鸿不仅擅长油画,也擅长国画。他的油画具有浓厚的中国气息和民族风格;而国画则融中西技法于一体,雄健明快,生气盎然。他的画题材甚广:人物画喜用历史题材反映社会现实,如《田横五百士》《九方皋》《愚公移山》等;山水画善于从墨色沁化中创造迷人的意境;花鸟画简练传神,富有生活气息;而他最擅长的是画马代表作有《奔马》《群马图》。

《奔马》把中国传统的大写意线条与西洋的明暗技法巧妙结合,立体效果十分突出。徐悲鸿一生多次画马——北伐战争中画马,那是因为他对长沙会战忧心如焚;解放战争后画马,那是他为了抒发自己的喜悦之情;抗美援朝时画马送给志愿军,那是因为他把战士比成了一往无前的奔马;访问苏联时画马,那是因为他要用自己的画为中苏艺术交流做个见证。徐悲鸿的创作与马朝夕相伴,为中华画苑留下了许多不朽名作。

徐悲鸿的《奔马》
马是徐悲鸿一生中最爱描绘的题材。他画的奔马,笔墨淋漓潇洒,给当时的中国画坛注入了清新、有力的气息。

【百科链接】

写意:
与"工笔"对称,是中国画的一种技法,要求通过简练概括的笔墨着重描绘物象的意态和神韵。

猛犸：也称毛象（长毛象），曾经是世界上最大的象。与现代象不同的是，它们并非生活在热带或亚热带，而是生活在北方严寒地区。

▶ 欧洲史前洞穴壁画
▶ 古埃及壁画

外国名家名画

■ 欧洲史前洞穴壁画

旧石器时代晚期，也就是公元前4万至前1万年，地球上出现了最后一次冰川期，这次冰川期长达数个世纪。这使得一些原先习惯于寒冷气候的动物，如西伯利亚犀牛、驯鹿、猛犸等逐渐南移，而人类则带着冰川期之前就已学会使用的火种住进了天然洞穴。严酷的气候、对猎物的渴望和对生命的祈愿刺激了人类的创造性，于是，大量的洞窟壁画产生了。这些壁画的题材一般以动物为主体，采用的是写实的表现手法。

法国南部的拉斯科洞窟是一处规模极大的洞窟遗址，被西方人誉为"史前的西斯廷大教堂"，是旧石器时代艺术的典型代表。其洞顶和通道两侧的大部分岩壁上刻画了大量的野牛、野马、驯鹿等动物，画面图像重叠，形态各异，显然是出自多人之手。据测定，其中最早的壁画距今约3万年，而其他大部分壁画则创作于公元前1.4万年左右。在洞窟中，许多壁画往往深藏在黑暗的洞穴里面，远离洞口的生活区，有的甚至还处于很难立足的岩洞顶部。于是人们猜想，壁画创作者的目的并不是为了欣赏，而是为了祈福或者其他目的。

【百科链接】

冰川期：

即冰期。指地质历史上气候非常寒冷，广大的冰盖（大陆冰川）遍及很多洲，并且大规模地朝赤道方向移动的时期。现一般指第四纪冰川，时间大约在距今100万年前，那时大陆大约有32%的地方被冰川覆盖。

拉斯科洞窟壁画

拉斯科洞窟壁画长廊由一条长长的、宽窄不等的通道组成，其中一个外形不规则的圆厅最为壮观。洞顶画有65头大型动物形象：有2至3米长的野马、野牛、鹿，有4头巨大的公牛，最长的在5米以上，实属惊世杰作。其画面线条粗犷、气势磅礴、动感强烈。

■ 古埃及壁画

古埃及壁画是献给法老的祭物，是法老来世生活的延续。因此，绘画中最重要的原则就是尽可能清楚完整地把法老生活中的一切事物都保留下来。于是，工匠们就致力于把能进入画面的一切东西都绝对清楚地表现出来，而且从最具特征的角度去把握和表现每一个事物。

古埃及的绘画在构图方法、时间处理和色彩表现上，都形成了独特的程式：在人物的表现上，强调突出主要人物，根据人物的尊卑来确定其大小和位置；在构图上，注意画面的充实感，做到不留空隙；在色彩处理上，多用固有色，如男子皮肤多用褐色，女子多用浅褐色或淡黄色，色彩鲜明而强烈。

古埃及壁画

观赏和研究古埃及壁画时，人们似乎可以从中看到几千年前古埃及奇妙的、充满生气的生活情景。

新王国时期，古埃及艺术进入了黄金时代，社会更加自由，绘画艺术取得了卓越的成就。在常见的墓室壁画题材中，画家对人物的姿态描绘得更加生动自如，具有鲜明的享乐主义倾向。

- 克诺索斯王宫壁画
- 古希腊陶瓶画

百合花：多年生草本球根植物，主要分布在亚洲东部、欧洲、北美洲等地。百合花不仅可以用来观赏，有的还可以作为蔬菜食用。

美术工艺篇

■ 克诺索斯王宫壁画

克里特岛是爱琴海上最大的岛屿，也是爱琴文明的发祥地。公元前2000年左右，岛上的各个小国开始建造大型宫殿。坐落在该岛北岸克诺索斯古城的米诺斯王宫，是这一时期建造的宫殿中最大的一座。宫墙上的壁画是迄今所知的欧洲最早的建筑壁画，更是古代克里特文化的瑰宝。

克诺索斯王宫的壁画大体分为两类：一类描绘宗教活动场面和带有宗教色彩的神话；另一类则运用写实的方法描绘人的日常活动和动物的形态。在王宫一间宫室的墙上有一幅克诺索斯王的画像：画面同真人一般大小，画中的国王头戴装饰着百合花和孔雀羽毛的王冠，过肩的长发向后飘动，脖子上挂着用百合花串成的项链，腰束皮带，身着短裙，正大步流星地向前走去。由于画中的王冠和项链上都配有百合花样的饰物，所以这幅壁画也被叫做"戴百合花的国王"。

诸如此类的生动逼真的壁画，在王宫中到处可见，它们都充分表现了古代克里特人的艺术智慧。

【百科链接】

爱琴文明：

指公元前20至前12世纪的爱琴海域的上古文明，是爱琴海岛、希腊半岛和小亚细亚西部的青铜时代文明的总称，因围绕爱琴海域而得名，是最早的欧洲文明。它包括米诺斯文明和迈锡尼文明两大阶段。

■ 古希腊陶瓶画

公元前8至前4世纪的希腊是欧洲南部一个强盛的国家。有许多诞生于当时的希腊雕刻作品保留了下来，它们是西方古典美术的典范。但可惜的是，当时的绘画作品存世的很少，如今人们主要是通过当时绘制在陶器上的图画来窥见古希腊绘画的风貌。这种图画大多绘在陶瓶、陶壶、陶盆等容器上，所以通常被称为"希腊瓶画"。

古希腊的陶瓶艺术在世界美术史上占有重要地位。公元前6世纪中叶以后，雅典陶瓶曾垄断了国外市场。它那匀称和谐的比例、精致的工艺、生动的造型、写实的手法、追求理想化的风格、饱满的构图以及富于戏剧性的情节，都散发出浓郁的高贵美感。

古希腊陶器工艺先后流行过三种艺术风格，即"东方风格"、"黑绘风格"和"红绘风格"。东方风格的图案设计迎合了东方人的审美情趣，主要以动植物装饰纹样为主，有时还直接采用东方纹样，装饰趣味性比较强；黑绘风格是在红色或黄褐色的泥胎上，用一种特殊黑漆来描绘人物；红绘风格

陶瓶画

陶瓶是古希腊人主要的日常器皿和贸易商品，艺术家赋予陶瓶外轮廓的优雅和美丽。陶瓶上的装饰纹样——陶瓶画，结合器皿的性质和造型，表现出相当高的艺术成就，题材包括神话、历史故事和日常生活的各种场景。

克诺索斯王宫壁画

这幅壁画被命名为"戴百合花的国王"。画中的男子与真人比例相当，头戴饰有百合和孔雀羽毛的王冠，脖子上挂着用百合花串成的项链，身着短裙，大步向前走去。

君士坦丁堡：土耳其建国初期首都伊斯坦布尔的古称，曾是东罗马帝国（拜占庭帝国）的首都，位于巴尔干半岛东端，扼黑海门户，是欧、亚的交通要冲，战略地位十分重要。

▶ 庞贝城的壁画：古罗马的辉煌
▶ 拜占庭的镶嵌画

与黑绘风格相反，陶器上所画的人物、动物和各种纹样皆用红色，而底子则用黑色。

■ 庞贝城的壁画：古罗马的辉煌

庞贝古城在公元前82年成为罗马的领地，公元79年因维苏威火山爆发而被埋没。18世纪40年代，考古工作者开始了对这一遗址的发掘。其中大量壁画的出土不仅充分说明庞贝曾经是一个经济繁荣的城市，而且也反映出古罗马绘画的概况，甚至可以由此推想希腊壁画繁荣时期的面貌。

庞贝壁画
这幅壁画位于庞贝城内一座宅第中，画中人物是宅第的主人律特兰特斯和他的妻子，他们的目光仿佛穿越了2000年的时间鸿沟。

罗马时期的绘画主要是镶嵌画和壁画，大多记载具体的历史事件，用来装饰公共场所和住宅。德国艺术史家奥古斯特·马奥把庞贝的室内装饰壁画划分为4种样式：第一种样式称为镶嵌样式或装饰泥灰样式，流行于公元前200至前80年左右；第二种样式称为建筑样式，是从舞台布景变换而来的一种浮华的室内装饰，流行于公元前80至公元100年；第三种样式称为装饰样式，流行于1世

【百科链接】

巴洛克：
17至18世纪在意大利文艺复兴基础上发展起来的一种建筑和装饰风格，特点是外形自由，追求动感，喜好富丽的装饰、雕刻以及强烈的色彩。

纪左右；第四种样式称为幻想建筑样式，也被称为"庞贝的巴洛克"，流行于1世纪后期。

■ 拜占庭的镶嵌画

拜占庭原为希腊的殖民城市，330年，罗马皇帝君士坦丁一世迁都于此，将其改名为君士坦丁堡。395年，罗马帝国分裂为东西两部，君士坦丁堡成为东罗马帝国的首都，因此东罗马帝国又称为拜占庭帝国。拜占庭帝国逐渐成为中世纪东西方文化的交汇地。

马赛克镶嵌画
罗马皇帝君士坦丁大帝登基后，使基督教合法化并加以宣传，于是君士坦丁堡（拜占庭帝国首都）的教堂都用大量的马赛克来进行装饰美化，因此拜占庭时期的艺术几乎可以与马赛克一词划等号。

最能体现拜占庭艺术特色的是镶嵌画。它起源于古希腊，盛行于罗马帝国时期，而拜占庭艺术家们将这种艺术形式推向了顶峰。

镶嵌画由小块的彩色大理石或彩色玻璃拼嵌而成。其基本材料是一种天然彩石，这些石料在专门的作坊被切割成大小基本相等、体积约为1立方厘米的形状各异的小块。然后，小石块的其中一面会被打磨成光滑的平面。如果需要用到颜色特殊的罕见石料，人们就会用彩色玻璃的碎块来代替。

镶嵌工程开始之前，工匠们首先会用灰浆将用砖石垒砌的建筑物的粗糙表面抹平，然后用石膏浆打底。待墙体干燥后，人们就在平整的石膏墙面上勾画出所要描绘的对象的轮廓和画面线条，并注明各个部分的色彩名称。然后，人们再逐一将五颜六色的石块和玻璃块粘贴上去，并使用金箔填充背景的空白处。最后再经过一道抛光的工序，作品就大功告成了。

完成后的镶嵌画在阳光的照耀下显得光彩夺目，即使在昏暗的烛光中，也会不时闪射出奇光异彩。

■ 波提切利与《维纳斯的诞生》

波提切利是15世纪末佛罗伦萨的著名画家，是意大利文艺复兴早期佛罗伦萨画派最著名的绘画大师。他少年时期做过金银匠，后来跟随当时著名的僧侣画家腓里普·利皮学习绘画。他的作品大都以神话故事或古代英雄为题材，注重用线造型，画风精巧细腻，代表作有《春》和《维纳斯的诞生》。

《维纳斯的诞生》（局部）

维纳斯赤裸着身子踩在一只荷叶般的贝壳上，她身材修长健美，姿态婀娜端庄，一头蓬松浓密的散发与光滑柔润的肢体形成了鲜明的对比，烘托出了肌肉的弹性和悦目的胴体。

《维纳斯的诞生》是波提切利早期的代表作。它是为装饰劳伦佐的别墅而绘制的，取材于古希腊罗马神话中关于维纳斯诞生的故事。画面中，在碧波荡漾的海面上，漂着一个象征生命之源的大贝壳，贝壳上面站着一个年轻漂亮的金发女子，她就是古希腊罗马神话中的爱神和美神维纳斯。维纳斯的眼神中流露出对未来的憧憬和希望，同时也带着几分预感似的忧虑。这幅画以平涂手法绘成，色彩清淡雅丽，用线造型呈现出波浪的起伏，流畅优美。大海、树林和贝壳的画法都带有浓厚的装饰效果。

■ 西斯廷教堂壁画

位于今梵蒂冈境内的西斯廷教堂始建于1445年，原本只是罗马教皇的一个私用经堂。

西斯廷教堂壁画《创造亚当》

《创造亚当》是西斯廷教堂壁画中的重要部分之一。图中右边的上帝耶和华飞翔在空中，左手抱着天使们，右手伸向亚当。而亚当则裸体躺在左边的陆地上，一手伸向上帝。神与人的手指像接电似的则相互交流，表现了充满精力的老人和年轻而美丽的生命的诞生。

教堂内的天顶画是文艺复兴三杰之一的米开朗琪罗绘画艺术的丰碑，也是意大利文艺复兴时期最伟大的艺术成就。西斯廷教堂也因此名扬天下。

米开朗琪罗以教堂宏伟的建筑结构做边框，把整个长方形大厅的屋顶划为中央和四周两大部分，并以中央为主全部绘以宗教故事和人物形象。在中央所画的主题画取材于《圣经》。在每个分隔区内的四个角里，他共画了20个裸体青年；而在各区域的4个大框内，他共画了12个形体较大的先知与巫女的形象；在矩形的两条长边上共有8个三角档，在档与档之间，他画的是"基督祖先的故事"；而在矩形两端的4个大三角档内，他又画了4个圣经故事。整个壁画全长40米，宽14米，全部面积达500多平方米，一共塑造了343个人物形象。

【百科链接】

佛罗伦萨画派：

意大利文艺复兴时期的美术流派，创始人是乔托。画派以人文主义思想为主导，探索人体造型规律，还把平面装饰风格的画法改为了集中透视、有明暗效果、表现三维空间的画法。

教皇：最初本为古代天主教对其神职人员的一般尊称，后来专指罗马主教。在天主教会的教阶体制中，教皇享有最高的立法权和司法权。

▶ 拉斐尔的《西斯廷圣母》
▶ 提香的《圣母升天》

在长达4年的绘制过程中，米开朗琪罗对所有的事情都亲历亲为。壁画揭幕之后，世人皆惊，公认其为美术史上的空前之作。此画堪称文艺复兴时期美术界最完美的创造。

■ 拉斐尔的《西斯廷圣母》

《西斯廷圣母》

《西斯廷圣母》是拉斐尔"圣母像"中的代表作，它以甜美、悠然的抒情风格闻名于世。画面中，圣母抱着圣子从云端降下，两边帷幕旁画有一男一女：身穿金色锦袍的男性长者是教皇西斯克特，他向圣母圣子做出欢迎的姿态；稍做跪状的年轻女子是圣母的信徒渥娃拉。

拉斐尔是意大利文艺复兴时期的绘画大师。1504至1508年，拉斐尔居留在佛罗伦萨，创作了大量艺术水准极高的圣母像，从此声名远扬。在他的笔下，圣母是脱去了宗教外衣、生活在人间的女性，圣母流露出的是人间妇女纯洁、善良、美丽、端庄的品质。

1512至1513年，拉斐尔绘成大型油画《西斯廷圣母》，这是他"圣母像"中的代表作。画面描绘的是圣母抱着圣子从云端降下时的情景。圣母体态丰满优美，面部表情端庄安详，眉宇之间似有隐忧。小基督依偎在母亲怀里，睁着大眼睛，目光里有一种不寻常的严肃感。两边的帷幕旁画有一男一女：身穿金色锦袍的男性长者是教皇西斯克特，他向圣母圣子做出欢迎的姿态，稍作跪状的年轻女子是圣母的信徒渥娃拉。画面的下方是仰望圣母降临的两个小天使。拉斐尔的这幅画对美丽与神圣、爱慕与敬仰都把握得恰到好处，整幅画显示出高雅、柔媚、和谐、明快的格调。

■ 提香的《圣母升天》

提香是意大利文艺复兴时期在色彩运用方面最有成就的艺术大师，他对色彩有着深刻的认识和理解。他的画用色大胆，色调丰富、明快、微妙而精准；笔触热情奔放，不拘陈规；画面明亮而又和谐，洋溢着生命的活力和雄浑、华贵之美。

《圣母升天》（局部）
这幅气势恢宏的巨大壁画是提香早期的作品。该画描绘的是圣母升天的神圣瞬间，具有浓厚的宗教色彩，而且构图庄严，描绘真实细腻。

《圣母升天》是提香为圣玛利亚·代·弗拉里教堂画的祭坛画，可视为威尼斯文艺复兴风格中最伟大的经典之作。画中描绘的是圣母复活后升入天堂、上帝俯身迎接的场面。画幅中央的圣母衣袂飘飘，在小天使的簇拥下扶摇直上，张开双臂接受来自天国的拥抱；地上的圣徒们仰望圣母升天的奇迹，似乎有一股向上的力量要引领他们去追随圣母；位于画面最顶端的上帝则通过俯冲，与这股上升的力量合并。上帝与小天使构成了一个美妙的弧度，圣母正好位于圆弧的中心，上帝与圣徒的两股力量即交汇于此。

画面色彩温暖富丽、光华灿烂。圣母身着红、蓝二色长袍，美丽和谐又充满象征含义。画面的顶端仅以粗勒的手法勾画，笔法疏朗生动。这种奔放的手法也体现了提香对人类精神自由的信仰。

【百科链接】

圣母：
基督教中耶稣基督的生身母亲，名叫玛利亚，是木匠约瑟的妻子。据《圣经》记载，圣母生耶稣前从未和约瑟同房。

门徒：在《圣经·新约》中指跟从耶稣的人，尤指耶稣的12个使徒；也指跟从施洗者约翰或保罗的人，后来泛指徒弟或跟随者。

美术工艺篇

天才画家达·芬奇

达·芬奇自画像
在这幅《自画像》中，达·芬奇使用的线条丰富多变、刚柔相济，尤其善用浓密不同的斜线来表现明暗的微妙变化，使人物形象具有很强的立体感，表情十分传神。

达·芬奇是整个文艺复兴时期最杰出的代表人物之一，他的天才不限于艺术，在数学、医学、建筑、地质、物理、机械等领域，他都有过重要的发现和猜想。达·芬奇一生完成的绘画作品并不多，但件件都是不朽名作。其作品具有鲜明的个人风格，并善于将艺术创作和科学探讨结合起来，这在世界美术史上是独一无二的。

● 早期创作

早在韦罗基奥的作坊学艺时，达·芬奇就表现出非凡的绘画才能。约1470年，他在协助韦罗基奥绘制《基督受洗》时，虽然只画了一位站在基督身旁的天使，但他对人物神态和表情的刻画以及对色调的处理，都明显超过了他的老师。

● 盛期作品

1482年，达·芬奇应圣弗朗切斯科教堂的邀请绘制祭坛画《岩间圣母》。这幅作品虽是传统题材，但他对人物形象的塑造、对幽深岩窟的刻画以及对山岩间花草的描绘都具有了很高的艺术水准。这证明他使用的烟雾状笔法，已使其在传真写实和艺术加工方面达到了新的水平。

《最后的晚餐》是他这一时期最负盛名的作品。这幅湿壁画绘制在一个修道院饭厅的墙上，描绘的是基督被捕前和门徒最后会餐诀别的场面。画面中，基督独立于中央，其他门徒通过不同的手势、表情，表现出惊恐、愤怒、怀疑、剖白和慌张等情绪。这种对于人物典型性格的描绘，突出了作品所要表现的主题，与构图的统一效果互为补充，造就了这幅堪称美术史上最完美的典范之作。

● 不朽的《蒙娜丽莎》

1503年，达·芬奇开始创作《蒙娜丽莎》和《圣母子与圣安娜》。这是两幅他极为珍爱的作品，完成后始终被他带在身边，一直到他离开人世。《蒙娜丽莎》成功地塑造了一位城市资产阶级的妇女形象，代表了达·芬奇最高的艺术成就。画中人物坐姿优雅、笑容微妙，背景山水幽深渺茫，淋漓尽致地发挥了画家那奇特的烟雾状"空气透视"般的笔法。画家力图使人物丰富的感情和美丽的外形达到绝妙的结合，所以对于人像面容中眼角、唇边等表露感情的关键部位的描绘格外细腻，从而使蒙娜丽莎的微笑具有了一种神秘莫测的千古奇韵。

【百科链接】

韦罗基奥：
意大利雕刻家、画家，生于佛罗伦萨，卒于威尼斯。他从学习金银工艺起进入艺坛，吸收了吉贝尔蒂和多纳太罗的艺术精华，并培养了许多美术人才。

《蒙娜丽莎》
对于这幅画，不同的观者或在不同的时间来看，感受似乎都不同：有时觉得她笑得舒畅温柔，有时又显得严肃，有时仿佛略含哀伤，有时甚至显出讥嘲。这就是蒙娜丽莎神秘的微笑。

浪漫主义：18世纪末至19世纪初盛行于欧洲的文艺思潮。作为创作方法，浪漫主义侧重从人的主观内心世界出发，抒发对理想世界的热烈追求。

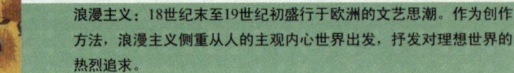

■ 巴洛克艺术家鲁本斯

鲁本斯是16至17世纪著名的佛兰德斯画家，也是巴洛克美术的早期代表人物。

《劫夺留西帕斯的女儿》是鲁本斯的代表作之一，最能体现他的绘画才能与艺术风格。画面借助希腊神话题材，刻画了一幕"抢婚"的场景：神的儿子、英雄卡斯托耳与波吕刻斯趁着蒙蒙的晨曦，把留西帕斯的两个女儿从睡梦中劫走，正准备强行拉上马背。

【百科链接】

七月革命：
1830年7月，法国人民推翻复辟王朝后拥戴路易·菲利浦登上王位，后称"七月革命"。

这幅画本是稳定的方形构图，但是男人、女人、马匹的交错运动却恰到好处地平添了情景上的混乱。两位英雄一位身穿黑色发光的铠甲，一位裸露着棕红色的健壮的肌体，画面中心的两位女性的雪白肌肤在他们的衬托下显得格外刺眼。而画面左侧小天使的出现，使这次抢劫看上去更像一场游戏。这就是鲁本斯独特的艺术奥秘，他在安排缤纷的色彩和赋予画面充沛活力方面具有无与伦比的天赋，能够使所有被描绘的人物看上去都热情欢快、栩栩如生。

《劫夺留西帕斯的女儿》
这是鲁本斯的代表作之一，最能体现鲁本斯杰出的绘画才能和充满激情的艺术风格。其题材取自于希腊神话，即一对年轻的孪生兄弟卡斯托耳与波吕刻斯去抢夺留帕斯国王的两个女儿的故事。画面表现的正是抢夺的场景。

■ 德拉克罗瓦与《自由引导人民》

德拉克罗瓦17岁时进入画家格朗的画室学习，后来进入美术学院。他勇于创新，打破在法国画坛占统治地位的古典派的桎梏，以现实生活为题材进行创作，讲求色彩绚丽、对比强烈，侧重表现激烈的动荡场面，从而产生激动人心的艺术效果，使浪漫主义在法国画坛大放异彩。他也因此成为浪漫主义绘画运动的主将，被称为"浪漫主义的狮子"。《自由引导人民》便是他的代表作。

1830年的"七月革命"是法国近代史上的光辉篇章。作为这一斗争的目击者，画家德拉克罗瓦以奔放热烈的画笔创作了这幅《自由引导人民》。他把现实斗争的真实与浪漫主义的想象结合起来，以大胆的比喻和象征手法，塑造了作为共和政体及民主自由象征的自由女神的形象。

画家使用强烈对比和夸张想象的手法，加强了画面的战斗气氛和奔放的热情：身着古装、上体半裸的自由女神与举着枪、穿着黑色外衣的战士形成了鲜明的对比，而灰烟中鲜艳的红、黄、蓝三色旗的衬托，使得女神圣洁无瑕、美丽强健、充满生命力的崇高形象更加突出，使观者对"自由"这个永恒的主题产生了必胜的信念。

《自由引导人民》
该画取材于1830年法国的七月革命事件，是德拉克罗瓦最具有浪漫主义色彩的作品之一。画家以奔放的热情歌颂了有工人、小资产阶级和知识分子参加的革命运动。

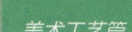

美术工艺篇

■《马拉之死》：再现英雄的最后时刻

马拉是法国资产阶级革命时期雅各宾派的领导人之一，1793年7月13日被右翼吉伦特派派遣的保皇分子刺杀。他死后，法国大革命时期的杰出画家、新古典主义的代表人物达维特满怀悲愤地创作了名画《马拉之死》。

画家用写实的手法再现了马拉被刺时的惨状：他倒在浴缸里，胸口被刺的伤口清晰可见，鲜血已染红了浴巾和浴缸里的水。他握着鹅毛笔的手垂落在浴缸之外，另一只手紧紧地握着凶手夏绿蒂·科尔代递给他的字条，可见刺客是利用马拉对她的同情，趁其不备下的毒手——我们还可以看到丢在地上的带血的凶器。立在浴缸旁边的一个木台，就是马拉办公用的案台，案台上有墨水、羽毛笔、纸币和马拉刚写完的一张便条：

新古典主义：兴起于18世纪的罗马并迅速在欧美地区扩展。该派一方面反对巴洛克和洛可可艺术，另一方面希望重振古希腊、古罗马艺术。

【百科链接】

雅各宾派：
法国大革命时期以罗伯斯庇尔为代表的资产阶级激进派组成的政治团体。1793年6月，雅各宾派推翻吉伦特派的统治，并取得政权。

《马拉之死》
这幅画描绘的是法国革命家马拉被凶手刺杀在浴缸里的历史事件。马拉倒在浴缸里，鲜血正从伤口中流出；带血的匕首滑落在地，而凶手已经逃离现场。画家将画中的主角设计于一定的情节和场景之中，丰富了肖像画的表现内容，增强了作品的感染力。

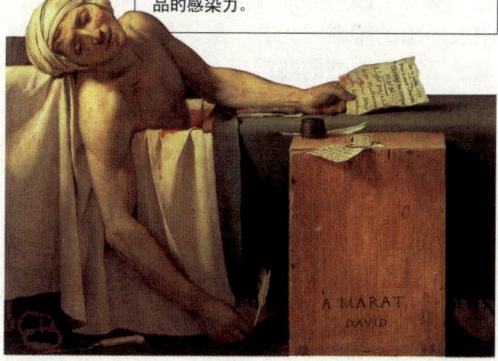

"请把这5法郎的纸币交给一位5个孩子的母亲，她的丈夫为祖国献出了生命。"

在《马拉之死》中，达维特表现出了谴责专制暴政、讴歌共和体制的激情，因为画家向往艺术创新，对扼杀自由思想的法国封建专制政权充满了憎恨。

■ 印象派大师莫奈

莫奈1840年生于法国巴黎，早年随风景画画家布丹学习绘画，1863年进入格莱尔画室学习。但由于无法与学院派的艺术趣味取得一致，两年后他便愤然离开了格莱尔画室，开始探索独立的绘画技法。1879年，莫奈发起和组织了第一届印象派画展。就在这次画展

《日出·印象》
《日出·印象》描绘的是在晨雾笼罩中日出时港口的景象。在由淡紫、微红、蓝灰和橙黄等颜色组成的色调中，一轮生机勃勃的红日拖着海水中一缕橙黄色的波光冉冉升起。海水、天空、景物在轻松的笔调中交错渗透，浑然一体。

中，他以一幅《日出·印象》引起了欧洲画坛的强烈震动，一举成名。

《日出·印象》是一幅海景写生画，它的整个画面笼罩在稀薄的灰色调中，笔触非常随意而零乱，展示了一种雾气交融的景象：太阳从地平线上探出了头，海上雾气迷蒙，水中反射着天空和太阳的颜色；岸上的景色隐隐约约、模模糊糊，给人一种瞬间即逝的感受。

《日出·印象》是印象主义绘画的开山之作，它标志着印象画派的诞生。之后，印象派迅速成长为一个风靡全球、影响深远的世界性画派。该画派强调自然界的光和色，把光与色的变化作为绘画的主流，而莫奈被公认为第一个采用外光技法进行绘画的印象派大师。

伏尔加河：欧洲最大的河流，世界上最大的内陆河，俄罗斯内河主要航运干道。它发源于东欧平原西部的瓦尔代丘陵中的湖沼间，流经广袤的区域，最终注入里海。

▶ 列宾与《伏尔加河上的纤夫》
▶ 凡·高的《向日葵》

■ 列宾与《伏尔加河上的纤夫》

列宾是俄罗斯绘画史上最有成就的画家之一，是俄国"巡回展览画派"的著名代表。他

《伏尔加河上的纤夫》

为了创作这幅画，列宾花了3年时间，进行了两次伏尔加河之行，对纤夫生活作了长时间的体验，进行了大量的观察和写生，最后终于完成了这幅享誉世界的佳作，体现了画家强烈的现实主义精神。

在充分观察和深刻理解生活的基础上，以丰富、鲜明的艺术语言创作了大量的历史画、肖像画。列宾具有高超的写实技巧，其笔下的人物生动而传神。他的艺术成就标志着19世纪后半期俄罗斯艺术的高峰。他的代表作有《查波罗什人写信给苏丹王》和《伏尔加河上的纤夫》。

《伏尔加河上的纤夫》大约绘制于1870至1873年。作品采用横向的长方形构图，把11个纤夫分成3组，分别描绘出了这些人物不同年龄、经历和个性的形象。在构图上，列宾利用沙滩的地形和河湾的转折，使11个纤夫犹如一组雕刻群像，被塑造在一座黄色的、高高的底座上。画面上，伏尔加河的景色被作了精心的布局，使这幅尺寸不大的画面具有了宏伟深远的感觉。这幅画在揭示现实社会矛盾的同时，也肯定了社会的积极力量，为俄国风俗画增添了新的语言。

■ 凡·高的《向日葵》

凡·高（1853~1890），著名的荷兰画家，后期印象派的代表人物之一。他的作品多以劳动人民的生活为题材，惯用阔大的笔触，挥洒颇为流畅，色调也十分强烈，给人以极大的视觉刺激。

凡·高一生不被人理解，死后才得到美术界的重新认识。他最重要的代表作品是《向日葵》，这是他在法国南部的阿尔画的同一题材的系列作品，共6幅，每一幅画上的向日葵数量都不相同，有的3朵，有的5朵，有的12朵，有的15朵。他画《向日葵》时，精神异常激动，向日葵那金黄色的花瓣给他一种温暖的感觉，使他充满激情地去画这些面朝太阳而生的花朵：花蕊被画得火红，就像一团炽热的火球，黄色的花瓣就像太阳放射出的耀眼的光芒一般。他那厚重的笔触赋予了画面浓烈的雕塑感，耀眼的黄色充斥着整个画面，引起人们精神上的极大振奋。

《向日葵》是凡·高在最痛苦的煎熬中倾心绘制的最富于对光明的追求精神的作品。其中的一幅作品于1990年在索斯比拍卖行的艺术品拍卖中创造了数千万美元的世界最高纪录。现在，凡·高的画现在已成为世界上最昂贵的艺术珍品。

《向日葵》

《向日葵》是凡·高最喜欢表现的题材，也是他最著名的代表作。他用简练的笔法描绘植物形貌，使其充满了律动感及生命力。

【百科链接】

巡回展览画派：

由俄罗斯一些具有民主进步思想的写实派画家和雕刻家组成的画派，主张真实地描绘俄国的历史、社会、人民生活和大自然，揭露批判沙俄专制制度。

76

- 抽象派大师毕加索
- 怪异的天才达利

超现实主义：19世纪二三十年代起源于法国，盛行于欧洲的文学艺术流派。该流派深受弗洛伊德精神分析学的影响，致力于发掘人类的潜意识心理。

美术工艺篇

■ 抽象派大师毕加索

毕加索是20世纪西班牙著名画家、立体派的先驱，其代表作有《和平鸽》《亚威农少女》和《格尔尼卡》。《格尔尼卡》是毕加索为巴黎世界博览会西班牙馆所作的一幅大型壁画。"格尔尼卡"是西班牙一个小镇的名字，1937年被德国法西斯炸为平地。画家对法西斯的暴行极为愤慨，于是创作了这幅画来表示对法西斯暴行的强烈抗议。画面选取了类似于报

《格尔尼卡》
这幅画是毕加索作于20世纪30年代的具有重大影响及历史意义的杰作，画中表现的是1937年德国空军疯狂轰炸西班牙小城格尔尼卡的暴行。画家结合了立体主义、现实主义和超现实主义风格来表现痛苦、受难和兽性。

刊新闻照片的色调，采用黑、白、灰三色，不仅增强了主题的纪实性，而且令战争的恐怖残酷的悲剧气氛更加鲜明突出。这幅大型油画采用立体主义和平面分割的处理方法，既有助于表现整个场面的紧张、刺激和强烈的节奏感，又与现代建筑的室内环境浑然一体，使人们永远不会忘却这幕人间悲剧。

毕加索是现代美术史上的一位超级巨星，他的艺术风格和表现手法丰富多样、层出不

穷，令人叹为观止。他还特别对世界各民族、各时代的艺术充分地加以消化吸收，从而更加充实了自己的作品内容和艺术语言，开创了当代艺术世界化的新局面。

■ 怪异的天才达利

萨尔瓦多·达利是西班牙超现实主义画派的巨匠，也是20世纪世界画坛最负盛名的画家之一。20世纪20年代末，达利的画风日趋成熟：他吸收了弗洛伊德的思想理念，结交了一群才华横溢的超现实主义者，从此开始用一种自称为"偏执狂临界状态"的方法在自己的身上诱发一种幻觉境界，并将其记录在画中。

《记忆的永恒》（局部）
这是一幅超现实主义的代表作。在一片荒凉的旷野上，死一般的沉静，只有几个软塌塌的钟表，或挂在枯枝上，或摆在桌台上。这幅诡异的幻象，表现的是人们心中的幻觉或梦想，创造出了现实与臆想、具体与抽象之间的"超现实境界"。

达利最有名的作品是《记忆的永恒》。这幅画创作于1931年，非常典型地体现了达利早期的超现实主义画风：画面展现了一片空旷的海滩，海滩上躺着一只似马非马的怪物，其前部又像是一个只由眼睫毛、鼻子和舌头荒诞地组合在一起的人头；怪物一旁有一个平台，上面长着一棵枯死的树；而最令人惊奇的是，画中的好几只钟表都变成了柔软而有延展性的东西，软塌塌地或挂在树枝上，或搭在平台上，或披在怪物的背上。达利承认自己在这幅画中表现了一种"由弗洛伊德所揭示的个人的梦境与幻觉"，是不加选择的并尽可能精密地记录下来的自己的潜意识。

【百科链接】

立体派：
西方现代艺术史上的一个艺术流派。该派追求一种几何形体的美，追求形式的排列组合所产生的美感。

饕餮：中国古代传说中的神兽，最大特点就是能吃。这种怪兽没有身体，据说是因为太能吃而把自己的身体也吃掉了，由于吃得太多，它最后被撑死了。

▶ 中国最早的雕塑

中国雕塑艺术

■ 中国最早的雕塑

● **原始陶器**

中国原始雕塑的最初形态是陶制品。根据工艺手段的不同，它大致可以分为三种：一是模仿动物外形而制成的器皿，二是装饰性的雕塑，三是小型动物或人物捏塑。

● **商周青铜器**

与原始陶塑的性质一样，商、周时代的青铜器并非实际意义上的雕塑，而是用于祭祀、

司母戊大方鼎
司母戊鼎是中国商代后期王室祭祀用的青铜方鼎。1939年3月19日在河南省安阳市武官村一家农田中出土，因其腹部有"司母戊"三字而得名，现藏于中国国家博物馆。

生活等方面的乐器、兵器、工具等实用器物，同时也是权威、财富的象征。

根据形式的不同，商、周时代青铜器上的雕塑因素大致可以分为以下几种：

一是以动物形象为主体造型的青铜器。如安阳妇好墓出土的鸮尊，站立的鸮鸟圆目大睁、坚实有力，其外表还装饰有其他动物的纹样。

二是青铜器表面的装饰，常见的有浮雕、圆雕、透雕等形式。如湖南宁乡出土的四羊方尊，体态巨大，四角各铸一卷角羊头，造型端庄。

三是相对独立的青铜造像。四川广汉三星堆出土的站立人物像是此类雕塑中最有代表性的一个，它高172厘米，加上基座，整件作品高达262厘米。其面部形象简洁，整体感较强，全身都有比较精致的装饰。

从整体风格上看，商代青铜器比较端庄、沉重，气质伟岸；西周前期、中期的作品比较华丽、装饰繁缛，形象乖张，笼罩着一种神秘的色彩；而西周晚期的作品则比较写实，不再咄咄逼人，装饰上也相对简洁一些。

● **玉雕艺术**

商、周时期，出现了用石、玉、陶等材料制成的雕塑作品。这类雕塑的目的主要在于装

良渚玉琮
良渚文化是我国长江下游太湖流域重要的古文明，属于铜石并用时代。玉琮是良渚文化的代表器物，所刻人面或兽面，或人兽组合纹，是当时氏族社会人们崇拜的"神徽"，也是中国古代玉器中的珍品。

【百科链接】

圆雕：
又称立体雕，要求雕刻者从前、后、左、右、上、中、下全方位进行雕刻，因此观赏者可以从不同角度看到物体的各个侧面。

饰祭祀器皿、日常生活用品、服饰等，其中以玉雕最为突出。

据文史资料记载，当时的人们很喜欢佩戴玉器，因为除了具有非凡的审美价值外，玉器还兼有道德伦理方面的特殊含义。在商、周时期的墓葬中，考古工作者经常会发现由玉雕成的佩饰品，主要有玉鳖、玉虎、玉人等。雕刻者以简洁明快的手法表现出了人和动物的形象特征。如河南安阳殷墟出土的玉人坐像，高8.5厘米，周身饰有饕餮兽面纹，头上钻孔，以利穿绳佩戴；再如陕西宝鸡西周墓出土的玉雕鹿，尽管体形很小，但那憨态可掬的模样被刻画得十分传神。

■ 秦始皇陵兵马俑：庞大的地下军队

在对秦代墓葬与建筑遗址的考古发掘中，考古工作者们发现了许多价值非凡的雕塑作品。其中，最引人注目的就是秦陵兵马俑。它出土于1974至1976年，气势磅礴，主要以兵俑和马俑居多。其中，兵俑有军官、士兵之分，数量众多，体态与真人等大，姿态各异，神情不同；而马俑形象写实，体形矫健。

兵马俑的出土，不但显示了秦始皇威震四海、统一六国的雄伟军容，更为世人展示了我国古代劳动人民极高的制陶技艺。这浩浩荡荡的百万大军都是用陶土烧制而成的，无论是造型还是烧制，都是一项庞大的工程。

作为一种特殊的文化遗产，秦代兵马俑有着不可估量的价值。它代表了整个秦汉时代的雕塑风格：写实，功能上逐步走向独立；气势恢宏，强调力度；艺术手法细腻、明快，具有鲜明的个性和强烈的时代特征。它是古代劳动人民智慧的结晶，是中国古代制陶史上的一个创举，不仅为中华民族灿烂的古老文化增光添彩，改变了人们对东方雕塑艺术的看法，也给世界艺术史补上了光辉的一页，因此被誉为"世界第八大奇迹"。

秦陵兵俑
秦俑面部神态、服式、发型各不相同，但个个栩栩如生、形态逼真，富有感人的艺术魅力，是世界上独一无二的文化艺术瑰宝。

【百科链接】

陶土：
含有铁质而带黄褐色、灰白色、红紫色等色调且具有良好可塑性的黏土。其矿物成分以蒙脱石、高岭土为主。

■ 生动写实的汉画像石和画像砖

汉代社会稳定，厚葬之风盛行，人们常用刻有画像的画像石和模印烧制的画像砖来建造墓室、祠堂、石阙等，或用它们来装饰建筑物，以炫耀地位、表彰功德。其中，画像石大致分布在当时经济文化较发达的山东、河南、江苏、四川一带，最为著名的有山东孝堂山画像石、嘉祥武氏祠画像石、沂南画像石，河南南阳画像石及新密打虎亭汉墓画像石等。而画像砖则以四川、河南保留较多。

汉代住宅画像砖
这块画像砖出土于四川成都，是用黏土模印烧制而成的实心砖。砖上刻绘了一套较大的住宅，具有朴实浓厚的生活气息。

这些砖石上的画像，多采用现实生活中的场景为题材，如车骑出行、庖厨宴饮、乐舞百戏、田猎农事、胡汉战争、民间故事等。另外，还有一些是用于宣传儒家忠孝节义思想、反映道家羽化升仙愿望，表现了当时人们的

中山靖王刘胜：汉景帝刘恒的庶子，为第一代中山国的王，蜀汉皇帝刘备第十三世先祖。刘胜死后葬于今河北满城县陵山上，其陵墓在1968年被发掘。

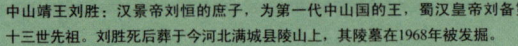

精神追求，成为汉代世风民俗的写照，具有百科全书的意味。还有很多画像，特别善于突出主题，表现紧张的瞬间情景，其风格古拙粗犷而富有激情，充满力量感及运动感，具有深沉雄大的气魄。

■ 玲珑圆润的秦汉玉雕

秦汉时期，内地与边疆产玉地区之间的交通更加畅通，这促进了玉雕工艺的发展，使得玉器的使用更加普遍。此时，圭璧之类的礼器虽还有生产，但已不成规模，而玉制的日用品则大量增多，如玉钫、玉灯、玉剑、玉钩、玉佩、玉鸠杖首、玉杯、玉刚卯等。

汉代玉雕工艺的先进还表现在葬服中。在玉制品中，葬服的具体表现形式就是玉衣，它一般是根据死者的体形大小、爵位高低用金丝、银丝或铜丝连缀玉片而成。玉衣在我国河北、安徽、江苏等地墓葬中都有发现，现已出土9件。其中，河北满城西汉中山靖王刘胜和妻子窦绾墓出土的两件金缕玉衣保存完好，这两件玉衣的制作工艺之精、艺术水平之高，在汉代玉制品中是十分少见的。

秦汉时代人们欣赏的圆雕玉制品虽然出土数量不多，却有不少精品。其中，咸阳出土的玉马是不可多得的精美的雕刻小品。它是用白玉制成的，昂首扬尾，作奔跃状——马上骑一人，束巾短衣，双手紧拉马鬃，马下部有云状托板相连。马的动感强烈，而托板又很稳定，加上玉质纯净晶莹，至今如光亮如新。

河北满城汉墓出土的金缕玉衣
它用1000多克金丝连缀起2498个大小不等的玉片，是由上百个工匠花了两年多时间完成的。整件玉衣设计精巧、做工细致，是旷世难得的艺术瑰宝。

■ 唐代帝王陵墓雕刻

唐代的帝王陵墓很多，主要分布在陕西关中地区。它们为后人留下的众多的石雕作品，在中国古代石雕艺术中占有极其重要的地位。其中，乾陵、昭陵的石雕最为有名。

乾陵在陕西乾县城北梁山上，是唐高宗与武则天的合葬墓。陵园原有两重垣墙，四面有阙门和巨型石刻，现南门地面的石刻基本完整地保存下来。这些大型石雕规模宏大，气势雄伟，它们在前代石雕艺术的基础上，有了进一步的发展和变化，新颖、生动而真实，其制作风格具有一定的近代装饰风貌。

位于唐太宗的墓葬——昭陵前的石刻"昭陵六骏"是唐陵石刻中最重要的精品。六骏是指为唐太宗统一天下而立过功的6匹战马，唐太宗为追念它们，便在自己的陵前刻上了它们的石像。它们比真马稍小，虽是浮雕，但由于雕刻家对马的形体的雕刻手法近乎圆雕，所以显得极为生动。"昭陵六骏"有立有奔、有动有静，细节与全貌、局部与整体充满了和谐统一的美感。

昭陵六骏之青骓
昭陵六骏为原置于昭陵唐太宗北麓祭坛两侧庑廊的六幅浮雕石刻，其以简洁的线条、准确的造型生动传神地表现出战马的体态、性情以及它们在战阵中身冒箭矢、驰骋疆场的情景。

【百科链接】

昭陵六骏：
以唐太宗生前征战时骑过的6匹战马为原型刻成的青石浮雕，它们是：什伐赤、青骓、特勤骠、飒露紫、拳毛䯄、白蹄乌。

- 云冈石窟的佛像
- 依山危坐的乐山大佛
- 玲珑剔透的牙雕

弥勒佛：中国民间普遍敬仰的佛。据说此佛的原型与释迦牟尼是同时代人。由于此佛常怀慈悲之心，所以在民间被广泛地供奉。

美术工艺篇

■ 云冈石窟的佛像

云冈石窟位于山西省大同市西郊武周山北崖，依山开凿，东西绵延1000多米，现存主要

云冈石窟

云冈石窟位于山西大同市西北的武周山北崖上，是我国三大石窟之一，距今已有1500多年的历史。云冈石窟在世界雕塑艺术史上占有十分重要的地位。

洞窟53个、大小窟龛252个、石雕造像5.1万余躯，是我国规模最大的古代石窟群之一。

云冈石窟向来以气势宏伟、内容丰富、雕刻精细而著称于世。从石窟所保存的纪年铭刻和造像的艺术风格来看，这处宏伟的艺术工程中的每件作品基本上都是北魏的遗物，距今已有1500多年的历史。

石窟中的佛像最大的高达17米，最小的仅几厘米。其中，菩萨、力士、飞天及塔柱上的蟠龙、狮、虎、金翅鸟等形象生动活泼，都是引人入胜的杰作。这些造像的雕刻技艺除继承发展了汉代的艺术传统外，还吸收了外来佛教造像的艺术精华，具有清新的时代风格。

■ 依山危坐的乐山大佛

在四川乐山市郊的大渡河、青衣江、岷江的汇合处，端然正坐着一座高达70多米的石造大佛。它依岷江南岸的凌云山栖霞峰的临江峭壁凿造而成，是世界上最大的石刻弥勒坐像，比号称世界第一大雕刻作品的阿富汗巴米扬大佛立像还高20多米。

【百科链接】

佛龛：

原是在洞穴岩壁上开凿的安置佛像之所，后逐渐演变为用石或木做成的橱子，并设有门扉，用以供奉佛像。

乐山大佛建造于唐代，713年动工，至803年才完工，整整花了90年的时间。佛像全身比例匀称，造型饱满壮硕，其面目慈祥和善、庄严静穆，眼睛半睁半合，神态安然，双手放于膝上，端坐在山侧。佛像的表现手法虽然简练，但立体感很强，气势非凡。在1000多年前，古代工匠和艺术家就能用简单的工具造出如此巨大雄伟的塑像，可见他们非凡的天才和气魄。

■ 玲珑剔透的牙雕

牙雕指象牙雕刻，即以象牙为材料雕制而成的工艺品。象牙质地洁白、有光泽，具有较高的经济价值。因此象牙制品显得高雅华贵，是历代统治者喜爱的工艺品之一。

我国的象牙主要来源于国外，但牙雕的历史却很悠久。在商代出土的文物中，就发现有精巧的牙雕工艺品。清代牙雕的发展最为迅速，出现了大批能工巧匠。另外，此时还出现了象牙球，即用一块完整的牙料巧妙地雕镂成的一层套一层的薄球壳，层层都能自由地转动，各层球壳上还雕有镂空的图案，精致美丽，引人入胜，代表了清代象牙雕刻的最高水平。

乐山大佛是世界上最大的石刻弥勒佛坐像，也是唐代摩岩造像中的艺术精品。大佛双手抚膝正襟危坐，造型庄严，排水设施隐而不见，设计巧妙。

81

木乃伊：干尸，是古埃及人在死后经过特殊处理的尸体，制作过程为：剖开死人的体腔，取出内脏，将尸体用热溶的松香浇灌，然后用浸透松香的布包裹。

▶ 狮身人面像：人神合一
▶ 涅非尔提提胸像：美艳的埃及王后

外国雕塑艺术

【百科链接】

阿伽门农：
　　希腊神话中的迈锡尼王，因弟媳海伦被特洛伊王子帕里斯诱走，便组织希腊联军远征特洛伊，借机称霸爱琴海。

■ 狮身人面像：人神合一

　　狮身人面像如同金字塔一样，是古埃及法老为了使人们确立对统治者的崇拜而建立起来的巨大的人工纪念碑。它由整块的天然岩石雕刻而成，高达20多米，面部长约5米，仅头上的一只耳朵就长约2米。雕像的头部被刻成古埃及第四王朝法老哈夫拉的头像，身子则是呈坐姿的狮子形象。法老头戴菱形王冠，前额上雕刻着神秘的圣蛇，脑后雕刻着象征神权的鹰。从造型上看，狮身人面像浑圆的头颅和躯体同它附近的方锥形的金字塔形成了一种强烈的对比，使吉萨地区由三座主要金字塔所组成的庞大建筑群更富特色。

■ 涅非尔提提胸像：美艳的埃及王后

　　在古埃及第十八王朝时，法老阿蒙霍特普四世首次推行了宗教改革。在改革进行的十几年间，埃及的造型艺术冲破了传统模式，焕然一新：追求写实，致力于刻画生动的形象。当时的法老还专门在阿玛尔纳建立了创作风格较为自由的雕刻工厂，涅非尔提提胸像就是出自其中的具有革新精神的杰作。

　　涅非尔提提是法老埃赫那吞的王妃，传说她美丽动人、聪明非凡，是法老的得力助手。这尊雕像真实地表现了这个古代女性的形象：她头戴金边青蓝花带王冠，颈上戴着五彩项链，面颊修长，五官的线条柔和纤秀，面部的每一个细节都被刻画得惊人的准确与完美。这尊雕像一直被后世奉为古埃及最完美的雕塑作品之一。

阿伽门农的黄金面具
　　1876年发现的"阿伽门农墓"年代约在公元前16世纪，而传说中的阿伽门农是公元前13世纪的人物。因此这个黄金面具实际上并不属于阿伽门农本人。

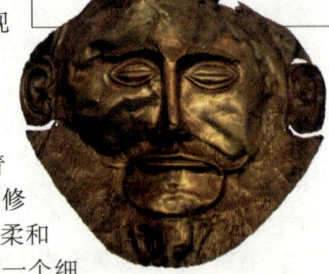

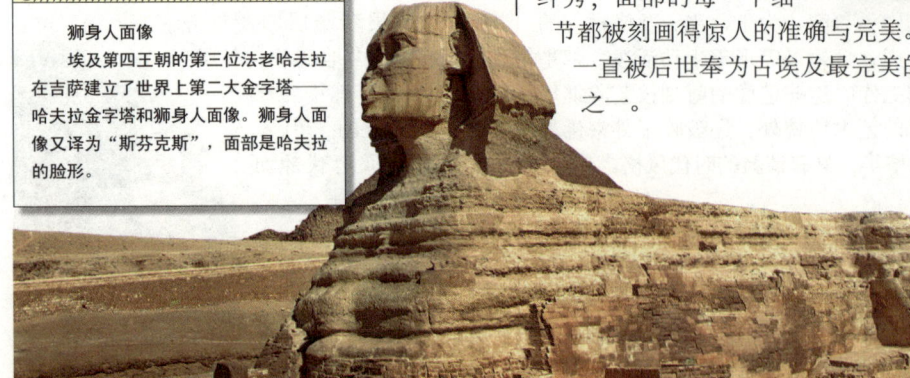

狮身人面像
　　埃及第四王朝的第三位法老哈夫拉在吉萨建立了世界上第二大金字塔——哈夫拉金字塔和狮身人面像。狮身人面像又译为"斯芬克斯"，面部是哈夫拉的脸形。

- 阿伽门农面具：迈锡尼的黄金杰作
- 庄重严谨的古希腊雕塑

《拉奥孔》：德国美学家莱辛所著。莱辛比较了"拉奥孔"这个题材在古典雕刻和古典诗中的不同处理，以此来探讨诗和造型艺术之间的区别与界限问题。

美术工艺篇

■ 阿伽门农面具：迈锡尼的黄金杰作

1876年7月，英国考古学家施里曼在迈锡尼古城遗址考古发掘时，在一处古代墓穴中发现了一具戴着黄金面具的木乃伊。他认定这就是著名的迈锡尼君王、攻打特洛伊的希腊联军统帅阿伽门农的墓穴，所以便将这个面具命名为"阿伽门农的黄金面具"。

这个面具面部扁平、颧骨突出，匀称的眉弓和笔直细长的鼻子连在一起；两只耳朵在同一透视面上，造型细微精巧；一双眼睛没有睫毛，像两颗咖啡豆，被浅浅地镶在眼眶中；胡须制作得十分细腻，使帝王威武庄严的神态更加突出。面具是直接在死者脸上做出来的，所以死者面部的缺陷也被显示出来。

■ 庄重严谨的古希腊雕塑

古希腊雕塑通常以古希腊神话为创作源泉。受到古希腊神话"神人同形同性"观念的支配，艺术家们都按照人类的形象来塑造神。古希腊雕塑所用的材料主要是石灰石、大理石、青铜、陶土、木材、黄金和象牙，而现存的仅有石雕。古希腊雕塑艺术风格的变化与发展可分为古风时期、古典时期和希腊化时期三个阶段。

● 古风时期（约公元前660～前480）

希腊在公元前7世纪时就产生了大型石刻艺术，其早期的大型石雕中的人物造型明显借鉴了埃及和美索不达米亚的艺术成果。雕刻家在这个时期的艰苦探索，为后来雕刻艺术的发展开辟了道路。

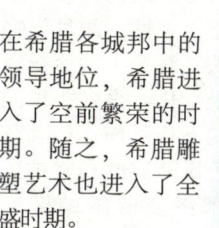

《掷铁饼者》
该雕像取材于希腊现实生活中的体育竞技活动，展现了一名强健的男子在掷铁饼过程中最具代表性的瞬间。

● 古典时期（约公元前480～前330）

公元前480年，希腊取得了希波战争的胜利，雅典因此确立了

《米洛斯的维纳斯》
这尊维纳斯像于1820年发现于爱琴海的米洛斯岛，创作的年代大约在公元前150年左右。它被公认为迄今为止发现的希腊女性雕像中最美的一尊。她的双臂虽然已经残断，但那雕刻者栩栩如生的身躯仍然给人以浑然完美之感。

在希腊各城邦中的领导地位，希腊进入了空前繁荣的时期。随之，希腊雕塑艺术也进入了全盛时期。

古典时期早期，希腊艺术家经过一个多世纪的探索，已经能够熟练地运用人体结构知识进行雕塑创作。此时的雕塑作品追求强健优美的造型，充满了崇高的英雄气概和欢乐气氛，体现出完美和谐的技巧。古典时期后期，人们对神的崇敬日趋淡薄，原先均衡和谐的理想化风格被世俗化的形式所取代，艺术家的个人风格也开始凸现出来。

美索不达米亚： 即"两河流域"，指西亚北部底格里斯河与幼发拉底河的中下游平原地区，是人类最古老的文明发源地之一。公元前4000年，这里已有了比较发达的文化。

● 希腊化时期（约公元前330～前100）

公元前336年，马其顿国王菲利普击败雅典，取得了希腊的控制权。之后，他的儿子亚历山大经过连年征战，大大地拓展了希腊的疆土，把希腊文化艺术传播到东方，同时也给希腊艺术带来了根本性的变化，使之进入了希腊化时期。

《圣经·旧约全书》：基督教的启示性经典文献，内容和希伯来圣经一致，主要包括摩西五经、历史书、诗歌智慧书、大先知书、小先知书，总共39卷。

▶ 古罗马雕塑：以写实见长
▶ 米开朗琪罗的《大卫》

希腊化时期，古希腊雕塑艺术的中心逐渐移到小亚细亚西部和爱琴海的部分岛屿上，作品更趋世俗化，却仍保持着大气磅礴的气势。雕塑家们继承了传统的技法，并赋予作品新的生命力和特色。他们掌握了丰富的人体结构知识，塑造出来的人像比例匀称、结构严谨、肌肉富有弹性，而且人物的衣纹线条生动流畅而富于变化。很多举世闻名的不朽巨作，如《萨莫色雷斯德胜利女神》《米洛斯的维纳斯》《拉奥孔》等都出现在这一时期。

屋大维像

屋大维是罗马帝国的开国君主，统治罗马长达43年，是最伟大的罗马皇帝之一。这尊塑像制作于公元前19年左右，像高204厘米。屋大维身穿甲胄，左手执节杖，右手抬起，目光威严，直视前方。

■ 古罗马雕塑：以写实见长

罗马城初建于公元前8世纪，当时的希腊文化已经相当繁荣。后来，随着罗马对包括希腊在内的大片土地的征服，希腊文化被带到了罗马，并被广泛地吸收和利用。

罗马的肖像雕刻十分注重人物外形的相似，尤其是在面部的刻画上，对富有特征的细节十分重视，人物面部的每一条皱纹几乎都能在雕像中得到忠实的描绘。而在后期的作品中，罗马雕塑家们不再仅满足于外形的真实，而更强调对人物个性及内在心理的刻画。

罗马雕塑将写实主义发扬光大，对后世雕塑艺术的发展产生了非常重要的影响。

■ 米开朗琪罗的《大卫》

《大卫》是意大利文艺复兴时期的艺术大师米开朗琪罗的雕塑名作之一，现陈列在意大利佛罗伦萨学院艺术馆内最显眼的地方。像高5.5米，是用一整块大理石雕成的。

大卫是《圣经·旧约全书》中的少年英雄，曾经杀死侵略犹太人的非利士巨人哥利亚，保卫了祖国和人民。米开朗琪罗没有沿用前人惯用的大卫获胜后将敌人的头颅踩在脚下的场景，他描绘的是大卫迎接战斗时的姿态，使作品在艺术上更具感染力。作品中的大卫是一个青年勇士形象，他体格壮硕健美，怒目直视前方，表情中充满了全神贯注的紧张情绪和坚强的意志，身体、脸部的肌肉紧张而饱满，似乎积蓄在身体中的力量随时会爆发出来。这一切，都体现了外在和内在的理想化的男性美。为了使雕像在基座上显得更加雄伟壮观，艺术家有意放大了人物的头部和两只胳膊，使大卫在观众的视觉中显得愈加挺拔有力，形象高大充满了巨人感。

《大卫》

这尊雕像被认为是西方美术史上最值得夸耀的男性人体雕像之一。大卫肌肉发达，体格匀称，充满自信地站立着，左手抓住投石带，右手下垂，头向左侧转动着，面容英俊，炯炯有神的双眼凝视着远方，仿佛正在向地平线的远处搜索着敌人，随时准备投入战斗。

【百科链接】

犹太人

古称希伯来人，也叫以色列人。他们的祖先是生活在两河流域的游牧民族，迁徙过很多地方，现主要分布在美国、以色列、俄罗斯及欧洲等地区。

- 罗丹与《思想者》
- 亨利·摩尔：20世纪的雕塑大师

现代派：西方国家在20世纪初发展起来的文艺流派，其核心强调内在生命的发现。该派是对达达派、表现派、超现实主义、意识流等文艺流派的统称。

美术工艺篇

《大卫》被认为是西方美术史上最值得夸耀的男性人体雕像之一。不仅如此，它也是文艺复兴时期人文主义思想的具体体现。它对人体的赞美，表面上看是对古希腊艺术的"复兴"，实质上是充分认识到了人在改造世界中的巨大力量，是在宣布人们已从中世纪的黑暗桎梏中解脱出来了。作为一个时代的雕塑作品的最高境界，《大卫》将永远在艺术史上放射无尽的光芒。

■ 罗丹与《思想者》

罗丹雕塑《思想者》
作品塑造了一个强有力的劳动男子。他弯着腰，屈着膝，右手托着下颌，默视下面发生的悲剧。他那深沉的目光以及拳头触及嘴唇的姿态，表现出一种极度痛苦的心情。

奥古斯特·罗丹是法国19世纪末至20世纪初最具代表性的雕塑家，被誉为继米开朗琪罗之后最具世界影响力的雕塑大师，他的杰作对整个欧洲雕塑界的影响极为深远。

罗丹一生最重要的作品是为装饰巴黎艺术博物馆大门及其西侧门框而作的浮雕《地狱之门》。这件包括186个人体的作品，表现了青春、恋情的美好和地狱生活的悲惨与痛苦，耗去了他37年的时间。由于种种原因，作品最终没能完成，但他围绕这个构思而创作的许多作品，却是他留下的一笔宝贵的艺术遗产，如《思想者》《乌戈利诺和他的儿子们》《吻》《永恒的偶像》等。

罗丹的艺术作品在终结了古典浪漫主义雕塑艺术的同时，又开启了20世纪现代雕塑艺术的大门；既体现了欧洲上千年的雕塑传统，又包含了许多现代艺术的因素。因此，他是一位继往开来的艺术家。

■ 亨利·摩尔：20世纪的雕塑大师

亨利·摩尔（1898~1986）是西方现代派雕塑家中的杰出代表。他的作品对20世纪现代雕塑和公共艺术产生了巨大的影响。它们的复制品被立于世界上的许多大都市的公园里、广场上以及各种建筑物前。

亨利·摩尔从各大博物馆的古埃及、埃特鲁利亚、印第安人和非洲的原始雕刻作品以及毕加索等人的现代雕塑作品中，汲取了丰富的营养。他的雕塑作品

亨利·摩尔作品《国王与王后》
这是一件典型的西方现代主义风格的雕塑，被安置在苏格兰丘陵地带的一个山坡上。作者运用夸张、变形手法，把原始的稚拙与现代的单纯两种风格结合在一起，表现出国王与王后的尊贵而又神秘的气息。

最显著的特色就是对空洞的恰到好处的把握和使用。不管是人体、头像还是抽象形体的雕刻，他总能出人意料地制造出若干空洞，以此实现雕塑空间的自然延伸。

亨利·摩尔的不少作品强调了人性与爱，"母与子"是他最热衷的题材。从1922年创作第一件《母与子》，直到晚年，在长达半个多世纪的时间里，他创作的同类题材的作品多不胜数。《圣母与圣子》《家庭群体》《国王与王后》《母与子卧像》等是其中最为经典的作品。在人物的各种姿态中，亨利·摩尔对卧姿情有独钟，他认为"卧像赋予了更多的创作上和空间上的自由，作品中主人公可卧于任何表面之上，既自由又稳定，还具有安静感"。

【百科链接】

埃特鲁利亚：
位于公元前10至前1世纪时的亚平宁半岛中北部，是罗马之前的意大利半岛上的古文明，对古罗马以及后世的西方文明产生了深远的影响。

赵高：秦朝宦官，后来官至丞相。秦始皇死后，他与李斯逼长子扶苏自杀，另立胡亥为帝；后又设计害死李斯，迫胡亥自杀，另立子婴为王，最后被子婴杀掉。

- ▶ 最早的书法——甲骨文
- ▶ 青铜器上的金文
- ▶ 圆匀典雅的篆书
- ▶ 扁平工整的隶书

书法与篆刻

■ 最早的书法——甲骨文

甲骨文是距今约3000年前的殷商时期的古人刻在龟甲和兽骨上的文字。据初步研究，甲骨文的内容以记录当时王室和贵族占卜吉凶的活动为主，又称卜辞。这种甲骨，以河南安阳小屯地区出土的最为著名。那里是商朝第十代商王盘庚迁都的地方，古称殷，现在叫作殷墟。殷墟出土的甲骨文已具备了用笔、结体、章法布局等书法艺术的基本要素。有的甲骨文字是以朱砂为颜料写成的，而大多数是用刀刻成的，笔画瘦劲、刚健。

【百科链接】

朱砂：
一种红色的矿物，主要成分是硫化汞，颜色纯正鲜艳，而且经久不褪。我国利用朱砂做颜料已有上千年的历史。

毛公鼎铭文拓片
毛公鼎是西周青铜器中最有名的重器之一，作于西周晚期的宣王时期。内壁铸有多达498字的长篇铭文，书法是成熟的金文风格。文字结构匀称，线条遒劲，布局妥帖，显示出金文已发展到极其成熟的境地。

■ 青铜器上的金文

甲骨文之后的文字是金文。金文即商代末期到战国末期这800多年间铸刻在青铜器上的文字。

金文大都是先用笔在陶范上写好，再用刀刻出来的。因此，其"笔意"体现得较为充分，藏锋逆入、中锋行笔等笔法已开始得到应用。早期金文大多瑰奇凝重、雄奇恣放，中期金文柔和圆润、工整规矩，晚期金文则呈现出多种风貌。

■ 圆匀典雅的篆书

秦始皇统一六国后，推行"书同文"政策，废除六国文字中"不与秦文合者"，同时命丞相李斯作《仓颉篇》、中车府令赵高作《爰历篇》、太史令胡毋敬作《博学篇》（均为当时的识字课本），以规范当时的文字。于是，小篆就诞生了，它是与秦朝以前的甲骨文、金文、石鼓文等被统称为大篆的字体相对应的。小篆与大篆相比，曲少直多，结体更加整齐匀称。

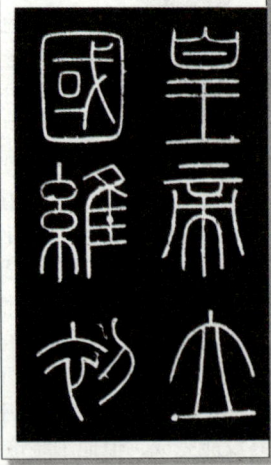

小篆
小篆也叫秦篆。秦朝李斯受命统一文字，这种文字就是小篆。小篆通行于秦代，形体偏长，匀圆齐整，由大篆衍变而成。

■ 扁平工整的隶书

在秦代，除小篆外，萌芽于战国时期的隶书也获得了合法地位。隶书对篆书的笔画和结构又作了简化，将圆折改为方折，书写起来更加方便。湖北省云梦县睡虎地秦墓中出土的竹简上的字迹体现了秦隶融会篆隶、拙中见巧的风格特点。

墓志铭：中国古代一种悼念性的文体，一般由志和铭两部分组成。志用散文撰写，叙述死者生平事略；铭用韵文撰写，赞扬死者的功业。

两汉时期，使用文字的人大大增加，同时毛笔的制作得到了改良，造纸工艺得到了改进。这一切，都推动了字体的变革，也促使了书法艺术走向成熟和繁荣。隶书作为这一时期的通用字体，已尽去篆意，完全定型：波挑成为隶书笔画的基本特征之一，结体横向舒展而纵向紧凑，多呈扁方形。从篆书到隶书，是中国文字发展史上一次质的飞跃。从古文字阶段走出来的隶书，自然而然地成了古文字和今文字的分水岭。

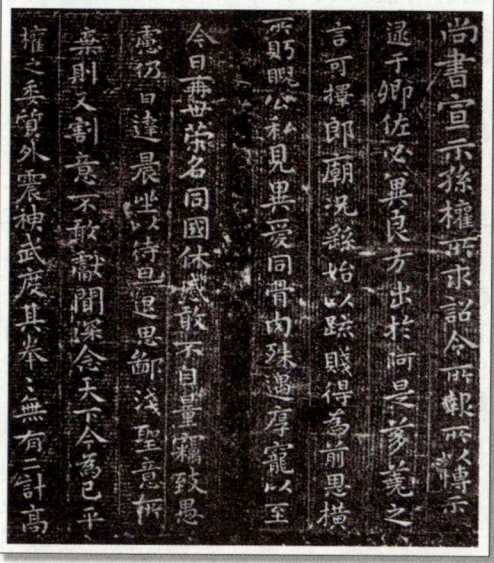

钟繇书《宣示表》
故宫博物院藏。梁武帝萧衍称赞道："势巧形密，胜于自运。"笔法质朴浑厚，雍容端庄，显出一种较为成熟的楷书体态和气息。

■ 笔力刚劲的魏碑

魏碑是指南北朝时期北朝的碑刻书法作品，主要以石碑、墓志铭、摩崖和造像记的形式存在。其字体属于楷书，有的尚未脱尽隶意；用笔有方有圆，结体自然天成。魏碑所表现的是一种质朴厚重、气象浑穆的阳刚之美。

北朝近200年间战乱不断，民风强悍，中原文化与北方少数民族文化的碰撞、融合为书法新风貌的出现提供了条件。从魏碑的发展过程看，早期的魏碑多为方笔、方体，具有雄浑强劲、粗犷质朴、浑厚泼辣的特点；中后期的魏碑因受南朝书风的影响，笔画和结体渐显圆秀，用笔风格方圆兼备。

■ 方正平直的楷书

楷书又称今隶、真书、正书、正楷等，是汉字书法艺术中的主要字体之一。因其形体方正，可做楷模，故名。楷书产生于汉末，盛行于魏晋南北朝时期，而唐朝更是楷书的黄金时代。楷书是由隶书经过长期发展演变而成的。早在东汉时代的简、帛及器物上就能看到一些楷书的体势，而《熹平石经》的正方字、《张迁碑》的方劲用笔，实际开启了楷书的先河。

从总体上看，楷书呈长方形，结构比隶书紧密，用笔更加丰富细腻，写起来也要比隶书灵活便捷。楷书创立之后代替了隶书的正统地位，千年来一直是官方所采用的正式字体。长期的使用实践证明了楷书是实用性和艺术性结合得较好的一种书体。

■ 龙飞凤舞的草书

草书是人们为了书写方便而创造的一种字体。草书始于汉初，早期的草书是与隶书并用的一种字体，一般称为隶草，实际上它也夹杂了一些篆草的形体。初期的草书打破了隶书的方整和严谨的规矩，是一种草率的

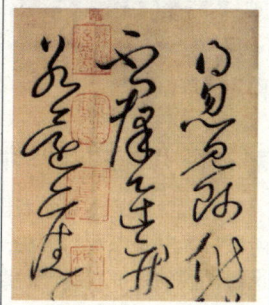

怀素草书《自叙帖》局部
本卷用细笔劲毫写大字，笔画圆转遒逸，收笔出锋，锐利如钩斫，即所谓"铁画银钩"。整篇奇踪变化、神采动荡，是草书艺术的极致。

钟繇：三国时期书法家。他以曹喜、蔡邕、刘德升为师，博采众长，兼擅各体，尤精小楷，开创了由隶书到楷书的新貌，和晋代王羲之并称"钟王"。

- 灵活流畅的行书
- 东晋"二王"："书圣"世家
- "癫张醉素"的狂草艺术

写法，称为章草。汉代末期，章草进一步草化，脱去隶书的笔画行迹，上下字之间笔势牵连相通，偏旁部首也做了简化和互借，称为今草，这是由章草去尽波挑演变而成的。今草字体自魏晋后盛行不衰。到了唐代，今草变得更加放纵，笔势连绵环绕，字形奇变百出，称为狂草，也称大草。

如今，草书的审美价值已经远远超出了它的实用价值。

■ 灵活流畅的行书

行书是在楷书的基础上加以变化的一种字体，书写起来更为简便快捷。它是在汉末伴随着楷书而产生的一种新的字体，但在当时没有得到普遍应用。直至晋朝王羲之后，它才盛行起来。

【百科链接】

藏锋：
在运笔过程中，起笔与收笔时将笔锋的锋颖藏进笔画之中不让其外露的一种笔法。这样写出的笔画浑厚、圆润，给人一种气势内涵、沉着稳健之感。

它实际上是介乎草书和楷书之间的一种字体，不像草书那样难写难认，也不像楷书那样严谨端庄，所以古人说它"非楷非草"。它的特点是运用了一定的草书写法，又比楷书流畅、率意、潇洒。

行书中带有楷书或接近于楷书的称为行楷，带有草书或接近草书的则称为行草。

王羲之《兰亭集序帖》
王羲之的行书有如行云流水，其中以《兰亭集序》为极品。晋永和九年（353年）三月三日，王羲之与好友在会稽山阴的兰亭聚会，饮酒赋诗。他乘兴而书写了一篇序文，共28行，324字，章法、结构、笔法都很完美，体现了王羲之书法艺术的最高境界。

■ 东晋"二王"："书圣"世家

两晋南北朝时期是我国书法艺术发展的重要阶段。尤其是东晋的书法，体现出一种俊雅、飘逸、洒脱的特征。这一时期最有代表性的书法家是王羲之、王献之父子，人称"二王"。

王羲之，字逸少，官至右将军，人称王右军。他最初师从出身书法世家的卫夫人学书，后又研习钟繇的笔法及秦汉碑刻，博采众长，改变了汉魏的质朴书风，开创了笔法精致、美轮美奂的新字体，对后世书法产生了深远影响，被尊为"书圣"。

王羲之之子王献之受到了父亲的影响，并在探索中形成了自己的风格。他的小楷《洛神赋十三行》，笔法灵秀，结体谨严，变化奇崛。他的行草书《鸭头丸帖》《中秋帖》等，用笔飘逸不羁，墨彩飞动，结体峻峭挺秀，表现出一种豪放与脱俗的气韵。

■ "癫张醉素"的狂草艺术

狂草是草书中最放纵的一种，它在章法上与今草一脉相承，是在今草的基础上将点画连绵书写而形成的"一笔书"。狂草始于唐代著名书法家张旭。

张旭喜欢喝酒。每次大醉后，他都会号呼狂走，索笔挥洒，字迹变化无穷，如有神助，因此时人称他为"张癫"。据说他酒后写草书时，甚至会把头浸在墨汁里，用头发挥洒，字迹飘逸奇妙，异趣横生。

唐代狂草的另一个代表人物是张旭的学生——僧人怀素。怀素草书的线条改张旭的丰肥为瘦硬，他曾在传世名作《自叙帖》中以"奔蛇"和"枯藤"来比喻自己的字，颇为贴切。前人认为，怀素的书法继承了张旭笔法并有所发展，所谓"以狂继癫"，所以将二人并称为"癫张醉素"。

■ "颜筋"与"柳骨"

"颜筋"和"柳骨"分别指唐代书法家颜真卿和柳公权的书法艺术特色。颜真卿被誉为"唐代书法第一人",他创造的颜体书法方正浑厚,遒劲有力。颜真卿以篆书的笔意写楷书,将初唐书家"瘦、硬、紧、劲"的风格改为丰腴雄浑、宽博舒张的风格,造就了别具一格的颜体。人们谈起颜书,多会说它"蚕头燕尾"、"横轻竖重"。

"蚕头燕尾"指颜体横、竖笔的起端均运用藏锋,而后顿转,形若"蚕头";而每一捺笔的末端着力顿挫,再起笔轻挑出捺锋,状若"燕尾"。"横轻竖重"指他在书写横笔时,用力较轻,笔画略细;而书写竖笔时,贯注全力,笔画较重。"蚕头燕尾"使他的字显现出一种力透纸背、笔力千钧的效果;而"横轻竖重"则使字有了厚度,从而产生出一种浮雕般的美感。

与颜真卿并称"颜柳"的柳公权也是一位对后世影响很大的书法家。他的书法以楷书最为出名。他学过王羲之、欧阳询、颜真卿的书法,融合各家之长,创出了独具风格的"柳体"。柳体间架严谨,风骨挺拔,故有"柳骨"之称。

■ 首创"瘦金体"的宋徽宗

书法中的"瘦金体"是宋徽宗赵佶首创的字体,也称"瘦金书"或"瘦筋体"。"瘦金体"属于楷书的一种,其特点是瘦直挺拔,横画收笔带钩,竖画收笔带点,撇如匕首,捺如切刀,竖钩细长;有些连笔字像游丝行空,已近于行书。这是一种风格相当独特的字体,其运笔飘忽快捷,笔迹瘦劲,至瘦而不失其肉,转折处可明显见到藏锋、露锋等运转提顿的痕迹。现代美术字体中的"仿宋体"即模仿瘦金体的神韵创造的。

■ 篆刻艺术:方寸之间的艺术

篆刻是以书法字体结合镌刻技术制作印章的一种艺术,因其字体多为篆书,所以称篆刻。

篆法、章法、刀法是构成篆刻艺术的主要因素。印章上所使用的篆字具有突出的曲线韵律美,线条婉转流畅,用笔方中寓圆,结字均衡伸展。

篆刻讲求章法,即构图技巧。因为篆刻是方寸之间的艺术,要在很小的天地里表现出气象万千的艺术魅力,所以首先要处理好笔画的虚实疏密的关系。

篆刻艺术以刀代笔,所以刀法是篆刻过程中最为关键的环节。好的篆刻作品,要求用刀粗而不笨、细而不弱、曲处有筋、直处有骨、笔断意连、形缺神在,通过用刀的轻重、疾徐、顿挫、转折、藏露等手法,将书法中的笔意墨趣、作者的精神气质和个性表现出来。

宋徽宗《五色鹦鹉图》

这幅画是宋徽宗赵佶的花鸟画代表作之一,右部的题字用的就是"瘦金体"。

篆刻

篆刻,顾名思义,即用篆书刻成的印章,是一种实用艺术品。这种特有的传统艺术已有两三千年的悠久历史。

【百科链接】

西泠印社:

1904年由浙派篆刻家丁仁、王褆、吴隐、叶铭等发起创建的学术团体,以"保存金石、研究印学,兼及书画"为宗旨,被誉为"天下第一名社"。

青釉：亦称"青瓷釉"，我国古代瓷器最初使用的颜色。所谓青釉，颜色并不是纯粹的青，像月白、天青、粉青、豆青、豆绿、翠青等颜色都统称为青釉。

▶ 瓷器："中国"的代名词

中国民间工艺

■ 瓷器："中国"的代名词

瓷器以瓷土为原料，经过配料、成型、挂釉、干燥等工艺流程，再经1300摄氏度以上高温烧制而成。它是中国古代的伟大发明，是中华民族对世界文明的伟大贡献。在英文中，china（瓷器）一词也指"中国"。

● 宋瓷：陶瓷业发展的高峰

早在距今3000多年前的商代，我国就出现了原始青瓷。宋代是我国的制瓷工艺空前发展的时期，也是我国陶瓷业发展史上的第一个高峰。此期，名窑迭出，瓷器品类繁多。除青、白两大瓷系外，黑釉、青白釉和彩绘瓷纷纷兴起。举世闻名的汝窑（河南临汝）、官窑（河南开封）、钧窑（河南禹州）、哥窑（浙江龙泉县）、定窑（河北曲阳）等五大名窑的产品举世闻名。

元代青花瓷瓶
元青花瓷器开辟了由素瓷向彩瓷过渡的新时代。其造型富丽雄浑、画风豪放，绘画层次繁多，与中华民族传统的审美标准大相径庭，是中国陶瓷史上的一朵奇葩，同时也使景德镇一跃成为中世纪世界制瓷业的中心。

● 元代青花瓷器

元代是古代瓷器发展的重要时期，在中国制瓷史上起着承前启后的重要作用。此时，制瓷业在宋、金的基础上又有所发展，其突出成就是釉里红装饰法的发明和青花瓷的大量烧制。

景德镇在1278年设立的浮梁瓷局发明了瓷石加高岭土的二元配方法，使得瓷器中三氧化二铝的含量进一步提高。另外，这里还成功地烧制出了卵白色的枢府釉。而其元青花的烧制成功，在中国瓷器史上具有划时代的意义。

斗彩勾莲八吉祥纹盘
制于清乾隆年间，口径50.5厘米，底径30.5厘米。斗彩是在青花加彩工艺的基础上衍生出来的一种新方法，先放在窑内用高温烧成青花，然后填上彩料，再由烘炉低温烘烧制成。

● 空前繁荣的明瓷

明代的瓷器生产空前繁荣。此时青花瓷的品种、产量之多，制作之精史无前例。其中，永乐、宣德、成化、嘉靖四朝的青花瓷作品成就最突出；在单色釉方面，人们又烧成了鲜红、宝石红、翠青、娇黄、孔雀蓝等新品种；而斗彩和五彩瓷的出现，把我国制瓷工艺推向了以彩瓷为主的黄金时代。

【百科链接】

瓷土：
又名高岭土，因产于景德镇附近的高岭而得名。它由云母和长石变质加上水变化而成，是一种灰白色有丝绢般光泽的软质矿物。

- 四大名绣：民间刺绣的典范
- 错彩镂金的景泰蓝

凤凰：传说中的一种神鸟，西方神话中称火鸟、不死鸟。凤凰和麒麟一样，是雌雄统称，雄为凤，雌为凰，其总称为凤凰。凤凰齐飞是吉祥和谐的象征。

美术工艺篇

● **清瓷：制瓷史上的第二个高峰**

清代康熙、雍正、乾隆三朝瓷器生产的发展臻于鼎盛，达到了历史上的最高水平。在彩瓷方面，除青花和五彩瓷得到了进一步的改进和提高外，康熙时期还诞生了闻名中外的粉彩、珐琅彩瓷器。雍正时期，颜色最为鲜艳的釉里红烧造成功，而青釉的烧造也达到了历史上的最高水平。乾隆时期是我国制瓷业盛极而衰的转折点，到嘉庆以后，制瓷工艺便急转直下。

■ 四大名绣：民间刺绣的典范

苏州乱针绣
乱针绣始于20世纪30年代，又名正则绣、锦纹绣，是适宜绣制欣赏品的一个新绣种，尤其适于绣制油画、摄影和素描等稿件的作品。

刺绣工艺是中华民族的传统工艺之一。明清时苏州的苏绣、四川的蜀绣、湖南的湘绣及广东的粤绣被称为"四大名绣"。

苏绣素以精细、雅洁著称，其图案秀丽，色泽文静，针法灵活，绣工细致，形象传神。苏绣的针法有几十种，常用的有齐针、抢针、套针、网绣、纱绣等；图案取材广泛，有花卉、动物、人物、山水、书法等。

粤绣也称广绣，其构图繁而不乱，色彩富丽夺目，针脚均匀，针法多变，纹理分明。粤绣作品一般多为写生花鸟，富于装饰味，常以凤凰、牡丹、松鹤、猿、鹿以及鸡、鹅等为题材，混合组成画面；配色选用反差强烈的色线，常常红绿相间，色彩鲜艳，适宜渲染欢乐热闹的气氛。

湘绣起源于清末，特点是用丝绒线（无捻绒线）绣花，劈丝细致，绣件形象生动逼真。它常以中国画为蓝本，色彩丰富鲜艳，十分强调颜色的阴阳浓淡。湘绣的代表作是以特殊的鬅毛针绣出的狮、虎等动物，毛丝有力，威武雄健。

蜀绣又名川绣，以软缎和彩丝为主要原料，其题材有山水、人物、花鸟、虫鱼等，针法有套针、晕针、斜滚针、旋流针、参针、棚参针、编织针等100多种。蜀绣以绣制龙凤软缎被面和传统产品《芙蓉鲤鱼》最为著名，其特点是形象生动，色彩鲜艳，富有立体感，短针细密，针脚平齐，片线光亮，变化丰富，具有浓郁的地方特色。

■ 错彩镂金的景泰蓝

【百科链接】

珐琅： 涂料名，又称"搪瓷"，由石英、长石、硝石和碳酸钠等加上铅和锡的氧化物烧制而成。

景泰蓝也叫铜胎掐丝珐琅，是瓷铜结合的独特工艺品，也是北京著名的特种工艺品之一。制作一件景泰蓝产品一般要经过打胎、掐丝、点蓝、烧蓝、磨光、镀金等工序。其中，最复杂细致的是掐丝和点蓝的技艺。景泰蓝的品种有花瓶、碗

景泰蓝佛像
景泰蓝又名铜胎掐丝珐琅，是一种瓷铜结合的独特工艺品，盛行于明代景泰年间，因初创时只有蓝色，故名景泰蓝。现代景泰蓝已变成一种工艺品名称，而不是颜色了。

黏土：一种含水铝硅酸盐的土壤，由地壳中含长石类岩石经过长期风化和地质作用而生成。黏土在自然界中分布广泛，是制造瓷器的基本材料。

▶ 绚丽缤纷的漆器
▶ 泥塑与面塑
▶ 编织工艺品：来自农家

盘、烟具、台灯、糖罐、奖杯等珍贵的陈设装饰品，既可以供人观赏，又可被作为有价值的工艺品收藏。

北京景泰蓝造型典雅，色彩艳丽，花纹精细，并独具古朴、庄重、华贵的风格，深受人们的喜爱。它不但是明清两代皇宫中的贵重陈设品，而且在清代以后还远销国外。1904年，景泰蓝曾在美国芝加哥世界博览会上获一等奖。

【百科链接】

金银平脱：
工匠们将金银制成的箔片剪成各种花样，贴于漆器表面，再涂上两三层漆，待干后研磨，形成金银与漆底在同一个平面上的装饰纹样。

■ 绚丽缤纷的漆器

漆器是对用漆涂在各种器物的表面上所制成的日常器具及工艺品、美术品等的总称。它是中国古代化学工艺及工艺美术方面的重要发明，其最重要的原料是天然漆。经过炼制的天然漆具有透明、防腐、耐酸、耐碱等特点。根据需要，人们将它和金、银、黑、红、绿等颜料调和，涂抹在制好的胎体上，再经装饰（鋈金、彩绘）、磨光等制作过程，便可制成精美光亮的漆器。

早期，人们一般是在简单的木、竹胎上进行髹涂，既防腐又美观。随着漆器工艺的发展，逐步出现了在各种器物上彩绘、描金、戗金、填漆等，或在器胎上髹漆至一定厚度，再在上面雕刻图案的做法；有的漆器还被镶嵌上金、银、铜、螺钿、玉、牙及宝石，以组成华丽的花纹。唐代的金银平脱、宋代的一色漆器、元代的雕漆、明代的百宝嵌、清代的脱胎漆器等都是各朝代有代表性的特色名品。

■ 泥塑与面塑

泥塑是我国民间的一种传统雕塑工艺品，一般出自民间艺人之手。其制作过程是：在黏土里掺入少许棉花纤维，捣匀后，将其捏制成各种人物的泥坯，阴干后，先上粉底，再施彩绘。

泥塑有制作各种古代戏曲人物和具有生活气息的现代人物，还有的捏泥玩具供

人玩赏。天津著名的"泥人张"捏塑的泥人神态栩栩如生，神采各异，具有生活的真实感和独特的风格，享誉海内外。

面塑也叫"面人"，是用糯米粉和面粉加上彩色颜料后捏制成的各种小型人物或动物。面塑起源于民间。最初，逢年过节时，为了增添节日的喜庆气氛，民间会制作各种喜馍馍、花点心，它们要么是花朵、动物的形象，要么是福、禄、寿、喜字，花样繁多。经过一代代的创意和发展，面塑逐渐成为一种自立门派的民间艺术。

《白蛇传》泥塑

张长林（1826～1906），字明山，天津"泥人张"彩塑艺术的开创者。他的泥人作品生动传神，栩栩如生，人们都亲切地称他为"泥人张"。此作品是清内务府大臣庆宽为慈禧七十寿辰进贡的"巧捏泥人八匣"之一。

■ 编织工艺品：来自农家

中国农村地域辽阔，物产丰饶，南方的竹子、北方的麦秆、满山遍野的藤草……这些普普通通的东西经过民间艺人的巧手，都被编成了极具美感的手工艺品，既实用又有赏玩的价值，给人们的生活增添了许多亮色。编织品根据所用材料的不同，可以分为3种：竹编、藤编和草编。

竹编
竹编是用竹条篾片编成的生活用具和观赏陈设品。竹编艺术历史悠久，作品精致美观，是我国一大瑰宝。

Part 3

建筑园林篇

伦敦：英国首都，位于英格兰东南部的平原上，泰晤士河穿城而过。伦敦是英国的政治、经济和文化中心，是英国第一大城市和第一大海港，也是全球三大金融中心之一。

▶ 英国巨石阵：巨石文明的典范
▶ 埃及金字塔：人间奇迹

外国传世建筑

■ 英国巨石阵：巨石文明的典范

在英国首都伦敦以西约140千米处的索尔兹伯里平原上，屹立着一组高大的青色巨石，其上又架着巨石横梁。这些巨石高5至10米，重25至30吨，它们组成了一个直径约30米的圆圈，人们称其为"巨石阵"或"石围圈"，当地人则叫它"高悬在天上的石头"。另外，巨石阵内还竖着5座形如门框的三石塔，其中最大的一块巨石重达50吨。

这一伟大的建筑大约建于公元前3100年前，那些巨石是从据此地约30千米处和200千米处的两个采石场运来的。对于这个石阵的用途，人们作了种种推测：有人认为它是战争纪念物，有人认为它是国王的陵墓，有人认为它是宗教活动的场所，还有人认为它是太阳神庙。但是，迄今为止，谁也不能拿出令人信服的证据来。

巨石阵
巨石阵是欧洲著名的史前时代建筑遗迹，位于英格兰威尔特郡索尔兹伯里平原。它营造出某种神秘的氛围，有人怀疑这是外星人留下的遗迹。

■ 埃及金字塔：人间奇迹

金字塔是古埃及法老为自己建造的陵墓。目前，埃及共存有大大小小的金字塔70多座，最大的一座是胡夫金字塔，高146米，其正方形底边的边长为230米。它共用230多万块岩石砌成，每块岩石重2.5

金字塔
埃及金字塔规模宏伟，结构精密，塔内除墓室和通道外都是实心，顶部呈锥角，历经多次地震都岿然不动、完好无损，是世界七大奇迹之一。埃及金字塔数量众多，分布广泛，成为尼罗河岸边最耀眼的风景。

【百科链接】

米底王国：
小亚细亚古国，公元前7世纪建国，曾与新巴比伦王国结盟，击灭亚述，成为古代西亚强国之一。该国公元前550年被波斯所灭。

伊瑞克提翁神庙：位于帕忒农神庙的对面，传说这里是雅典娜女神和海神波塞冬为争做雅典保护神而斗智的地方。

吨到十几吨不等。这些石块被磨得异常平整，衔接得非常紧凑，其中间的缝隙连极薄的刀片都插不进去。

科学家对金字塔的建造提出了种种质疑，有的甚至认为金字塔非人类所造，因为金字塔的形体、建筑角度、受力都必须经过周密的计算，才能确保金字塔数千年屹立不倒。而古埃及人的科技和建筑水平无论如何也达不到这样的高度。

■ 西亚古都巴比伦城

巴比伦伊什塔尔门上的浮雕
伊什塔尔门是巴比伦古城最大的城门之一，以伊什塔尔女神命名。城门的墙壁用色彩艳丽的彩釉砖砌成，门墙和城楼上嵌满青色的琉璃砖，砖上饰有野牛和龙等兽类的浮雕。整座城门色彩绚烂，雄伟端庄。

巴比伦古城遗址位于伊拉克首都巴格达以南约90千米处。古城面积达100平方千米，高大厚实的城墙上有雄狮、公牛等浮雕，虽历经千年风雨，仍然清晰可辨。城墙分外墙和内墙，外墙周长16千米，内墙周长8千米，墙下挖有深壕。古城设有8座城门，仪仗大街直通其中的伊什塔尔门，街西是南宫，街东为宁马克神庙，街北为主宫。

巴比伦古城的南宫是巴比伦国王的主要宫殿，古代世界七大奇迹之一的"空中花园"就在其中。相传，尼布甲尼撒二世的爱妃来自多山的米底王国，不适应巴比伦炎热干旱的气候，时常怀念繁花似锦的家乡，国王便为她修建了这座独特的花园。

■ 雅典卫城：古希腊最伟大的杰作

雅典卫城位于希腊首都雅典城中心偏南的一座小山顶的台地上，被认为是希腊民族精神和审美理想的完美体现。它原本是雅典奴隶主的一座城堡，于公元前480年被波斯人焚毁，后在公元前5世纪雅典奴隶制民主政治时期得以重建，成为供奉女神雅典娜的地方。

卫城的建筑与地形结合紧密，极具匠心。卫城现存的建筑主要有山门、帕忒农神庙、伊瑞克提翁神庙、埃雷赫修神庙等。其中，帕忒农神庙是供奉雅典娜女神的主神庙，建于公元前5世纪中叶，被公认为多利亚柱式建筑（三种希腊古典柱式建筑中最简单的一种）的最高成就。神庙用白色大理石砌成，外部呈长方形，庙内设前殿、正殿、后殿。庙底部有三层基座，从基座的最上层计算，神庙长69.54米，宽30.89米。

【百科链接】

柱式：
一种西方古典建筑样式，基本单位是柱和檐。柱可分为柱础、柱身、柱头，由于其各部分的尺寸、比例、形状及柱身处理和装饰花纹的不同，从而形成了各种不同的样式。

帕忒农神庙遗址
帕忒农神庙是古希腊雅典卫城主体建筑，为歌颂雅典战胜波斯侵略者而建。如今庙顶已坍塌，雕像荡然无存，浮雕剥蚀严重，但从巍然屹立的柱廊中还可以看出神庙当年的风姿。

建筑园林篇

奥古斯都：又称屋大维，罗马帝国的开国君主，被认为是最伟大的罗马皇帝之一。他统治罗马长达43年，使罗马帝国进入了相当长的一段和平繁荣时期。

▶ 万神庙：古罗马建筑的代表
▶ 古罗马大竞技场

神庙的整体结构虽然简单，但外观上却显得极为宏伟大气。乍一看来，帕忒农神庙就像积木一样，是简单地组装起来的，实际上神庙的每一块石头都经过了精心的琢磨，绝无雷同。

■ 万神庙：古罗马建筑的代表

万神庙
万神庙位于意大利首都罗马圆形广场的北部，是罗马最古老的建筑之一，也是古罗马建筑的代表作。图为万神庙的外部门廊。

万神庙，又译为万神殿、潘提翁神殿，位于意大利首都罗马的圆形广场的北部，是罗马最古老的建筑之一，在世界古典建筑中占有十分重要的地位。

万神庙由一个矩形门廊和一座圆形神殿组成。门廊内有分3行排列的16根柱子，大门两侧设有深壁龛，里面放置着古罗马皇帝奥古斯都和阿古利巴的雕像。神庙的墙厚6.2米，外墙饰以石块，显得朴素而略有沉重感。

19世纪之前，万神庙一直是世界上空间跨度最大的建筑，其穹顶直径达43.3米，顶端高度达43.3米。万神庙整幢建筑都用火山灰混凝土灌铸而成，而能用混凝土灌铸出如此巨大的穹顶，绝对是一个奇迹。

穹顶上的凹格排列有序而不单调，同时还减轻了穹顶自身的重量，其光影变化也丰富了穹顶的层次。万神庙唯一的采光口是穹顶中央一个直径8.9米的圆洞。阳光通过这个圆洞呈束状射入殿堂，光束随太阳方位角度的变化而产生强弱、明暗和方向上的变化，依次照亮壁龛中的雕像，使人如亲临苍穹之下，与天国、神祇产生神秘的感应。

■ 古罗马大竞技场

古罗马大竞技场位于罗马市中心的威尼斯广场南面，是古罗马帝国的象征，也是迄今留存的古罗马建筑中最卓越的代表之一。大竞技场脱胎于古希腊的圆形剧场，不过在古罗马却成了举行人兽角斗表演的娱乐场所，参赛的角斗士要与狮子等野兽搏斗，直到一方死亡为止。

古罗马大竞技场宏伟的外墙
古罗马最大的竞技场建于公元70至82年，平面呈椭圆形，长径188米，短径156米，四周为看台，外墙高57米。虽然大竞技场半壁围墙已经倒塌，但它恢宏的气势丝毫不减当年。

【百科链接】

爱奥尼亚式：
希腊柱式建筑之一，出现于公元前6世纪。与多利亚式相比，它的柱身比较纤细精致，更富有装饰性。

大竞技场是巨石砌成的椭圆形建筑，现存的部分高57米，周长527米，入口处有一座被称为凯旋门的牌坊，气势恢宏壮观。大竞技场采用的是拱形结构，其围墙共分4层，下面3层均有半外露的圆柱装饰。第一层圆柱为粗犷质朴的多利亚式，第二层为优美雅致的爱奥尼亚式，第三层为雕饰华丽的柯林斯式。第四层围墙的外层由长方形窗户和长方形半露方柱构成。

竞技场的正中是竞技和斗兽的场地，呈椭圆形，长约86米，最宽处为63米。竞技场内共有四层阶梯形看台，可容纳四五万观众。为了安全，看台前专门建有高高的栏杆护墙，与表演区相隔。

建筑园林篇

■ 玛雅人的金字塔

玛雅金字塔与埃及金字塔不同，它并不是严格的四棱锥形，其顶端的平台上建有小神殿；它也不是国王的陵墓，而是祭神的场所。

库库尔坎金字塔是玛雅古城奇琴伊察遗址中最大的建筑，塔基呈正方形，共分9层，由下而上层层堆叠，同时逐层缩小。塔的四面各有91级台阶，直到塔顶，四面共364级，再加上塔顶平台，一共365级，这正好是一年的天数；而9层塔座的阶梯又被分为18个部分，这正好是玛雅历一年的月数。

玛雅人崇信羽蛇神，"库库尔坎"就是玛雅语"带羽毛的蛇神"的意思，羽蛇神是掌管农作物丰收的神灵。玛雅人在库库尔坎金字塔朝北的台阶上精心雕刻了一条带羽毛的蛇，蛇头张口吐舌，形象逼真，蛇身却藏在阶梯的断面上。每年春分与秋分，太阳西坠时，金字塔北墙的棱角渐次分明，那些笔直的线条也从上到下变成波浪形，仿佛一条飞动的巨蟒自天而降。这种能造成如此独特的艺术幻觉的融天文知识、物理知识、建筑知识为一体的建筑物，即使用现代科技来仿造也是非常困难的。

■ 印加古城马丘比丘

印加文明是11世纪时在南美洲安第斯山区发展起来的印第安古文明。印加古城马丘比丘位于秘鲁境内安第斯山脉东南部海拔2300多米的山脊上，是印加帝国最为世人熟悉的标志性建筑。

马丘比丘城占地不足10平方千米，东、西、北三面都是陡峭的悬崖，只有南面的山脊上有一条供人出入的通道。古城的中心位置有一个很大的广场，被称为"神圣广场"。站在广场上举目四望，古城全貌一览无余：广场之北矗立着一座高大的白色花岗岩建筑；广场东南端有两座十分壮观的建筑——一座半圆形的塔和一幢与之毗连的多层建筑。

马丘比丘的所有建筑，包括台阶，都是用被打磨得异常精美的规则形石块砌成的，石块之间完全不用砂浆黏合，却能相互

库库尔坎金字塔
位于墨西哥尤卡坦半岛北部的玛雅古城奇琴伊察，是古城内最高大的建筑。它9层叠建，塔顶高达30米，四周各有91级台阶通向塔顶平台上的神庙。

【百科链接】

玛雅人：
印第安人的一支。其人居住的地区，范围约为今墨西哥南部塔巴斯科、坎佩切、尤卡坦等州和危地马拉、洪都拉斯以及伯利兹外围地区。

马丘比丘古城遗址
"马丘比丘"在印加语中意为古老的山巅。古城海拔约2300多米，两侧都有高约600米的悬崖。由于其圣洁、神秘、虔诚的氛围，古城遗址被列入全球十大怀古圣地。

婆罗门教：印度古代宗教之一，起源于公元前2000年的吠陀教，形成于公元前7世纪。该教目前是世界五大宗教之一，信徒主要分布在印度等地。

▶ 石头城大津巴布韦
▶ 吴哥窟：高棉王国的遗迹

紧咬，浑然一体。人们无法想象这些重达20吨的巨大的石块是如何从山下搬运上来的，又是用什么工具来切割和打磨的。而且，几个世纪以来，频繁的地震和山洪对马丘比丘的建筑都没有造成人的损坏。

■ 石头城大津巴布韦

大津巴布韦遗址位于非洲国家津巴布韦的东南部，大津巴布韦文明是南部黑非洲古代文明的杰出代表。在当地的一个古老传说中，大津巴布韦原本是示巴女王的首府。

大津巴布韦遗址主要由一个椭圆形的石围圈和一个被称为卫城的堡垒两部分组成。石围圈实际上是一座小城，其外有一圈9米高、256米长的椭圆形围墙，完全是用修凿整齐的坚硬花岗岩石块、按照一定的线条图案砌成的。石块之间没有使用任何黏合材料，但非常牢固。在东、西、北三面的围墙上开有三个门，围墙里面有一些看起来像大茅屋的地基。在东南部的围墙内还有一道同围墙平行的、相隔1米左右的石墙，两墙之间形成了一条近百米长的狭窄通道。通道尽头是一个类似院子的半封闭区，有人认为它是举行宗教仪式的地方，于是就把它称做圣堂。

在石围圈外面，有一条沿峭壁的缝隙开凿出来的石梯，拾级而上可到达卫城。卫城建在石围圈旁边约90米高的悬崖上，城墙高达10米，最厚处竟达5.6米，人们猜测它是用于安全防卫的，所以称它"卫城"。

【百科链接】

那伽：

印度神话中居住在海中的蛇神，一般有七或九个头，也有一些传说认为其上半身是人形。传说它有剧毒，并拥有再生能力，人们奉它为掌管生死的神灵。

■ 吴哥窟：高棉王国的遗迹

吴哥窟又名吴哥寺，建于12至13世纪，是一座供奉佛教和婆罗门教神像的庙宇。吴哥窟全部用砂岩重叠砌成，基地广阔，周长约5千米，总面积在400平方千米以上，四周城池环绕，城池内还有内外城墙。

吴哥窟的全貌俨如一座方形石城，城内层层纵横相连的回廊构成了一个套一个的正方形。它有东、西、南、北四座门，西门为正门，门前有一尊多手观音像，门内有一条长达230米的圆柱廊，圆柱

大津巴布韦遗址

大津巴布韦遗址位于津巴布韦维多利亚堡附近的一个山谷中，原来是一大片石头建筑群，现仅剩下残垣断壁。经考察，石头城建筑全部是用花岗石砌成的。令人惊叹的是，这些石块之间没有用胶泥之类的任何黏合物，但却砌得严丝合缝。

吴哥窟远景

吴哥窟位于柬埔寨西北方，原始意思为"毗湿奴的神殿"，中国古籍称其为"桑香佛舍"。它是吴哥古迹中保存得最完好的庙宇，也是世界上最大的庙宇，以建筑宏伟与浮雕细致闻名于世。

廊尽头有一块庄严的纪念坊，坊前是一条宽阔的中央大道，大道一边的护栏是一条七头那伽蛇神的大石刻。吴哥窟的正中是一处主要由五座莲花蓓蕾形的圣塔组成的寺院。这五座圣塔是柬埔寨王国的国徽，塔四周雕刻着创造之神梵天的头像，朝向四方。圣塔那高耸的尖顶是吴哥窟的标志性特征，气象雄伟。

圣塔的三层台基四周都有回廊环绕，最低一层的回廊四壁高2米，周长800米，壁面布满浮雕，共约90幅，最长的达60米。浮雕回廊是吴哥窟的又一个艺术宝库。

■ 蓝色清真寺：唯一的六塔清真寺

蓝色清真寺位于土耳其伊斯坦布尔市，堪称奥斯曼帝国时代土耳其建筑和艺术的辉煌杰作。整座建筑由大石头叠建，没有使用一根钉子。建筑主体的中部是直径达41米的大圆顶，其四周又是直径为大圆顶的1/4的小圆顶，下面还有30多座更小的圆顶，层层升高，向中央大圆顶聚拢。在主体建筑周围，矗立着6座宣礼塔，这在世界上是独一无二的。

寺院共有8个入口，内庭的粉红砾石、大理石或斑岩的大石柱之间以拱门相连接，共顶着30多座圆顶。用于洗礼的喷水池占据了内庭的中心，其四周是6根大理石石柱。中央圆顶通过角穹伏在4个突出的拱上，4根直径为5米的巨大的圆柱向上画出完美的弧形，支撑高大的圆顶。它们上面的槽纹明显，柱头的蓝底金字阿拉伯文和挂在柱身上的黑底金字阿拉伯文看上去更像艺术花纹。

清真寺礼拜大厅面积达4600多平方米，以蓝色磁砖作为壁面，装饰着几何形及花草图案。地面上铺满紫红色的土耳其地毯，穆斯林们在这里伏地祷告，气氛庄严肃穆。

【百科链接】

三圣王：

据《圣经》记载，耶稣出生时，三个博士在东方看见天上有一颗大星，于是便跟着它来到了伯利恒朝拜圣婴，并献上黄金、乳香、没药。他们就是三圣王。

■ 科隆大教堂：最完美的哥特式建筑

科隆大教堂坐落在德国科隆市中心，是德国最大的天主教教堂，也是中世纪欧洲哥特式建筑艺术的代表作。它全部用磨光的石块建成，整个工程共耗去40万吨石材，加工后的构件总重16万吨。

依据天主教的说法，教堂越高，灵魂就越容易上通天堂。科隆大教堂的双尖塔直插云天，如同人类高高举起的向上帝祈福的一双手臂。教堂四周林立着很多小尖塔，一连串的尖拱窗驮着

科隆大教堂

坐落在德国科隆市中心，以轻盈、雅致著称于世，是中世纪欧洲哥特式建筑艺术的代表作，也是世界上最完美的哥特式教堂建筑。它与巴黎圣母院大教堂和梵蒂冈圣彼得大教堂并称为欧洲三大宗教建筑。

蓝色清真寺

蓝色清真寺是土耳其伊斯坦布尔最重要的建筑之一，建于1609年。寺内墙壁全部用蓝、白两色的依兹尼克磁砖装饰，周围有6座宣礼塔，是世界十大奇景之一。

清真寺：穆斯林举行礼拜、举办宗教教育和宣教等活动的中心场所。从外表看，清真寺有圆柱、拱门、圆顶及细长的塔尖等，类似于欧洲中世纪的城堡。

▶ 泰姬陵：伊斯兰明珠
▶ 梵蒂冈的圣彼得大教堂

彩色玻璃镶嵌画
科隆教堂内部装饰很讲究，玻璃窗上都用彩色玻璃镶嵌的反映《圣经》故事的图画，总计有1万平方米，在阳光反射下金光闪烁，成为教堂的一道独特风景。

陡峭的屋顶，与双尖塔相呼应。大教堂内部分为5个礼拜堂，其中中央大礼拜堂的穹顶高达43.35米。教堂的钟楼上装有5座响钟，响钟齐鸣时，声音洪亮深沉。建在大教堂前的教堂平台是举行礼拜仪式和各种聚会的场所。

在科隆大教堂四壁上，用彩色玻璃镶嵌的反映《圣经》故事的图画十分引人注目。画面使用了大量的金色、红色、蓝色和绿色：金色喻示天堂和永恒，红色代表爱，蓝色表示信仰，绿色则代表希望。

供奉在大教堂拱形中厅的圣坛上的是盛殓着三圣王遗骸的金棺，金棺是科隆大教堂的镇堂之宝。

■ 泰姬陵：伊斯兰明珠

泰姬陵
泰姬陵由殿堂、钟楼、尖塔、水池等构成，全部用纯白色大理石建筑，并用玻璃、玛瑙镶嵌，具有极高的艺术价值，被誉为"完美建筑"。

泰姬陵坐落在印度阿格拉附近的亚穆纳河畔，是莫卧儿王朝第五代皇帝沙贾汗为其爱妻泰姬·玛哈尔修建的陵墓，也是世界上最优雅、最富浪漫风情的建筑之一。

【百科链接】
弥撒：
天主教祭奉圣体的圣事礼仪，主要是为了纪念耶稣为救赎人类而作的牺牲。

泰姬陵的陵园占地17万平方米，陵墓建在一座7米高、边长为95米的正方形大理石基座上，四周各有一座40米高的圆塔。居中的寝宫高74米，上部为一高耸的穹顶，下部为八角形陵壁。寝宫分五间宫室，中央的宫室里放置着泰姬和沙贾汗的大理石石棺。陵墓的东西两侧屹立着两座用红砂石筑成的形式相同的清真寺翼殿。

泰姬陵的建筑艺术水平很高，它集中了印度、中东及波斯的艺术特点。由于陵园内有大片常绿的树木和草坪，使得位于碧空和草坪之间的洁白光亮的陵墓显得更加肃穆、端庄、典雅。泰姬陵在一天的不同时刻所呈现出的面貌各不相同：早上是灿烂的金色，白天的阳光下是耀眼的白色，月光下是温柔的蓝色。因此，它成为世界上唯一一处早、中、晚游览票价不同的名胜。

■ 梵蒂冈的圣彼得大教堂

圣彼得大教堂位于意大利首都罗马西北的梵蒂冈，是梵蒂冈的教廷教堂，也是世界天主教会的中心。自1870年以来，大部分罗马教皇的加冕仪式都在这里举行。

大教堂长200多米，最宽处达130多米，总面积为2.2万多平方米。教堂上面的圆形大穹顶是米开朗琪罗在72岁高龄时设计的，它饱含张力、极富弹性，微微向上拉长的穹隆四周、一根根肋架同底座成对的壁柱相互呼应，显得十分和谐。直到今天，这个大圆

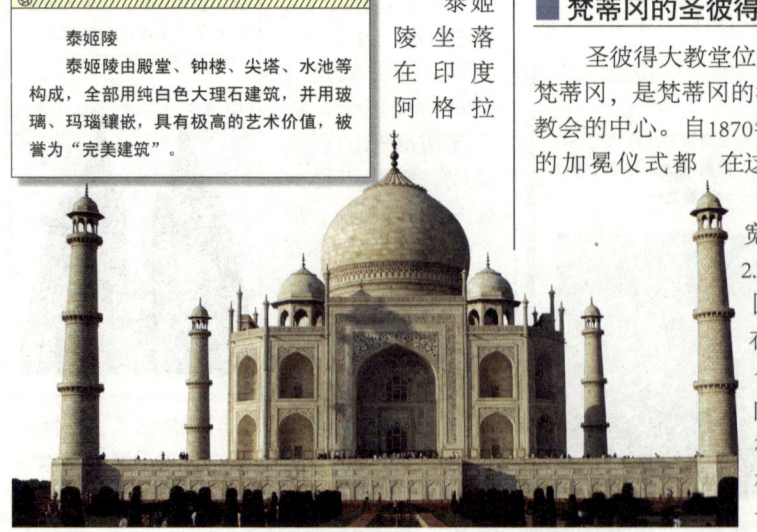

圣彼得大教堂

位于梵蒂冈的圣彼得大教堂是罗马基督教的中心教堂，也是欧洲天主教徒的朝圣地与梵蒂冈罗马教皇的教廷，是全世界第二大教堂。

顶仍是罗马的最高建筑物。罗马市政府曾规定，市内所有建筑物的高度都不得超过它。

大教堂平面呈"十"字形，"十"字交叉处为整个教堂的中心——祭坛。祭坛用大理石建成，其上用黄金饰物雕琢点缀，是教皇做弥撒的地方。祭坛的四个角上，矗立着4根45米高的壁柱，每根壁柱脚下均有一座巨大的雕像。

教堂处处都有精美的雕刻、壁画和镶嵌画。其中，雕塑《哀悼基督》是米开朗琪罗雕刻风格和艺术成就的代表作：圣母玛利亚右手怀抱着受难后的耶稣，垂首凝目，面部表情悲痛至极，具有强烈的艺术感染力。

■ 宏伟的雄狮凯旋门

位于法国巴黎戴高乐广场中央的雄狮凯旋门，是拿破仑为纪念1805年法军打败俄奥联军取得胜利，于1806年下令修建的。

雄狮凯旋门高约50米，宽约45米，厚约22米，由三个拱形组成，形成了四通八达的四道门。其中心拱顶内装饰着111块宣扬拿破仑赫赫战功的战斗场景的浮雕。在其面向万军林荫大道的那道门的两边墙壁上是《共和国》和《和平之歌》两幅大型浮雕。它们的上面一共有6个平面浮雕，分别讲述了拿破仑时期法国的重要历史事件。而最引人注目的是面向香榭丽舍田园大道的那道门两边墙壁上的两个花饰浮雕：

右侧是由著名雕刻家吕德设计雕塑的《马赛曲》，左侧是《拿破仑凯旋归来》。这两幅杰作在世界美术史上有着举足轻重的地位。

凯旋门的正下方是法国人民在1920年11月11日为纪念在第一次世界大战中死难的150万法国官兵而建造的无名战士墓。墓前有一盏长明灯，每天晚上，这里都会准时举行拨旺火焰的仪式。

■ 埃菲尔铁塔：巴黎的标志

埃菲尔铁塔位于法国巴黎的战神广场，是世界建筑史上的杰作，设计者为居斯塔夫·埃菲尔。

埃菲尔铁塔高约320米，从地面到塔顶有1700多级阶梯，是世界上最高的建筑之一。铁塔塔身下宽上窄，像一个倒写的字母"V"。塔身为钢铁镂空结构，由1万多个部件组成，总重量达7000吨，而将这些部件严丝合缝地连接在一起的是上百万个铆钉。铁塔顶有一个旋转的灯标，直指苍穹，气势磅礴，象征着法国大革命的伟大和崇高。铁塔底座是4条向外撑开的塔腿，各由一个石砌礅座支撑。4个礅座的底部用水泥浇铸，在地面上形成

雄狮凯旋门

位于法国巴黎的戴高乐广场，是为纪念拿破仑在奥斯特里茨战役中打败俄奥联军而建的。外墙上有巨型雕像，其中刻在右侧石柱上的《马赛曲》浮雕最为著名。

【百科链接】

居斯塔夫·埃菲尔：

生于1832年，卒于1923年，法国工程师，金属结构专家。他一生杰作累累，作品遍布世界，但真正使他名扬四海的还是那座以他的名字命名的埃菲尔铁塔。

曼哈顿：纽约市的中心区，该区包括曼哈顿岛、依斯特河中的一些小岛及马希尔的部分地区。百老汇、华尔街、帝国大厦、中央公园等名胜都集中在该区。

▶ 白宫：美国总统的家
▶ 帝国大厦：最富传奇色彩的摩天大楼

了边长为100米的正方形。埃菲尔铁塔的建造是一项规模浩大的工程，据统计，仅铁塔的设计草图就有5300多张，其中包括1700多张全图。令人惊叹的是，它的装配工作进行得非常顺利，由于铁塔上的每个部件事先被严格地编了号，所以装配时没出一点差错，施工完全依照设计进行，中途没有任何改动。

■ 白宫：美国总统的家

美国白宫
白宫是美国总统府所在地，现在已经成为美国政府的代名词。它带有浓厚的英国建筑风格，又在随后的主人更替中一层层融入了美国建筑的风格。朴素、典雅是白宫建筑风格的基调。

白宫坐落在美国首都华盛顿市中心的宾夕法尼亚大街上，是美国总统的官邸和办公地，于1792年10月13日奠基动工，1800年建成。

白宫占地7.3万平方米，其主体建筑包括主楼和两侧的翼楼，四周被草坪、树木、花丛和喷泉环绕。白宫里面共有100多个厅室。主楼底层的一个气势宏伟的大厅是总统专门接见国宾和使节的场所。主楼的东翼楼是总统军事助理的办公楼。西翼楼的二层除了椭圆形的总统办公室外，还有条约厅、玫瑰会客厅、总统私人餐厅、家庭餐厅和总统住宅。西翼楼的底层分东大厅、红厅、绿厅、蓝厅、国宴厅、外交接待厅、银器厅和瓷器厅等厅室。其中，东大厅是白宫中最大的厅堂，供美国总统举行酒会、

记者招待会使用，它还是美国总统及其家属举行婚寿喜事的会场；红、绿两厅是总统合家团聚、享受天伦之乐的地方；蓝厅则是总统设宴款待国宾或其他贵客的场所。

为了安全起见，白宫与周围的其他建筑物保持着一定的距离。每当白宫上空飘扬着星条旗的时候，就表示总统身在宫中。

【百科链接】

柱础：
房屋与柱基之间的连接物，是承受屋柱压力的奠基石，其功用是将柱身所负荷的重载分布于较大的面积上，以减缓柱子受力下沉的速度。

■ 帝国大厦：最富传奇色彩的摩天大楼

帝国大厦矗立在美国纽约市繁华的曼哈顿第五大道上，始建于1930年3月，自1931年以后雄踞世界最高建筑的宝座达40年之久。大厦建成之初总高380米，1950年在其顶部加建的一座电视塔将它的高度增加至448米。

帝国大厦的总建筑面积达20万平方米，它一度是摩天大楼的象征和纽约市的标志，其外形轮廓简洁壮观。由于纽约市1916年颁布的一项法规规定，高层建筑每到一定高度，必须以马路为准，向内退一段距离，因此大厦在建至第6层、第25层、第72层、第81层和第86层时都有所缩进，这使它的体形略呈阶梯状。

在比例上，大厦自下而上的收缩非常自然，节奏感极强：其下部宽大，

埃菲尔铁塔
埃菲尔铁塔坐落在塞纳河南岸战神广场的北端，1887年1月26日动工，1889年5月15日对外开放，距今已有100多年的历史。

神圣家族教堂:"永不完工"的杰作
蓬皮杜艺术中心:赤裸的建筑物

巴塞罗那:西班牙第二大城市、第一大港口城市。该城位于西班牙东北部地中海沿岸,依山傍海,地势雄伟,是伊比利亚半岛的门户。

建筑园林篇

中部修长,上部内收迅速,外轮廓接近弧线,顶部再置高塔,各部分的衔接非常流畅自然,毫无斧凿之感。大厦表面那些由闪闪发亮的镀镍钢板组成的垂直向上的图案,在朝阳或晚霞的辉映之下,光彩耀目,为建筑造型艺术开辟了新的境界。

帝国大厦
纽约帝国大厦始建于1930年3月,是当时使用材料最轻的建筑,建成于西方经济危机时期,成为美国经济复苏的象征,如今仍然和自由女神一起成为纽约的地标。

■ 神圣家族教堂:"永不完工"的杰作

神圣家族教堂是西班牙最著名的宗教名胜之一,位于巴塞罗那市,始建于1882年。它起初由比利亚尔主持兴建,1891年,伟大的西班牙建筑家安东尼·高迪接替了工程的全部设计和施工任务。高迪以他独特的艺术天分和丰富的想象力,把这座教堂建成了一项令人惊叹的建筑艺术杰作。

高迪试图以隐喻的手法用教堂的三个立面分别象征耶稣一生的三个阶段:诞生、受难与复活。他为教堂设计了18个尖塔,中央最高的一个象征着耶稣本人,而其他的17个则分别代表耶稣的12个信徒、4个传教士和圣母玛利亚。

高迪对于教堂三个立面中东立面的处理手法新颖独特,这里赫然耸立着多个100多米高的抛物线形钟塔,这不同于以往的任何一个哥特式钟塔。

遗憾的是,高迪在有生之年只看

到了东立面的"耶稣降生图"的落成以及3座塔的完工。神圣家族大教堂虽未竣工,但丝毫不影响巴塞罗那人将它视为自己城市的象征。甚至有人认为这种"半成品"状态是上帝的旨意,它就是一件"永不完工"的艺术品。

■ 蓬皮杜艺术中心:赤裸的建筑物

蓬皮杜艺术中心坐落在巴黎市的心脏地区,是世界上最大的展示当代艺术的展览馆。艺术中心长166米,宽60米,高42米,占地面积1万平方米,被誉为"巴黎现代文化工厂"。它设计奇特,从外面看上去仿佛就是一部城市机器。其大楼的钢结构梁柱、拉杆、各种管线、电梯、空调等设备均设在楼外。尤其是那28根暴露在外的管线,被漆成不同的颜色,分别对应不同的功用:蓝色的对应着排风机和电气设施,红色的对应货物运输线,绿色的则对应水处理系统……艺术中心的墙外还悬挂着一个巨

神圣家族教堂
教堂的4座空心塔高耸入云,塔顶形状错综复杂,并以各色花砖装饰。每个塔顶上都有一个围着球形花冠的十字架。整个建筑没有采用直线条,章鱼足状的塔宛如从教堂长出来的,栩栩如生。

【百科链接】

桁架:
由一个或几个三角形以特定的方式构成的一组构件(如梁、杆、条),一般用于房屋、桥梁等架空的骨架式承重结构。

悉尼：澳大利亚新南威尔士州首府，位于澳大利亚东南海岸。这里气候宜人，环境优美。悉尼是澳大利亚第一大城市，也是商业贸易、金融、旅游和文化中心。

▶ 悉尼歌剧院：雪白的风帆

大的透明圆筒管，这就是从底层到顶层的自动扶梯，酷似一条玻璃巨龙在空中舞动。在扶梯上，人们可隔着玻璃观赏巴黎的美景。

蓬皮杜艺术中心每层都通畅敞亮，无遮无拦，可以被自由地分割和组合，甚至楼层也可以按需要移动。设计师还在它的外部使用了玻璃幕墙，使它看上去像一个暖棚。这一切确保了室内空间的绝对灵活和通透。

由于一反巴黎建筑的传统风格，蓬皮杜艺术中心在建成之初没能被大多数巴黎市民接受。但随着时间的流逝，人们已经开始习惯并喜欢上了这座怪异的建筑，现在它对游客的吸引力已远远超过了埃菲尔铁塔。

悉尼歌剧院
悉尼歌剧院的外观为三组巨大的"贝壳"片，耸立在南北长186米、东西最宽处为97米的钢筋混凝土基座上。现在的悉尼歌剧院已经是悉尼的标志性建筑，旅游功能发达，文艺演出频繁。

蓬皮杜艺术中心光怪陆离的外墙
蓬皮杜艺术中心是一座现代化的知识、艺术与生活相结合的宝库，人们在这里可以通过现代化的技术和手段吸收知识、欣赏艺术、丰富生活。

■ 悉尼歌剧院：雪白的风帆

在风光旖旎的澳大利亚悉尼港的奔尼浪岛上屹立着一组白色雕塑般的建筑，它们在碧海、蓝天、绿树的衬托下显得异常优美动人——这就是举世闻名的悉尼歌剧院。

悉尼歌剧院的修建历时10年，耗资1.2亿美元，建筑面积8.8万平方米，共占地1.8万平方米。其外观造型奇特不凡，在19米高的桃红色花岗岩基座上，几个贝壳形的薄壳分为两组，彼此对称依靠，分别覆盖着有2700个座位的音乐厅和有1550个座位的歌剧院。旁边两个较小的薄壳覆盖的是奔尼浪餐厅。

此外，还有一个有420个座位的小话剧场、一个陈列厅、一个酒会厅、多个咖啡厅以及办公室等大小房间900多个，全部被安排在歌剧院的基座里面。

两组薄壳是悉尼歌剧院最富特色和美感的部分，它们是由许许多多人字形的混凝土钢筋连在一起组成的，壳面上贴满了乳白色的陶瓷砖，在蓝天下闪闪发光。

- 长城：万里龙脊
- 赵州桥：最早的石拱桥

嘉峪关：明代万里长城的西端起点，是明代长城中建造规模最为壮观、保存程度最为完好的一座古代军事城堡，素有"河西第一隘口"之称。

建筑园林篇

中国历代建筑

■ 长城：万里龙脊

万里长城东起鸭绿江畔（辽宁虎山），西到甘肃的嘉峪关，穿越崇山峻岭，绵延7300千米。如果用修筑明长城所用的砖、石和土方筑成一道2米厚、4米高的围墙，可以绕地球一周。

长城由关隘、城墙、城台和烽火台4部分组成。坐落在北京郊区的居庸关和八达岭附近的长城，城墙平均高7.8米，最高处达14米。城墙一般都选建在陡峭的山崖上，墙顶用方砖铺砌，可容5马并驰、10人并行。墙顶外侧筑有垛口，内侧筑有宇墙。在墙顶，每隔数百米就筑有一个堡垒形的方形城台。在交通要道或地势险要之处，城墙上一般都筑有烽火台。一遇敌情，烽火台的守兵即可点燃烽火，向远方传递情报。

绵延的长城

明长城是明朝为北部边防修筑的军事防御工程，经过多次修建，东起鸭绿江，西至嘉峪关，横贯今辽宁、河北、天津、北京、内蒙古、山西、陕西、宁夏、甘肃等9省、市、自治区，俗称"万里长城"。

■ 赵州桥：最早的石拱桥

赵州桥位于河北省赵县，建于隋朝开皇年间，是我国最古老、建筑水平最高的一座石桥，在世界桥梁史上占有重要地位。它建成至今已经历了10次水灾、8次战乱和多次地震，却始终安然无恙。

赵州桥是世界上最早出现的敞肩式单孔石拱桥，全长64.4米。桥的大拱呈弧形，由28道石拱券并列组成，跨度达37米多。建桥时，先砌中间，再砌两边，每道拱券宽约35厘米，任何一道损坏都可单独修理更换。

赵州桥的两个拱肩上又分别建有两个小拱。这种拱上加拱的"敞肩拱"的运用，在世界桥梁史上属于首创。它不仅减轻了桥的自重，还能减小山洪对桥身的冲击力。

赵州桥

赵州桥是当今世界上现存最早、保存最完善的古代敞肩石拱桥，它融技术与艺术于一体，可谓"车马千人过，乾坤此一桥"。

【百科链接】

关隘

古道设施之一，是为了军事防御和交通控制而设在道路险要之处或重要津渡的关口，后来成为征收关税的重要设施。

老子：中国古代思想家，道家学说的创立者。姓李名耳，字伯阳，又称老聃。老子所著《道德经》（也称《老子》）是道家学说的主要经典。

▶ 应县木塔：最古老的木构建筑
▶ 悬空寺：绝壁危楼
▶ 孔庙：中国古代祠庙建筑典范

■ 应县木塔：最古老的木构建筑

应县木塔
又名佛宫寺释迦塔，是中国辽代高层木结构佛塔，塔身全由木制构件叠架而成，是世界现存最古老、最高大的全木结构塔式建筑。它历经1次大风暴和7次大地震，至今仍完好无损。

应县木塔位于山西省朔州市应县县城的西北角，建成于辽道宗清宁二年（1056年）。它的平面是一个八角形，下部是两层4米高的石砌台基。塔身外观为5层6檐（最下层是重檐），由于各层都有平座夹层，所以它实际上是9层。木塔从地面到塔尖高67.31米，是世界上现存最高大的古代木构建筑。

除了石头台基外，木塔全部是用木材建造的，其各层都由内外两圈木柱支撑梁架，而木柱之间使用了60多种斜撑梁、木枋和短柱，从而组成了许多不同方向的复梁式木架，使整个塔的构架联结成一个整体，既坚固，又美观。

■ 悬空寺：绝壁危楼

悬空寺原名玄空寺，位于山西省浑源县，因宗教古训"道家当玄、佛释色空"得名。它始建于约6世纪时的北魏后期，是一座儒、道、佛三教合一的典型寺院，寺中主殿内塑有孔子、老子、释迦牟尼像。

悬空寺如其名，不是坐落在厚实的砖石台基上，而是由纤细的木柱和木梁支撑着。这

悬空寺
悬空寺又名玄空寺，是国内现存的唯一一个佛、道、儒三教合一的独特寺庙。它修建在悬崖峭壁间，始建于北魏后期，迄今已有1400多年的历史。悬空寺面对恒山，背倚翠屏，上载危岩，下临深谷，楼阁悬空，结构巧奇。寺下岩石上"壮观"二字是唐代诗仙李白的墨宝。

些木梁被深深地插入岩壁中，使整个寺庙悬在悬崖上，仿佛攀附在半山腰的游龙一般。粗犷的大山与纤巧的建筑形成强烈的对比，给人带来一种视觉上的震撼。

悬空寺有殿宇楼阁40间，它们自南而北，都是背西面东。这些建筑并不连成一片，而是各自独立，建在面积宽仅20米、进深不足10米的空间内，采用顺山崖凹进地势比肩起殿的方法建成。整个寺院建筑参差错落，迂回曲折，既互相对峙，又彼此联系有序，布局十分别致。

■ 孔庙：中国古代祠庙建筑典范

在山东省曲阜，有一组非常雄伟壮阔的建筑群，它就是被称为中国三大宫殿建筑之一的孔庙。孔庙又称文庙，是纪念春秋时期的思

【百科链接】

蟠龙：
蛰伏在地而未升天的龙，作盘曲环绕状。在我国古代建筑中，一般把盘绕在柱上和装饰在梁上、天花板上的龙称为蟠龙。

法器：又称为佛器、法具等。广义而言，法器指佛寺内所有的佛事器具；狭义而言，法器专指供养诸佛、庄严道场、修证佛法等的器具。

孔庙杏坛

杏坛是传说中孔子聚徒讲学的地方，位于孔庙大成殿前甬道的正中。室内细雕藻井，彩绘金色蟠龙，其中还有清乾隆所题的"杏坛赞"御碑。

想家、教育家孔子的场所。曲阜孔庙全长1200米，占地370余亩，前后建有9层院落，有殿、堂、楼、阁、坊等各式建筑数百处。

孔庙建筑群的布局非常严谨，其主要建筑思路是：以一条贯穿南北的中轴线为准，在其东西两边配以对称式的廊房。中轴线上的主要建筑有：奎文阁、杏坛、大成殿、寝殿、圣迹殿。其东边为孔子故宅，有圣公斋宿十三碑亭、礼堂、故宅井、鲁壁、家祠等；西边为祭祀孔子父母的启圣王殿、启圣王寝以及用来习乐的金丝堂、乐器库等。如果把中轴线上的建筑的层层大门全部敞开，便可从孔庙的大门棂星门依次穿过太和元气坊至圣庙坊、圣时门、璧水桥、弘道门、大中门、同文门、奎文阁、大成门，一直望到大成殿。

大成殿的精雕蟠龙石柱举世闻名，石柱共28根，柱高5.98米，柱径0.81米，均以整根石料雕刻而成，由覆盆莲花座基承托，环绕在殿的四周廊檐之下。

孔庙的碑林在全国也是首屈一指的。其中的2200余块碑碣，既记载了种种历史故事，又再现了汉魏以来诸名家的书法艺术。

■ 布达拉宫：藏式建筑的精粹

在拉萨盆地的玛布日山上，矗立着举世闻

布达拉宫

布达拉宫依山垒砌，群楼重叠，气势雄伟，坚实的花岗石墙体、平展的白玛草墙领、辉煌的金顶、巨大的鎏金宝瓶交相辉映，色彩对比鲜，体现了藏族古建筑迷人的特色。

名的布达拉宫。它是几千年藏族文化的缩影，是西藏建筑艺术的巅峰之作，也是拉萨乃至整个西藏的象征与标志。

布达拉宫始建于7世纪时的唐朝，由红宫、白宫和宫前建筑3大部分组成。整个宫殿四周围绕着几米厚的石墙，墙上开有3座城门。宫殿最下面的第6层房屋都被涂成了白色，所以被称为"白宫"，这里是达赖喇嘛生活起居和处理政务的地方。

第7层至第13层的殿堂都被刷成了红色，所以叫做"红宫"。安放前世达赖遗体的灵塔就在红宫内。红宫内还保存有大量珍贵文物，如明清两代皇帝封赐西藏官员的诏敕、封诰、印鉴、礼品和许多精雕细镂的工艺珍玩，罕见的经文典籍以及各类佛像、唐卡（卷轴佛画）、法器、供器等。

【百科链接】

达赖喇嘛：

是藏传佛教格鲁派两大活佛转世系统之一的称号。达赖在蒙古语中意为"大海"，喇嘛在藏语中意为"上人"或"上师"。

朱棣：明成祖，明朝第三代皇帝，明太祖朱元璋第四子。1399年7月，朱棣发动靖难之役，从建文帝朱允炆手里夺取了皇位，次年改元永乐，亦称永乐大帝。

▶ 故宫：无与伦比的杰作
▶ 明十三陵：帝陵建筑的典范

角楼
紫禁城垣四隅之上的角楼，建成于明永乐十八年（1420年），清代重修。角楼是紫禁城城池的一部分，它与城垣、城门楼及护城河同属于皇宫的防卫设施。

■ 故宫：无与伦比的杰作

位于北京市中心的故宫，又称紫禁城，是明清两代的皇宫，也是我国现存最大、最完整的古建筑群。

故宫东西宽753米，南北长961米，周长3420米，占地72万多平方米。宫城周围环绕着高12米的宫墙，城四角各有一座角楼，城外环有宽52米的护城河。森严壁垒的故宫有4个门，即正门（南门）午门，东门东华门，西门西华门和北门神武门。

故宫宫殿建筑都是木结构、黄琉璃瓦

故宫太和殿
俗称金銮殿，位于紫禁城南北主轴线的显要位置，是中国现存最大的木结构大殿。太和殿匾额"建极绥猷"乃乾隆御笔亲题。

顶、青白石底，并有金碧辉煌的彩画作装饰。这些宫殿是沿着一条南北向的中轴线排列并向两旁对称展开的。这条中轴线不仅贯穿故宫，而且南达永定门，北到鼓楼、钟楼，贯穿全北京城。

故宫里最吸引人的建筑是三座大殿：太和殿、中和殿和保和殿。太和殿是皇帝举行大典的地方，中和殿是供皇帝短时休息或演习礼仪的地方，保和殿是每年除夕皇帝赐宴外藩王公的场所。

故宫建筑的后半部分叫内廷，是皇帝处理政务及皇室居住、生活的地方。这里的建筑多是自成院落，有花园、书斋、馆榭、山石等。

故宫的建筑高低起伏，富于变化，同时体现了皇权的威严与至高无上，实在是一个无与伦比的杰作。

【百科链接】

雉堞：
古代城墙上掩护守城人用的矮墙，也泛指城墙。

■ 明十三陵：帝陵建筑的典范

明十三陵位于北京市昌平区天寿山山麓，东、西、北三面环山，陵区面积约120平方千米。13个陵墓错落有致地分布在群山之中，各陵布局和规制基本一样，只是大小不一，繁简有异。其中，明成祖的长陵、明世宗的永陵、明神宗的定陵是比较有代表性的大陵。

少林寺：禅宗的"祖庭"

少室山：又名季室山。该山山势陡峭峻拔，共有36峰，主峰御寨山为嵩山最高峰，山北五乳峰下是赫赫有名的少林寺。

建筑园林篇

● 长陵

长陵是明成祖朱棣和他的皇后徐氏的陵寝，为十三陵中营建时间最早和规模最大的一座祖陵。整个陵园环绕在围墙之内，由3进院落组成。

长陵的主要建筑祾恩（意为感恩受福）殿建在汉白玉雕刻成的三层台基上，是长陵的享殿，即祭陵时举行祭祀典礼的场所。殿面阔9间，进深5间，殿内60根金丝楠木大柱承托着重檐庑殿顶，最大的一根重檐金柱直径1.12米，高12.6米。殿内的梁、柱、檩、椽、斗拱等构件也用楠木制作。如此宏伟的楠木建筑物在中国是绝无仅有的。

● 永陵

永陵在长陵东南1.5千米处的阳翠岭下，是明世宗朱厚熜和他的三个皇后的陵寝，占地面积达25万多平方米，是十三陵中继长陵之后修建时间最长、规模最大的一座陵园。

永陵为3进院落，有享殿7间，两侧庑配殿各9间。永陵用石十分考究，其方城、宝城之上均以珍贵的花斑石垒成雉堞。永陵建筑的斗拱、飞椽、檐椽、额枋都为石雕，连宝城垛口和两侧的通道也都是用石头砌成的。在明楼的梁柱等处的石雕上，还加饰了极其精美的油漆彩画。

● 定陵

定陵是明神宗朱翊钧的陵墓，规模不如长陵，却以精致见长。特别是其位于地下27米处的地宫，在十三陵的地宫中显得最为豪华。

地宫内共有7扇由整块汉白玉雕成的大门，每扇重达4吨。地宫

明十三陵碑亭

图为明十三陵中的神功圣德碑碑亭，全名长陵神功圣德碑亭，是一座方形亭楼。碑亭外四角各有一座雕有龙纹和异兽的汉白玉华表，亭内竖有著名的大明长陵神功圣德碑。

建筑的布局可以分成前殿、中殿、后殿和左右配殿5个部分。前殿和中殿是通过一条狭长的甬道相连，后殿则横顶在中殿的后面。从前殿的入口处到正殿的后墙为止，全长87米。5个殿堂全部都是石质拱券结构，没有梁柱。

后殿是地宫的主殿，形制最大，地上铺的是被磨光的花斑石。殿内的棺床上放着朱翊钧和两个皇后的棺椁，另外还放了26只红漆的大木箱子，里面装满了珍贵的殉葬物品。

■ 少林寺：禅宗的"祖庭"

河南登封的少林寺位于中岳嵩山西麓，是我国最著名的佛教寺院之一，因坐落在少室山丛林茂密处而得名。南朝刘宋末年，印度禅宗第28代祖师菩提达摩进入少林寺，创立了中

【百科链接】

毗卢佛：

"毗卢舍那佛"的简称，是三身佛中的法身佛，是密宗和华严宗崇拜的偶像。佛教中"毗卢"是"光明普照"之意。

109

吊脚楼：苗族、壮族、侗族、土家族等民族的传统民居，多分布在湘西、鄂西、贵州等地区。吊脚楼多依山就势而建，呈虎坐形。

- 福建客家土楼：生土夯筑的大房子
- 傣家竹楼：充满亚热带风情的居室

少林寺
少林寺建于北魏太和十九年（495年），是孝文帝为安顿印度高僧跋陀而建，因其建于嵩山少室密林之中，故定名"少林寺"。

国佛教的禅宗，因此少林寺就成了禅宗的"祖庭"。

少林寺兴盛时曾拥有土地930多万平方米，殿堂楼阁5000多间，人称"天下第一名刹"。清朝以后，少林寺逐渐衰落。新中国成立后，经过多次修葺，少林寺逐渐恢复了往日的兴盛景象。

目前，少林寺总面积为3万多平方米，其主要建筑是7进院落。寺院最前面的山门建于清代，门上"少林寺"的匾额是清康熙皇帝亲题。山门后依次是天王殿、大雄宝殿、藏经阁、方丈室、达摩亭、千佛殿等。其中，千佛殿面积300多平方米，高约30余米，是寺内现存最大的佛殿，殿内供奉着的是明代铜铸莲花座毗卢佛像。殿外有座边缘建有石雕栏杆的大型石砌须弥式月台，它三面出阶，正面台阶中间夹砌"御路"，上面有"二龙戏珠"、"群鹤朝莲"等浮雕。

另外，寺内还保存着唐以来的碑碣石刻300余件、墓塔220多座，具有很高的考古价值。

■ 福建客家土楼：生土夯筑的大房子

在我国的传统住宅中，客家人的土楼独具特色。它们主要分布在福建西南的永定、南靖和华安等地，是客家人世代相袭、繁衍生息的住宅。土楼历史悠久，风格奇特，构筑巧妙，规模恢宏，被誉为世界民居建筑史上的奇葩。

土楼以生土作为主要建筑材料，掺上细沙、石灰、糯米饭、红糖、竹片、木条等，经

福建客家土楼
客家土楼独具特色，有方形、圆形、八角形和椭圆形等形状，造型美观，而且科学实用，现存3000余座。

过反复揉、舂、压建造而成。楼顶覆以火烧瓦盖，经久不损。土楼可高达5层，能供3代或4代人同楼聚居。土楼的外形有方、圆、半圆、椭圆、交椅、五角、八卦、五凤、桃形及不规则形等多种类型。现存的方楼、圆楼、五角楼、八角楼、吊脚楼等各式土楼有30多种共3000多座，它们形成了一个个错落有致的土楼群。

南靖县书洋乡田螺坑黄氏家族建有一个由1座方楼和4座圆楼组成的土楼群。从高处俯瞰，方楼雄踞中央，4座圆楼围绕四角，犹如梅花盛开于绿野之上，美不胜收。

■ 傣家竹楼：充满亚热带风情的居室

在傣族聚居的云南西双版纳，一幢幢形式特异的竹楼隐现在翠竹蕉林之中，一派诗情画意。傣家人住竹楼已经有1000多年可考的历史了。这种美丽的住宅既可避免地下湿气浸入人体，又可避免地表热气的熏蒸，是为适应热带、亚热带气候而建造的一种极为舒适的居室。

傣族人建造竹楼所使用的材料主要是大青竹和少量木料。他们用粗竹子搭骨架，用编织的竹篾子做墙体，而楼板一般都用竹篾子或木板制成。竹楼的房顶呈"人"字形，易于排

影壁：又称为照壁，建在四合院大门的对面或大门内正对着门的地方。影壁是为了遮挡大门外的杂乱建筑物而建，同时也表明四合院内外有别。

建筑园林篇

▶ 四合院：传统文化的载体

水。竹楼的平面呈正方形，分为上下两层：上层距离地面2米左右，以数根木料或大青竹为柱支撑着，用来住人；下层架空，多不用墙壁，供饲养牲畜和堆放杂物用。室内一般由竹篱笆隔为两间：内间为主人的卧室，这是一个

傣家竹楼
傣家人住竹楼已有1000多年的历史，竹楼是傣族人民为适应湿热气候而建造的舒适的居室。

大通间，男女数代同宿一室，仅仅用黑布帐子作为间隔；外间为客室，是接待宾客的场所，也是室内活动的中心。室内墙壁多不设窗户，阳光和风都是从墙壁上篾子的细缝透入的。

■ 四合院：传统文化的载体

四合院是对以正房、东西厢房围绕中间的庭院形成平面布局的传统住宅的统称。它是汉族民居形式的典型，已有3000多年的历史，也是中国历史最悠久、分布最广泛的民居。

四合院是由正房（一般是北房）和东西厢房组成的独立院落，正房两侧有时还有东西耳房。将四面的房子连接起来的是可避风雨的抄手游廊。

一般的四合院都有两进院落，大型的有三四进院落和花院。两进院落的四合院一般在

院子南墙的左边建有街门，也就是大门。其东西厢房之间通常都建有一道隔墙，外宅一般供工作人员居住，内宅是家眷的住宅。内外宅之间一般都建有豪华的垂花门，垂花门内有影壁。除非有重大活动，否则垂花门永远都是紧闭着的。旧时说大户人家的小姐"大门不出，二门不迈"，其中的"二门"即指垂花门。

四合院里的四面房屋各自独立，其中间院落宽绰疏朗，人们常常在庭院中植树栽花，备缸饲养金鱼。中间院落是四合院布局的中心，也是人们穿行、晒太阳、纳凉、休息、做家务的场所。

【百科链接】

影壁：
又称照壁、照墙，是一种在大门内或屏门内做屏蔽的墙壁。影壁一般为石质，也有木制的，下有底座，可以移动。

四合院布局
四合院是以正房、东西厢房围绕中间庭院形成平面布局的传统住宅形式，是汉族民居的典型，已有3000多年的历史。其中以北京胡同里的四合院最具代表性。

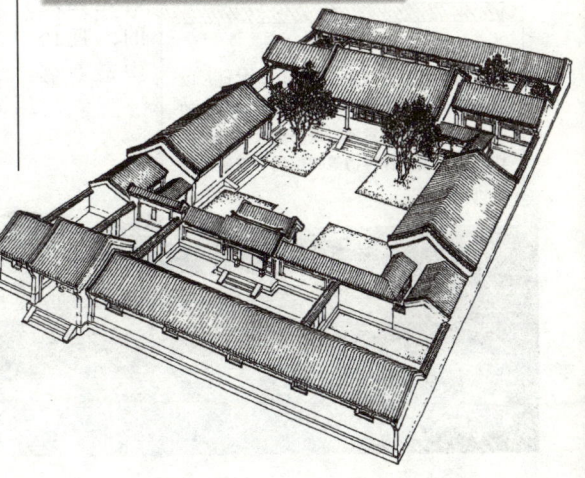

万寿山：燕山余脉，高约60米。1750年，乾隆为庆祝皇太后60寿辰在此建"大报恩延寿寺"，次年将山改名为"万寿山"。现在万寿山上的建筑是慈禧重建的。

▶ 颐和园：皇家园林的巅峰之作
▶ 名冠江南的拙政园

中外园林艺术典范

■ 颐和园：皇家园林的巅峰之作

颐和园位于北京西北郊，是中国现存最完整、规模最大的皇家园林，也是中国园林艺术的典范。它占地约2.9平方千米，分为宫廷区、万寿山和昆明湖三大部分。

宫廷区生活性建筑的代表是慈禧太后的寝宫乐寿堂，它是一个大型四合院，其中心大殿红柱灰顶，属垂脊卷棚歇山式建筑，造型别致。从乐寿堂往西过邀月门，有一条长达728米的游廊。这条中国园林建筑中最长的游廊如一条锦带，将远山近水和园内的各种建筑物有机地联系在一起。

出长廊，进排云门，面前就是紧依万寿山的排云殿。沿殿两边的斜坡上行，穿过德辉殿，登上114级台阶，就到了万寿山的佛香阁。作为颐和园的标志，这座八面三层四生檐的佛香阁建在58米高的山坡上。从佛香阁往上，是颐和园的至高点——智慧海，其内部结构非常奇特——以纵横交错的拱券支撑顶部而不用梁柱承重，令人惊叹。

万寿山以南是碧波荡漾的昆明湖，仿杭州苏堤而建的西堤，将湖面分为东西两半。玉带桥是西堤的六座桥中最有名的一座，远远望去如同玉带轻飘。与西堤相接的东堤是一道石造长堤，其中段有仿卢沟桥而建的十七孔桥。

■ 名冠江南的拙政园

拙政园是苏州面积最大的古典山水园林，它的主题就是水。园内水池面积约占园林总面积的1/5，各种亭台轩榭多临水而筑。全园分为东、中、西三个相对独立的小园。

中部是拙政园的主景区，为全园的精华所在。这里的主要建筑有远香堂、雪香云蔚亭、待霜亭、倚玉轩、小沧浪、微观楼、玉兰堂、枇杷园等。其总体布局极

拙政园
位于苏州市娄门内东北街178号，是江南园林的代表，也是苏州园林中面积最大的古典山水园林，被列为全国重点文物保护单位。

颐和园
颐和园以昆明湖、万寿山为基址，以杭州西湖风景为蓝本，汲取了江南园林的某些设计手法和意境，是一座大型的天然山水园，也是保存得最完整的一座皇家行宫御苑。

【百科链接】

借景：
中国园林建筑的传统手法，即有意识地把园外景物"借"到园内的视觉范围中来，以丰富园林景色，扩大园林空间。

私家园林：除皇家园林外，属于王公、贵族、富商、士大夫等私人所有的一类园林，古籍里称之为园亭、园墅、池馆、山庄、别墅、别业等。

建筑园林篇

富江南水乡的特色：以清澈广阔、遍植荷花的水池为中心，亭台楼榭都临水而建。

西部景区建筑以艺术工巧见长，这里凌波而过的水廊、溪涧是造园艺术中的上乘之作，其主要建筑为靠近住宅一侧的三十六鸳鸯馆。

拙政园东部原称"归田园居"，其布局以平冈远山、松林草坪、竹坞曲水为主，配以山池亭榭，仍保持着疏朗明快的风格。

拙政园充分采用了借景和对景等造园艺术手法，经过几百年的沧桑变迁，至今仍保持着平淡疏朗、旷远明瑟的明代风格，被誉为"中国私家园林之最"。

■ 隐居江湖的网师园

苏州的网师园是清代宅园的经典之作，也是我国江南中小型古典园林的代表作。网师园面积约10亩，虽然还不及拙政园的1/6，但它小中见大，布局严谨，主次分明又富于变化，园内有园，景外有景，风格清新而有韵味，因此被认为是苏州古典园林中以少胜多的典范。

网师园主景区建筑布局井然有序。濯缨水阁和池北的竹外一枝轩隔水相望，东侧的射鸭廊和西侧的月到风来亭遥遥相对，互相得景。园内稍大的建筑都退离池岸，并用低廊或树木、山石与水面隔开，这就巧妙地消除了它们对不大的水面造成的压抑感。池岸的岸线曲折有致，人工修砌的石岸模仿自然界中大江大河的石岸受水浪冲刷淘空的状态，下部凹进。由于池岸低矮，临池建筑接近水面，所以这里布置的山石、花木也不高大。

网师园全园没有彩画，所有建筑的色彩都很素洁，白墙、青瓦、栗壳色的柱子和梁架，衬以山石水面和花树，情致高雅。

■ 避暑山庄：中国地理形貌的缩影

避暑山庄位于河北省承德市中心北部，始建于康熙四十二年（1703年），建成于乾隆五十七年（1792年），是我国现存的最大的古代帝王离宫。避暑山庄有宫墙10千米，墙内的建筑大体可分为宫殿区和苑景区两大部分。苑景区又可分澄湖区、平原区和山峦区三部分。

宫殿区位于澄湖南岸，由正宫、松鹤斋、万壑松风和东宫4组建筑组成。正宫是避暑山庄的主要宫殿，处在丽正门至岫云门之间的主轴线上，共有9进庭院，取皇帝"身居九重"之意。

《避暑山庄图》
清代冷枚所绘。此图轴中所绘景物从避暑山庄东部展开，包罗山川、湖泊、宫殿、楼台、亭榭及自然风光，是珍贵的山庄全景图。

【百科链接】

蒙古包：
也称"毡包"，是蒙古族等游牧民族的传统民居。它是用厚羊毛毡制成的圆形凸顶房屋，包顶有圆形天窗，建造简便，便于搬运。

榭：属于古代建筑的一类，建于水边或者花畔，借以成景，平面常为长方形，一般多开敞或设窗扇，以供人们游憩或眺望。

▶ 玲珑自然的日本庭园
▶ 哈德良别墅：罗马的"万园之园"

澄湖区在宫殿区的北面，湖面被8个小岛分割成大小不同的区域，富有江南水乡的特色。

平原区在澄湖区北面的山脚下，其北部的万树园北倚山麓，南临澄湖，园内不施土木，按蒙古族的风俗设蒙古包数座。

山峦区在山庄的西北部，面积约占全园的4/5，众多楼堂殿阁、寺庙点缀其间。山谷北坡有驯鹿坡，这里曾经散养了许多驯鹿。

避暑山庄以朴素淡雅的山村野趣为格调，取自然山水本色，兼具江南、塞北风光，是中国古典园林艺术的杰作。整个山庄东南多水，西北多山，被誉为"中国地理形貌的缩影"。

■ 玲珑自然的日本庭园

温润多雨的气候使日本山明水秀，这为建造庭园提供了良好的条件。日本的早期园林受到了中国的影响，但在长期发展过程中，

京都金阁寺

正式名称为鹿苑寺，因为建筑物外面包有金箔，故又名金阁寺，建于1397年。该寺被日本政府指定为国宝，并于1994年被联合国教科文组织认定为世界文化遗产。

日本园林形成了自己的特色，产生了多种式样的庭园。主要有以下几种：林泉式，园中以水池为中心，置有岛、瀑布、土山、溪流、桥、亭、榭等；筑山庭，就是在庭园内堆土成山，缀以石组、树木、飞石、石灯笼等；平庭，内部地势平坦，不筑土山，一般采用低矮的石组，配以园路和树木；茶庭，就是与茶室相配的庭园；枯山水，即在庭园内铺白沙，缀以石组或适量树木，因无山无水而得名——这是日本特有的造园手法。日本庭园早期重常绿树而轻花卉，江户时代以

日本庭园

日本庭园在受到中国的禅宗、茶、山水画影响的基础上，融入了本民族的审美特色，从而形成了一种洗练、素雅、清幽的风格。日本庭园讲求在有限的范围里再现大自然的美，并以象征的方式来表现自然山水的无限意境。

后有所改进。园内地面常用细草、小竹类、蔓类、羊齿类、苔藓类等植物覆被，很少用砖石满铺。

日本的园林建筑没有蜿蜒的长廊，其平面布局开敞，房屋外围的纸格扇可以拉开，从而使内外空间连成一片，有利于通风，也便于观赏园景。

【百科链接】

江户时代：

日本历史上江户德川幕府统治的年代，即1603至1867年，是一个社会稳定、经济与文化异常繁荣的时期。

■ 哈德良别墅：罗马的"万园之园"

哈德良别墅建于公元130年左右，是古罗马帝国的皇帝哈德良为自己营造的行宫。它在久远的古罗马文明中独树一帜，成为后世意大利花园风格的典范，被誉为罗马的"万园之园"。

哈德良别墅占地超过48万平方米，其建筑样式体现了典型的古罗马风格。它的主要部分是一个圆形的人工岛，其直径略大于古罗马万神庙的穹顶直径。这是一幢别墅中的别墅，它就像一个庞大的城堡，远远望去，与古罗马大竞技场极为相似。

> 护城河：环绕在城墙之外的一种人工河流，可作为城墙的屏障。它不但能维护城内安全，还能阻止侵略者进攻。

建筑园林篇

哈德良别墅遗址
水是整个别墅建筑中最显著的主题之一。水流从最南端引入，再通过一个由管道和水塔组成的复杂系统，最后流过整个别墅。

凡尔赛宫苑的雕塑
凡尔赛宫的花园里有数以千计的精美雕塑和大量美丽的喷泉，这些雕塑多为路易十四时代的雕刻名家图比、吉拉尔东、柯塞沃克等人的杰作。

凡尔赛宫由宫殿、园林及众多雕像、喷泉、草坪、花坛组成，总面积达111万平方米。园林的设计典雅而精致，主要由人工大运河、瑞士湖和大、小特里亚农宫组成。园中道路宽敞，绿树成荫，草坪和树木都被修剪得整整齐齐，喷泉随处可见，雕塑比比皆是。而最令人印象深刻的是，这里的一切都是严格按几

围绕着岛屿的护城河宽大、规则、舒缓，环绕成一个封闭性的圆，将岛屿与外界隔开，被一圈高大笃实的围墙围着；运河与围墙之间有一条环形的开阔通道，与运河平行而进；通道与河水的连接处有一圈装饰性的廊柱；围墙、通道、廊柱和运河形成了一系列重叠交错的圆，环环相扣；一架石拱桥飞跨运河，将小岛与通道连接了起来。

岛上的主要建筑是一组浴室、书房和卧室。岛的中心有一处小庭院和喷水池，是别墅群中最宁静闲适的场所。

■ 巴黎凡尔赛宫苑：古典主义园林典范

凡尔赛宫是17至18世纪时的法国王宫，位于巴黎西南郊的凡尔赛地区。无论在建筑、雕刻、绘画还是园林艺术方面，凡尔赛宫都称得上是法国文化艺术的瑰宝，西方古典主义建筑的典范。

法国凡尔赛宫苑
凡尔赛宫苑占地面积巨大，规划面积16平方千米，东西向主轴长约3千米。整个宫苑规模宏大，风格突出，内容丰富，手法多变，完美地体现了欧洲古典主义的造园风格。

何图形布置的——这里有统一的主轴、次轴、对景，构筑整齐划一。

凡尔赛宫南面的瑞士湖是由当时的一支瑞

115

山毛榉：一种乔木，高约25米，直径约60厘米，树干通直，树皮浅灰或灰色，薄而平滑，主要分布在中国浙江、安徽、江西、湖南、广东、广西等省区。

▶ 纽约中央公园

士雇佣军开挖出来的；宫殿北面的水池经常会搭上台子，举办夏季露天音乐会。园林中的"十"字形大运河为人文色彩浓厚的皇家花园增添了几许天然的气息；运河的尽头有一座玫瑰色大理石宫殿，这便是大特里亚农宫；经过汽车博物馆、法国小楼和国王植物园，便会看到小巧玲珑的小特里亚农宫。

【百科链接】

悬铃木：

一种高大的乔木，高20至30米，俗称法国梧桐，树型雄伟，树冠呈阔钟形，枝叶茂密，最宜作行道树及庭荫树，被称为"行道树之王"。

■ 纽约中央公园

纽约中央公园位于曼哈顿区繁华的第五大道至第八大道之间，面积3.4平方千米，是世界上大型现代城市公园之一。

公园采用自然式布局，展现的是乡村的自然景色。设计者欧姆斯特德主张把乡村风景引进城市的中心，使市民能够进入避开城市喧嚣的自然环境中，从而为那些无法去乡村度假的人们提供与乡村环境相似的休息场所。

在这种思想的指导下，他所设计的中央公园地形起伏，有小山，有自然形状的湖面，还有模拟草原牧场风光而设计的自然缓坡草坪等。此外，公园内有游步道、马车道等，游人可坐马车赏景。而公园中的文体娱乐设施也很齐全，有网球场、游泳及滑冰两用池、儿童游戏场等。每年夏天，这里还会举行露天音乐会。如今，公园内的乔木悬铃木、山毛榉、黄金树、枫树、樱花等早已枝繁叶茂，浓荫匝地。良好的生态环境吸引了许多鸟类在园内栖息、生活。

纽约中央公园的林荫道

纽约中央公园号称纽约的"后花园"，是一处完全人造的自然景观。公园风景优美，为忙碌紧张的人们提供了一个悠闲的场所。

Part 4
体育运动篇

顾拜旦：现代奥林匹克运动会的发起人。他于1896至1925年任国际奥林匹克委员会主席，是奥林匹克会徽、会旗的设计者。

▶ 奥林匹克运动会
▶ 世界大学生运动会

体育盛会

■ 奥林匹克运动会

奥林匹克运动会简称奥运会，是一项包含多种体育运动项目的国际性运动会，每4年举行一次，由国际奥林匹克委员会主办。奥运会最早起源于古希腊，因其举办地在雅典西南的奥林匹亚而得名。

古代奥运会于公元前776年举行了第一届，到394年共举行了293届。后来，奥运会被罗马皇帝狄奥多西以"异教活动"的罪名废止。1888年，在法国教育家顾拜旦的建议下，奥运会被恢复举办，参赛的运动员也不再只限于希腊人，而可以是任何国籍、种族、肤色的人。1896年，第一届现代奥运会在希腊雅典举行，此后奥运会每4年举行一次，会期不超过16天。

奥林匹克的标志是5个相互套接的环，环的颜色为蓝、黄、黑、绿、红，象征五大洲的团结。

奥林匹克口号是"更快、更高、更强"，它充分表达了奥林匹克运动不断进取、永不满足的奋斗精神。

每届奥运会前夕，人们都会在希腊奥林匹亚的赫拉神殿旁举行一个点燃圣火的仪式。最高女祭司用凹面镜聚集日光点燃火炬后，火炬通过长途接力，在奥运会开幕当天被送到举办城市，在开幕式上点燃火炬塔。塔内的火焰会一直燃烧至本届盛会闭幕。圣火传递的仪式起源于古希腊人的火炬传递比赛，象征着光明、团结和友谊。

1972年，慕尼黑奥运会上出现了第一个奥运吉祥物，此后吉祥物就成为一届奥运会的形象和特征之一。

【百科链接】

奥林匹亚遗址：

在伯罗奔尼撒半岛西部的山谷里，距雅典以西约190千米的地方，是古希腊的圣地。公元前10世纪，这里成为敬拜宙斯的中心。如今，除庙宇外，这里还保留着当时专供奥运会使用的各种体育设施。

奥运圣火

古代奥林匹克运动会点燃圣火的仪式起源于古希腊人类上天盗取火种的神话。古代奥运会前，祭司们在奥林匹亚宙斯神庙前的祭坛上点燃火种，然后手持火炬跑遍各城邦，传达奥运会即将开始的讯息。各城邦必须休战，积极准备参加奥运会的竞赛。

■ 世界大学生运动会

世界大学生运动会素有"小奥运会"之称，是由国际大学生体育联合会主办、只

奥林匹亚遗址
奥林匹亚遗址坐落在克洛诺斯树木繁茂、绿草如茵的山麓，是古希腊的圣地。

- 亚洲运动会
- 世界杯足球赛

雷米特杯：为了表彰国际足联主席雷米特（于1921~1954年任职）对足球事业所作出的贡献而设置的世界杯足球赛的奖杯。

体育运动篇

限在校大学生和毕业不超过两年的大学生（17~28岁）参加的世界大型综合性运动会。

1924年，首届国际大学生运动会在波兰华沙举行。此后，这种运动会不定期举办。第二次世界大战期间，世界大学生运动会组织曾一度解体。1957年，国际大学生体育联合会成立，并召开了国际代表大会，讨论了大学生体育运动会的举办原则和组织问题。至此，世界大学生运动会才真正走上正轨。1959年，第一届世界大学生运动会在意大利都灵举行。1999年，第二十一届世界大学生运动会在中国北京举行。

亚洲运动会

亚洲运动会简称亚运会，是国际奥委会承认的地区性大型综合性运动会，由亚洲奥林匹克理事会主办，是亚洲地区规模最大、水平最高的综合性运动会。

亚运会每4年一届，与奥运会相间举行，会期16天。至2006年，亚运会共举办了15届。在1982年举办的第九届亚运会上，中国打破了日本长期独霸亚洲体坛的局面，金牌数跃居第一。从此，中国在历届亚运会上都位列金牌榜榜首。

亚运会的比赛项目大都为奥运会项目，但不像奥运会那样有严格的规定，东道国可根据自身的条件和运动技术水平适当地增选项目。

疯狂的球迷

足球运动从来不缺乏球迷，更有不少热情甚至疯狂的球迷。

世界杯足球赛

足球是当今世界上最受欢迎的体育运动项目之一。1928年，国际足球联合会召开代表会议，决定举办4年一次的"世界足球锦标赛"。1956年，国际足联又将这一赛事易名为"雷米特杯赛"，以表彰前国际足联主席、法国人雷米特为足球运动作出的贡献。后来，这两个名字被合称为"世界足球锦标赛—雷米特杯"，简称"世界杯"。

世界杯最初的奖杯雷米特杯是一尊由纯金铸成的古罗马胜利女神尼凯像，高30厘米，重1.8千克。国际足联规定，此杯为流动奖品，本届冠军可保存金杯4年，到下一届比赛前将其交还给国际足联。另外还有一个附加规定：连续3次获得冠军的国家将永远拥有此杯。1970年举办第九届世界杯赛时，巴西队第三次蝉联冠军，所以巴西永远拥有此金杯。

1971年5月，国际足联通过了新的奖杯设计方案——意大利人加扎尼亚的设计。新奖杯被称为"大力神杯"，其造型是两个力士双手高擎地球。它高36厘米，重4.97千克，当时价值2万美元。国际足联也出台了新规定，规定新杯为流动奖杯，无论哪个队获得多少次冠军也不能占有此杯。

【百科链接】

国际足球联合会：
简称国际足联，由比利时、法国、丹麦、西班牙、瑞典、荷兰和瑞士倡议，于1904年5月21日在法国巴黎成立，现有会员208个。

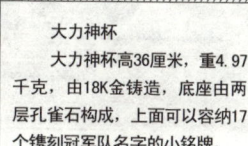

大力神杯

大力神杯高36厘米，重4.97千克，由18K金铸造，底座由两层孔雀石构成，上面可以容纳17个镌刻冠军队名字的小铭牌。

间歇训练法：由德国心脏学家赖因德尔和教员倍施勒创立。该训练法的优点在于练习期间及间歇期间均能使心率保持在最佳范围之内，有利于改善心脏功能。

▶ 短跑：最基础的田径运动
▶ 中长跑：速度与耐力的较量
▶ 马拉松：艰苦的长跑

田径运动

■ 短跑：最基础的田径运动

短跑是指400米以下的短距离田径运动项目。古希腊的奥运会上就有短跑比赛。19世纪，在近代田径运动逐渐形成的初期，短跑已

起跑器
国际田径比赛规则规定400米以下的短跑比赛必须使用起跑器。起跑器能给人一种反作用力，从而加快起跑速度。

是田径运动的基本项目。目前，被列为正式田径比赛项目的短跑项目有60米、100米、200米和400米。

短跑技术包括起跑、起跑后的疾跑、途中跑和终点冲刺4个阶段。短跑全程所用的时间取决于运动员的起跑效果、途中跑的速度以及耐力等。现代短跑技术的特点是：动作幅度大、频率快、蹬地积极、摆腿高、上下肢协调配合。

■ 中长跑：速度与耐力的较量

中长跑是对"中距离跑和长距离跑"的简称，是属于800米以上距离的田径运动项目。中距离跑项目有男、女800米和1500米；长距离跑项目有男子5000米和10000米，女子3000米、5000米和10000米。

2000多年前的古代奥运会上就有中长跑比赛。中长跑的动作要注意向前运动的效果，身

【百科链接】

田径运动：
由走、跑、跳跃、投掷等运动技能组成的以个人为主的运动项目。在广阔的空地上举行的跳跃、投掷等比赛，统称为田赛；在跑道上举行的竞走和各类赛跑，属于径赛。

体重心不能下降过大，两腿、两臂动作自然放松，两腿落地要柔和并有弹性。中长跑所采用的训练方法有重复训练法、间歇训练法、快慢交替训练法以及山坡跑、沙滩跑、高原训练等。

■ 马拉松：艰苦的长跑

马拉松是一种超长距离的赛跑，全程为42.195千米，起源于古希腊。公元前490年，雅典军队在马拉松平原打败波斯军队，为了把胜利的消息迅速传回雅典城，希腊军队的使者——长跑优胜者斐迪庇第斯一口气从马拉松跑至雅典中央广场，体力衰竭的他刚宣布完胜利的消息就倒地而亡。1896年，现代奥运会的发起者顾拜旦采纳了历史学家布莱尔的建议，以马拉松战役的史实设立了一个长跑项目，并将其定名为"马拉松"。

因各地举行这项比赛的客观条件相差较

中长跑
中长跑是历史悠久且开展普遍的运动项目，2000多年前的古代奥林匹克运动会上就有中长跑比赛。19世纪，中长跑已在英国盛行，后来世界各国也相继开展起来。

- 跨栏跑：源于牧羊人的游戏
- 接力跑：田径运动唯一的集体项目

瑞士洛桑：位于日内瓦湖畔北部沿岸的中部，是瑞士沃州的首府，也是瑞士的文化和人才中心。

体育运动篇

大，马拉松没有世界纪录，只公布最好成绩。比赛时，起点和终点可设在田径场内，而绝大部分赛程都在公路上进行。比赛一般采用的是有一个转折点的路线或环行路线，它必须是平坦的大道，并要避免横穿铁路、闹市。

世界上知名的马拉松比赛有美国波士顿和纽约，法国埃松、英国温莎、日本福冈等地的国际马拉松比赛。中国每年也会举办一次国际马拉松比赛。

■ 跨栏跑：源于牧羊人的游戏

跨栏跑是在快跑过程中依次跨过一定数量的栏架的田径运动项目。目前，跨栏跑的正式比赛项目有男子110米栏、女子100米栏和男、女400米栏。

【百科链接】

科林·杰克逊：英国田径名将，在18年的田径生涯中，他总共获得25块奖牌，两次夺得110米栏世界冠军。

跨栏跑起源于英国，由牧羊人跨越羊圈栅栏的游戏演变而来。跨栏跑最早使用的栏架是掩埋在地面下的木支架或栅栏，1900年出现了可移动的"T"形栏架。1935年，有人将"T"形栏架改成"L"形栏架。

2006年，在瑞士洛桑国际田径超级大奖赛男子110米栏的比赛中，中国选手刘翔以12秒88的成绩打破了这一项目沉睡13年之久的由英国名将科林·杰克逊创造并保持的12秒91的世界纪录。

■ 接力跑：田径运动唯一的集体项目

接力跑是由4名队员依次接替跑完一定距离的比赛项目，是田径运动中唯一的集体项目。奥运会和重大田径比赛上举行的接力跑有男、女4×100米和4×400米。另外，国际业余田径联合会承认世界纪录的接力跑项目还有男、女4×200米、4×800米和男子4×1500米等。

关于接力跑的起源有多种说法：有人认为它起源于古代奥运会祭祀仪式中的火炬传递，有人认为它与非洲盛行的"搬运木料"或"搬运水坛"的游戏有关，也有人认为它是从传递信件文书的邮驿演变而来的。

接力跑的一组4名选手要传接30厘米长的金属圆柱，而且必须在接棒区内交接。当拿着棒的跑手接近，将接替的跑手便开始跑。根据排兵布阵的要求，选手在接力赛中的位置通常为：第二快的选手—第三快的选手—最慢的选手—最快的选手。

跨栏跑

跨栏跑是在一定距离内跨过规定的高度和数量的栏架的短跑项目，技术性较强。

接力跑

接力跑是由4名队员依次接替跑完一定距离的集体比赛项目，传递接力棒须在20米的接力区内完成。传接棒技术一般有"上挑式"和"下压式"两种。

121

- 竞走：步态奇怪的走
- 跳远：急行后短暂的飞行
- 三级跳远：一跳再跳
- 跳高：对抗地球引力

重心：一个物体的各个部分都受到地球对它的作用力，这些力的合力就是物体的重力。这些合力的作用点就叫物体的重心。

■ 竞走：步态奇怪的走

竞走是一种两脚交替走步的田径运动，其特点是步幅大、步频高，并受一定规则的限制。竞走是由普通走步演变而来的，但为了用较快的速度走较长的距离，竞走的摆臂、迈腿和转髋等动作与普通走步相比都有相应的变化，因而看起来有些奇怪。

竞走这项运动最初起源于英国。19世纪初，英国出现了步行比赛的活动。1867年，英国举办了世界首次竞走比赛。19世纪末，部分欧洲国家先后举办了竞走比赛，其中还有从一个城市到另一个城市超长距离的竞走比赛。

竞走与跑的根本区别在于：竞走时两脚必须与地面轮换接触，不能有两脚同时着地或腾空阶段。

竞走

竞走和跑的区别在于：竞走不能出现"可见的腾空"，支撑腿从着地到垂直必须伸直膝关节。竞走独特的姿势很大程度上也是为了保持身体重心的直线性。

■ 跳远：急行后短暂的飞行

跳远是田径运动中的跳跃项目之一，又称"急行跳远"。比赛时，运动员沿直线助跑，在起跳板前的起跳线后用单脚起跳，经腾空阶段后双脚在沙坑落地，比赛以跳的远度决定运动员的成绩与名次。一次完整的跳远技术动作，由助跑、起跳、腾空和落地几个阶段组成。

跳远运动源于古人猎取或逃避野兽时跨越河沟等障碍的活动，后来成为军队中军事训练的手段之一。现代跳远运动始于19世纪的英国，最初运动员是在地面起跳，1886年开始采用起跳板。起跳板长1.22米，宽20厘米，白色，被埋入地下，与地面齐平，距离沙坑不少于1米。起跳板前有起跳线，运动员必须在起跳线后起跳。

■ 三级跳远：一跳再跳

三级跳远也是跳跃项目之一，它要求运动员在助跑之后沿直线向前连续做3次不同形式的跳跃动作。其中，助跑通常距离较长、速度较快，跑跳动作连贯自然：第一跳为单足跳，起跳腿离地时在空中保持跨步的姿势，随即两腿在空中换步，必须用起跳腿落地，双臂由前向后做大幅度的配合摆动；第二跳为跨步跳，摆动腿和两臂有力地向前摆动，重心前移，在脚向下扒地的同时，两臂向后摆动，必须用摆动腿落地；第三跳为跳跃，双脚同时落入沙坑。三级跳远是田径运动中技术较为复杂的一个项目，它不仅要求运动员的助跑速度快，而且还要求其有很强的弹跳能力。

三级跳远

田径项目之一。早在公元前200年左右的一场运动会上就出现了一场以单脚跳而又要起跳3次的跳远比赛。男子三级跳远于1896年被列为奥运会的田径项目，而女子三级跳远在1992年才正式进入奥运会。

■ 跳高：对抗地球引力

跳高是田径运动中的跳跃项目之一，又称"急行跳高"，由有节奏的助跑、单脚起跳、腾空过杆与落地一系列动作组成，以运动员最后成功越过的横杆上缘的高度计算成绩并判定名次。

跳高运动最早起源于古代人越过垂直障碍

【百科链接】

跨越式跳高：

跨越式跳高是跳高运动中技术最简单的。起跳点在横杆外侧30厘米处，助跑方向与横杆呈45度角。

- ▶ 撑杆跳高：技术复杂的运动
- ▶ 铅球：投掷炮弹的游戏
- ▶ 铁饼：源自投石活动
- ▶ 标枪：古代的兵器

爱尔兰：一个拥有悠久历史的国家，与英国隔海相望。该国于1922年从英国殖民统治下独立出来，其北部被称为北爱尔兰，至今仍属于英国。

的活动。现代跳高始于欧洲，18世纪末，苏格兰就已经有了跳高比赛。跳高比赛于19世纪60年代开始流行于欧美国家，在1896年的第一届奥运会上就被列为比赛项目。

跳高的过杆技术有跨越式、剪式、滚式、俯卧式、背越式等几种。比赛时，运动员必须用单脚起跳，他们可以在规定中的任一起跳高度上试跳，但第一高度只有3次试跳机会。

■ 撑杆跳高：技术复杂的运动

撑杆跳高

撑杆跳高起源于古代人类利用木棍、长矛等撑越障碍的活动。运动员双手握住特制的杆子，经快速助跑后，借助杆子的反弹力量使身体腾起，跃过横杆。

撑杆跳高是一项技术复杂的田径运动，其整个动作过程为：运动员双手握住一根特制的杆子，经过快速助跑后，将杆插在插斗内起跳，借助杆子的支撑力和反弹的力量，使身体腾起，跃过横杆。运动员离地后，握杆的手不得向上移动。

据记载，6世纪的爱尔兰有一种与撑杆跳高相似的"撑越过河"的游戏。作为锻炼手段的撑杆跳高运动始于18世纪中叶，而在1896年第一届奥运会中，它被列为正式比赛项目。目前，撑杆跳高的世界纪录已突破6米。

■ 铅球：投掷炮弹的游戏

铅球是田径运动中的投掷项目之一。14世纪中叶，欧洲的炮兵将相当于炮弹重量的石头用于掷远比赛，后来逐渐发展成一项运动。比赛用的铅球呈圆球形，表面光滑，用硬于铜的铁、钢或其他金属做外壳，内部灌有铅或其他金属。男子铅球直径为11至13厘米，重7.26千克；女子铅球直径为9.5至11厘米，重4千克。铅球的推球技术，过

【百科链接】

插斗：
又称插穴，是撑杆跳高的场地设备，用木料或其他坚固的材料制成。进行撑杆跳高时，撑杆必须插入插斗，以帮助运动员发挥技术，防止运动员受到伤害。

去多采用原地推球、侧向滑步推球，后来又逐渐发展为背向滑步推球、旋转推球等。其中，背向滑步推球被大多数优秀运动员所采用。

■ 铁饼：源自投石活动

掷铁饼的运动起源于公元前12至前8世纪希腊人投掷石片的活动，古代奥运会的5项全能运动中就有掷铁饼比赛。

远古时的铁饼并不是铁制的，而是一个圆形石盘。现代铁饼为圆盘形，中间厚、周围薄，用金属、木料或其他代用材料制成。男子铁饼重2千克，直径22厘米；女子铁饼重1千克，直径18厘米。

■ 标枪：古代的兵器

投掷标枪也是一项历史悠久的运动，古人把锋利的尖石绑在树枝上，当做投向野兽和敌人的武器，这就是标枪的雏形。早在公元前5世纪，古希腊就把掷标枪列入了奥运会的5项全能项目。

现代掷标枪运动于19世纪末首先出现在北欧地区，1908年的第四届奥运会和1932年的第十届奥运会先后把男子和女子标枪列入了正式比赛项目。

现代标枪是用金属制成的长杆，带有金属枪头，中段有缠线把手。男子标枪重800克，长260至270厘米；女子标枪重600克，长220至230厘米。

标枪
掷标枪比赛在4米宽的跑道上进行，投出的标枪必须枪尖先落地，枪尖必须落在约29度角的扇形投掷区内才有效。

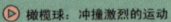

春秋战国时期：周王朝都城东迁以后被称为东周，东周又分为春秋和战国两个时期，所以通常说的东周时期就是春秋战国时期。

▶ 足球：世界第一运动
▶ 橄榄球：冲撞激烈的运动

球类运动

■ 足球：世界第一运动

守门员扑球
守门员的职责是阻止足球进球门，所以无论他的技术动作是否规范、是否漂亮，只要能保证城池不失，那他的风格就不需要改变。

足球运动是一种以脚为主支配球的球类运动，被誉为"世界第一运动"。足球比赛时间长、观众多、竞赛场地大，是世界上开展最广泛、影响最大、最受欢迎的体育项目。2004年，经国际足联认定，足球运动起源于中国古代的球类游戏"蹴鞠"，它最早出现在春秋战国时期。

足球比赛必须在平整的长方形场地上进行，标准的国际比赛场地长100至110米，宽64至75米。比赛用球为圆形，其外壳是用皮革或其他许可的材料制成，圆周为68至71厘米，重量为396至453克。一场足球比赛要有两支球队参加，每队上场队员不得多于11人，其中1人为守门员。足球运动的技术可分为进攻技术和防守技术两大类，在表现形式上主要有传球、接球、运球过人、顶球、掷界外球、抢截球、射门以及守门员技术等。足球运动是一项非常讲求战术——进攻战术和防守战术的运动。进攻战术的主要目的是创造射门得分的机会；防守战术的目的则是保护自己球门不被对方攻破，并努力把球从对方处夺回来，转守为攻。

■ 橄榄球：冲撞激烈的运动

橄榄球原名"拉格比足球"，简称"拉格比（rugby）"，因其形似橄榄，在中国被称为"橄榄球"。橄榄球运动起源于英国，拉格比本是英国中部的一座城市，市内的拉格比学校是橄榄球运动的诞生地。据说，在该校1823年的一次足球赛中，学生埃利斯因踢球失误，情急之下抱球就跑，引得其他球员纷纷效仿。就这样，一个新的运动项目——橄榄球运动逐渐从足球运动中派生出来了。

1839年后，橄榄球运动逐渐在剑桥大学等学校开展起来，并有很多橄榄球俱乐部相继成立。1871年，英国成立了橄榄球协会。此后，这项运动很快传入欧洲各国和美国、加拿大、澳大利亚、新西兰等国。1886年，国际橄榄球联合会成立。

如今，美国、加拿大、澳大利亚等国橄榄球比赛的场地、器材、规则、服装，甚至上场人数、球的大小及比赛方法都各有不同，但它们大致上可以被分为英式橄榄球（又称软式橄榄球）和美式橄榄球（又称硬式橄榄球）两大类。其中英式橄榄球流行较广，目前约有80余个国家和地区开展了这一项目。

橄榄球比赛
橄榄球在美国称为美式足球，是美国最流行的运动，其受欢迎程度远远超过其他体育运动。美国国内主要联赛是"超级碗冠军赛"（Super Bowl），每年都会吸引上千万人观看。

【百科链接】

射门：
足球运动技术术语，指用踢、铲、头顶等技术将球射向对方球门。进球是进攻的最终目的，也是判定比赛胜负的关键。

- 篮球：巨人的运动
- 美国职业篮球联赛
- 排球：空中攻防战

最有价值球员：此奖项以NBA第一任主席莫里斯·波多洛夫命名，授予常规赛综合表现最佳的球员。该奖多由球员、体育记者和电视评论员投票产生。

体育运动篇

■ 篮球：巨人的运动

篮球运动是1891年由美国人詹姆斯·奈史密斯发明的。当时，他在马萨诸塞州斯普林菲尔德基督教青年会国际训练学校任教。当地盛产桃子，孩子们喜欢玩用球投入桃子筐的游戏。他从中得到启发，并参照足球、曲棍球等运动项目的特点创编了篮球游戏。最初的篮球游戏比较简单，场地大小和参加游戏的人数没有限制。后来，随着这一游戏的普及，它在很多方面都得到了发展，并逐渐演化为一项普及全球的运动。国际篮球规则规定，在篮球比赛中，每队由不超过12名队员和2至3名教练员组成，每位队员身着不同号码的队服。比赛时，每队上场5人，一场比赛分4节，每节10分钟，每节结束后休息5分钟，中场休息10分钟。终场时，如两队得分相等，则进行几个决胜期比赛，每个决胜期为5分钟，直到分出胜负为止。

篮球运动独具魅力，深受世界各国人民的喜爱，而国际篮球业余联合会也因此成为世界上成员最多的国际单项运动协会。目前，奥运会男女篮球比赛、世界男女篮球锦标赛、美国NBA职业联赛这三大赛事，代表了世界篮球运动的最高水平。

■ 美国职业篮球联赛

美国职业篮球联赛是由美国国家篮球协会即NBA（National Basketball Association）主办的职业篮球比赛。比赛分为常规赛和季后赛两个阶段，最后进行争夺冠军的总决赛。

常规赛从每年10月的第3个星期日开始，至次年6月结束。比赛将协会所辖的30支球队分为东部和西部两个联盟，每个联盟又分为3个小赛区：东部联盟为大西洋赛区、中部赛区和东南赛区；西部联盟为西南赛区、西北赛区和太平洋赛区。预赛阶段，参赛队要和其他29个队交锋（主、客场制），每队共进行82场比赛。常规赛结束后，两个联盟各选出胜率最高的8支球队进入季后赛。季后赛以淘汰赛制产生东、西部联盟各自的冠军。最后，东、西部联盟的冠军采用7战4胜制决出该年的年度总冠军。年度总冠军队将获得拉里·奥布莱恩奖杯，队里的每位成员都会获得一枚NBA总冠军戒指，其中最优秀的球员会获得NBA总决赛"最有价值球员（MVP）"荣誉称号。

篮球赛

篮球比赛从开始挑球的第一秒钟起，比赛双方即进入实际对抗状态。所以说，对抗性强是篮球运动的重要特征，任何技术都要求在对抗中表现和完成。

【百科链接】

拉里·奥布莱恩奖杯：

NBA总冠军奖杯，设计于1977年，高62.23厘米，重6.8千克，以黄铜打造并镀有24K金。拉里·奥布莱恩是NBA的第三任主席。

篮筐

最原始的篮筐是一个藤编的有底的篓子，由奈史密斯博士发明。1921年，人们设计出空心网底的篮筐，使投入篮筐的球可以自然落下。

■ 排球：空中攻防战

排球运动于1895年起源于美国，最初是在室内网球网的两边将球抛来拍去，使球不落地的一种游戏。后来，这项游戏经过不断改进、完善，

125

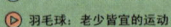

沥青：一种棕黑色有机胶凝状物质，主要成分是沥青质和树脂。沥青低温时质脆，黏结性和防腐性能良好，可作为基础建设材料、原料和燃料等。

▶ 网球：欧洲宫廷运动
▶ 羽毛球：老少皆宜的运动

拦网

拦网是排球的基本技术之一，指队员在球网上空拦阻对方击来的球。拦网是防守反击的第一道防线，是具有攻击性的防守。

【百科链接】

扣球：

排球运动的基本技术之一，由运动员通过合理的助跑起跳，在空中快速挥臂击球来完成。这种积极有效的进攻方法是得分的主要手段。

逐渐演变为排球运动。在发展过程中，排球运动经历了16人制、12人制、9人制和6人制的演变过程。1951年，6人制被正规排球比赛采用并确定下来。

排球比赛场地为18米×9米的长方形，其四周至少要有宽2米的空地，场地上空至少7米内不得有障碍物。横画在场中间的一条线把球场分为相等的两个区域。架设在中线上空的球网被挂在场外的两根圆柱上，女子网高2.24米，男子网高2.43米。比赛所用的球圆周为65至67厘米，重量为260至280克。

排球比赛从发球开始，双方运用垫球、传球、扣球、拦球等技术动作组成进攻和防守。排球比赛技巧性强，且几乎每项技术都具有攻防两重性。另外，排球是集体比赛项目，严密的集体配合非常重要。

■ **网球：欧洲宫廷运动**

网球运动就是2人或4人在中间隔着一道网的长方形场地上用网拍将一个有弹性的绒毛面橡胶小球来回拍击的球类运动。

网球球具

网球选手的网球球拍和比赛用球必须要符合弹性、耐打性、硬度、落点这几个方面的要求。不同水平的选手会有不同要求。

网球运动的起源可以追溯到13世纪法国传教士在教堂回廊里用手掌击球的游戏。14世纪中叶，这种供贵族消遣的室内活动从法国传入英国。1873年，英国人温菲尔德改进了网球打法，将其变成夏天在草坪上进行的娱乐活动。1875年，英国的板球俱乐部制定了网球比赛规则。1877年，英国板球俱乐部在温布尔登举办了第一场草地网球冠军赛。1912年，国际网球联合会在巴黎成立。

目前，国际上水平最高的网球单项比赛除了温布尔登网球锦标赛外，还有澳大利亚网球公开赛、法国网球公开赛和美国网球公开赛。这4大赛事是国际网联承认的球员以个人名义参加的世界性比赛，都设有巨额奖金。

网球场是一块长方形的地面，长23.77米，宽8.23米，有草地、硬地、沙地或沥青涂塑场地等不同类型。位于场地中央的球网高度为91.4厘米，把全场隔成两个半场。标准的网球为白色或黄色，是由毛质纤维覆盖着的橡胶球，直径为6.35至6.67厘米。

■ **羽毛球：老少皆宜的运动**

羽毛球运动是一种在室内室外均可进行的小型球类运动。比赛时，1人或2人为一方，双方中间隔一

羽毛球

羽毛球运动是深受广大群众喜爱的小型球类运动。由于它的运动器材简便，不受场地限制，所以无论有网无网、无论室内、室外，只要有一小块空地，就能进行活动和锻炼。

126

网，用球拍击打羽毛球，令球落在对方场地上或使对方击球失误而得分。这项运动器材设备简单，便于开展，男女老少皆能参加。

现代羽毛球运动始于英国。20世纪初，羽毛球运动从不列颠诸岛流传到世界各国。对于羽毛球比赛来说，参赛者的速度、敏捷性和快速的反应能力至关重要。

■ 棒球和垒球：竞技与智慧的结合

棒球运动
棒球比赛中，进攻一方的击球员双手握棒，根据投手的投球动作和来球的路线采取相应的击球方式，力争将球击到守方队员接不到的远方或空当。

棒球运动是一项集体性的球类运动，其最重要的动作就是以棒击打小球。棒球运动的集体性、对抗性很强，被誉为"竞技与智慧的结合"。棒球比赛需要在设有4个垒位的直角扇形球场上进行，比赛要有两队参赛，每队9人，两队轮流攻守。比赛用的球是以圆形软木、橡胶或类似物质做球心，外面绕以麻线，再以两块白色马皮或牛皮包紧密缝而成的。

垒球运动是由棒球运动衍生而来的，它与棒球运动的不同之处在于：垒球球体较大而软，球棒稍细；其场地面积较小，垒间和投手距离较短；垒球的投手只能低手投球，跑垒员必须等投手的球离手后才能离垒跑进；垒球球速比棒球慢，垒球运动的技术难度和剧烈程度不如棒球。

■ 乒乓球：桌上网球

乒乓球运动起源于英国。19世纪后期，英国有些大学生受到网球运动的启发，在室内以餐桌为球台，以立着的书做球网，以贴有羊皮纸的木板做拍子，将橡胶或软木小球在餐桌上打来打去。19世纪末，用赛璐珞制作的球出现了，它在与球拍撞击时，会发出"乒乓"的声音，所以被称为乒乓球。20世纪初，乒乓球运动在世界各地逐渐开展起来。

随着现代工业的发展，欧洲人把带有胶粒的橡皮贴在球拍上，从而增加了木拍的弹性和摩擦力。20世纪50年代初，日本人又发明了贴有厚海绵的球拍，并创造了远台长抽的进攻型打法。1959年，我国选手容国团获得了第25届世界乒乓球锦标赛男子单打冠军，从此中国选手开始登上世界乒坛。今天，中国的乒乓球技术水平稳居世界前列，乒乓球被公认为是中国的"国球"。

> **【百科链接】**
>
> **赛璐珞：**
> 硝化纤维塑料的英文译音，是一种坚韧、高度易燃但通常无爆炸性的合成热塑性塑料，常被用来制造电影软片、玩具、文具等。

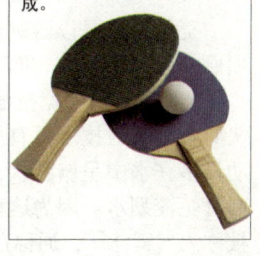

乒乓球与球拍
现在的乒乓球是用赛璐珞制成的，而球拍则由带有胶粒的橡皮贴在木板上制成。

海豚：体型较小的鲸类，分布于世界各大洋，是一种具有灵性的海中哺乳动物，经过人工培训可表演节目。除人以外，海豚的大脑是动物中最发达的。

▶ 竞技游泳：水中竞速
▶ 花样游泳：出水芙蓉

水上运动

■ 竞技游泳：水中竞速

自由泳

自由泳不受姿势限制，其中爬泳速度最快，因此爬泳也就成为自由泳的唯一姿势。这种姿势结构合理，阻力小，速度均匀，是目前世界上最快、最省力的一种游泳姿势。

竞技游泳是以游进速度快慢论胜负的游泳项目，包括自由泳、仰泳、蛙泳和蝶泳等。

自由泳是4种竞技游泳比赛项目中速度最快的一种，对技术没有规则限制。比赛时，运动员多在水中呈俯卧状，两腿交替上下打水，两臂轮流划水。因为这种动作很像爬行，所以被称为"爬泳"，通称自由泳。

仰泳是人仰卧在水上游泳的一种姿势，运动员多用交替划水和交替踢水的方式游进。仰泳时，人的面部在水面之上，呼吸方便，而且这种躺在水面上游泳的方法比较省力。因此，仰泳深受中老年人和体质较弱者的喜爱。

蛙泳是模仿青蛙游泳动作的游泳姿势，也是最古老的一种泳姿。运动员在以蛙泳的姿势游进时，身体俯卧，两腿同时收蹬，两臂同时划水，再经胸前伸出并抬头换气。

蝶泳是在蛙泳的动作基础上演变而来的。从外形看，就像蝴蝶在展翅飞舞，所以人们称它为"蝶泳"。蝶泳是速度仅次于自由泳的泳姿。由于游进时，运动员的腿部动作酷似海豚的动作，所以蝶泳又被称为"海豚泳"。

蛙泳

早在2000至4000年前，在中国、罗马、埃及就有类似的泳姿。

【百科链接】

国际游泳联合会： 简称"国际泳联"，1908年成立。其任务是确定奥运会和其他国际比赛中游泳、跳水、水球和花样游泳的规则，审核确认世界纪录，指导奥运会游泳比赛。

■ 花样游泳：出水芙蓉

花样游泳是指在游动中做各种优美造型和舞蹈动作的艺术性游泳，又称"水中芭蕾"，

花样游泳

花样游泳是女子体育项目，20世纪20年代起源于德国、英国等欧洲国家，原为游泳比赛间歇时的水中表演项目。它由游泳、技巧、舞蹈和音乐编排而成，有"水中芭蕾"之称。

只设女子比赛项目。花样游泳是一项优美的水上竞技项目，运动员必须在水中屏住呼吸，做出多组的推举、旋转、弯曲等动作，而且所有动作不能借助池底的地面来完成。

- 跳水：优美入水
- 赛艇：耐力与节奏
- 滑水：水面上的滑行
- 帆船与帆板：借助风力的运动

体育运动篇

花样游泳比赛分规定动作和自选动作两部分。规定动作是单人基本动作，不加音乐，内容由国际游泳联合会每4年公布一次。比赛时，运动员要穿深色泳装，戴白色泳帽。自选动作分单人、双人和集体3项，运动员根据自选的伴奏音乐创编一套联合动作，其中包括20秒钟的陆上动作和一定数量的水中动作，整套动作在5分钟内完成。比赛可在陆上也可在水中开始，但必须在水中结束。

■ 跳水：优美入水

跳水是奥运会正式竞赛项目之一，分跳板跳水和跳台跳水。跳板跳水，是运动员在一端固定、一端有弹性的跳板上起跳完成的跳水动作，目前标准的跳板距水面的高度为1米和3米。跳台跳水是运动员在平直坚固的跳台上起跳完成的，目前标准跳台距水面的高度为5米、7.5米和10米。运动员由跳板或跳台腾空后，可以直接入水或在空中做各种难度的体操花样动作。

跳水是一项结合杂技艺术的运动项目，它要求运动员具备良好的协调性、柔韧性，以及优美感、平衡感和时间感等素质。中国是世界跳水强国，跳水一直是中国在奥运会和亚运会上的重点夺金项目。

■ 赛艇：耐力与节奏

赛艇运动就是桨手乘坐一种特制的小艇背向前进方向划进的水上运动。小艇的艇身狭长，艇内有可以前后滑动的活动座板，两侧有桨架。赛艇运动起源于欧洲，中世纪时，威尼斯人就把划船作为了一项体育竞赛。1775年，英国制订了赛艇竞赛的规则并建立了赛艇俱乐部。

赛艇可分为单人双桨艇和需要集体配合的双桨、四桨、八桨多人艇，还可分为有舵手艇和无舵手艇。奥运会的赛艇比赛项目，男子有8项，女子有6项。

赛艇比赛的赛场多选择湖面较窄、风浪不大的静水湖，水深要求在4米以上。水面上按12.5至15米的间距设有塑料浮标，构成6条直线航道。

■ 滑水：水面上的滑行

滑水运动是人借助动力的牵引在水面上滑行。滑水者通常穿着水橇，根据滑水者所使用的水橇种类或是否使用水橇，滑水大致可分为花样、回旋、跳跃、尾波、跪板、竞速、

【滑水赛事】
目前世界上重大的滑水赛事有：世界滑水锦标赛、世界杯滑水赛，另外还有不定期举行的单项世界锦标赛。

赤脚等项目。滑水既可以使人感受高速滑行的刺激，又能使人体会翻、转、跳、跃带来的兴奋，感受碧水蓝天下的无穷乐趣。

滑水运动最早起源于20世纪初的英国。20世纪40年代成立了国际滑水联盟，1988年更名为国际滑水联合会。我国的滑水运动始于20世纪60年代，80年代正式成为国家比赛项目。从1986年起，中国开始正式参加国际性滑水比赛，并在世锦赛中两次获得女子花样项目前八名，并获得了60多个亚洲冠军。

■ 帆船与帆板：借助风力的运动

帆板运动是利用装在一块狭长的板体上的三角帆，借助风力作用于帆上所形成的动力

【百科链接】

浮标

浮于水面的一种航标，其功能是标示航道范围，指示出浅滩或危及航行安全的障碍物。浮标的标位由水底的锚碇固定，而连接它与锚碇的是长长的锚链。

129

爱斯基摩人：分布在北极圈内外的土著民族。他们多信仰萨满教，实行一夫一妻制，主要从事陆地或海上狩猎，辅以捕鱼和驯鹿。

▶ 皮划艇：木舟的后裔
▶ 水球：水中手球赛

而进行的水上运动。运动用的帆船是由船体、桅杆、舵、稳向板、索具等部件构成的小而轻的单桅船，又称"快艇"。帆板运动集娱乐性、观赏性、竞技性于一体，是世界上沿海国家和地区最普及、最受欢迎的运动项目之一。

最早用于娱乐活动的帆船诞生于16至17世纪的荷兰。1907年，国际帆船联合会成立，此后帆船运动在世界各地尤其是欧美及大洋洲普遍开展。如今，大多数拥有良好海面的滨海国家，都设有专门的帆船港口。

【百科链接】

桅杆：

船上悬挂帆和旗帜、装设天线、支撑观测台的高的柱杆，为木质的长圆杆或金属柱，通常从船的龙骨或中板上垂直竖起。

■ 皮划艇：木舟的后裔

皮划艇运动是由一个或几个桨手乘坐一种特制的小艇，面向前进方向划进的划船运动。皮划艇实际包括皮艇和划艇两个项目。皮艇脱胎于格陵兰岛上的爱斯基摩人将鲸鱼皮和水獭皮包在骨头架子上制成的小船；划艇则起源于加拿大，因此又称"加拿大划艇"。

1936年第十一届奥运会上，皮划艇运动正式被列为奥运会比赛项目。该比赛原本共设12个项目，后来在1992年的巴塞罗那奥运会上又增设了"皮划艇激流回旋"一项。

皮划艇比赛是一项能够给人极大美感和愉悦享受的运动。它既有激烈的对抗和竞争，也有运动员完美发挥技术时所展现出来的运动之美和韵律之美。

■ 水球：水中手球赛

水球运动是一种在水上进行的球类运动，起源于19世纪60年代的英国。1900年的第二届奥运会上，水球被列为正式比赛项目。第二次世界大战前的历届奥运会上，水球一直是欧洲各国的优势项目。

水球的比赛场地，男子的长30米、宽20米，女子的长25米、宽17米，其水深至少1.80米，两端各有一个高90厘米、宽3米的球门。比赛分两队，每队由7名队员上场，其中1名为守门员，替补运动员不得超过6名。每场比赛为28分钟，分4节进行，每两节之间休息2分钟并交换场地。除守门员外，任何人都不得用双手触球。将球射入对方球门得1分，最后得分多者为胜。

水球比赛
由于水球是在水中进行的集体项目，且比赛相当激烈，所以它要求运动员具有较强的力量、速度、耐力和灵活性。

帆板运动
帆板是借助风帆力量驾驭无舵、无坐舱的船只滑行前进的一项水上运动。帆板由板体、帆杆、三角帆和带有万向节的桅杆组成。

- 跳马：马上的腾空
- 鞍马：木马上的旋转
- 吊环：悬空绳索上的杂技
- 单杠：勇敢者的运动

竞技体操：简称体操。这项运动要求运动员在规定的器械上完成复杂、协调的动作，裁判根据动作的分值或动作的难度编排与完成情况等给予评分。

体育运动篇

体操运动

■ 跳马：马上的腾空

跳马运动是竞技体操项目之一。最初人们使用的是真马，后来改为外形相似的木马，之后木马的马头和马尾又陆续被去掉，逐渐变成了今天我们所见到的样子。

跳马比赛进行时，运动员快速向"马"奔去，踏上放在"马"前的跳板起跳，向前、向上腾空，然后用手推跳"马"表面，使身体第二次腾空，并在空中做出各种动作，最后落地。整个动作通常在5秒钟内完成。

■ 鞍马：木马上的旋转

鞍马是男子竞技体操项目之一。比赛时，运动员要完成成套的动作，包括两臂交替支撑的各种单腿摆越、正反交叉、单双腿全旋和各种移位转体等。

鞍马运动源于跳马。1896年，鞍马被列为体操比赛项目。现代比赛用的鞍马器械长160厘米、宽35厘米，马背中央木环上沿距离

鞍马
男子项目，源于跳马项目。1804年德国著名体操家古茨穆特斯将木马上的马鞍换成了一对铁环，后铁环被木环取代，形成现在的鞍马。

马背12厘米，离地面120厘米，两环相距40至45厘米。

■ 吊环：悬空绳索上的杂技

吊环是男子竞技体操项目之一。早期的吊环运动只有悬垂、支撑和摆荡等动作，被作为体操训练的辅助手段。现代比赛用的吊环是用钢索悬挂在高5.80米立架上的两只木环，环内径20厘米，横截面直径2.8厘米，悬垂点间距50厘米，木环下沿距地面2.55至2.85米。吊环比赛的成套动作由各种摆动动作、用力动作和静止姿势组成，以直臂完成动作为主，要求动静结合，实现高难力量性动作和摆动动作巧妙连接。

吊环
在所有体操项目中，吊环是对力量要求最高的一项。尤其是力量支撑动作，要求运动员保持良好的支撑，控制足够长的时间，其间不能有任何的抖动，神态也要显得很轻松。

■ 单杠：勇敢者的运动

【百科链接】

回环：
器械体操动作的基本术语之一，指身体绕器械轴或握点连续做的由支撑经悬垂再回到支撑的翻转动作。

单杠是男子竞技体操项目之一。现代比赛用单杠是用钢索将一根直径为2.8厘米的铁制横杠固定在两根支柱上组成的，横杠离地面2.55米。单杠的成套动作全部由摆动动作组成，中间不能停顿。单杠比赛时，运动员的身体始终处于各种复杂的运动状态中，非常惊险，扣人心弦，所以单杠运动被人们称为"勇敢者的运动"。

马戏团：进行马戏表演的团体组织，它起源于古罗马的角斗士斗兽场。现代马戏团主要以动物表演为主，同时也夹杂一些杂耍人物的表演。

▶ 双杠：支撑与摆动
▶ 高低杠：上下翻飞
▶ 平衡木：起舞"独木桥"
▶ 蹦床：奥运会上的新贵

■ 双杠：支撑与摆动

双杠也是男子竞技体操项目之一，起源于德国。双杠由4根立柱架设两根平行的木制横杠构成。横杠长3.50米，两杠高度及间距可调节。双杠比赛的成套动作由摆动、摆越、屈伸、弧形摆动、回环、空翻和静止用力等动作组成，要求以摆动和腾空为主。自由体操、吊环、鞍马的许多动作都可以在双杠中运用，所以双杠能让运动员充分表现力量和平衡感。

双杠
双杠比赛的成套动作由摆动、摆越、屈伸、弧形摆动、回环、空翻和静止用力等动作组成，要求以摆动和腾空为主。

■ 高低杠：上下翻飞

高低杠是女子体操竞技项目之一，起源于欧洲。高低杠中的高杠高约2.3米，低杠高约1.5米，高杠和低杠间水平距离约0.45米，可由运动员根据自己的身材或习惯在0.25米范围内进行调节。运动员调节好距离后，往往会在手上、杠上涂些防滑粉。

在高低杠比赛中，运动员通常是从一块有弹性的跳板跳上杠后，通过一系列的摆动、回环动作，并运用转、跳等特殊动作在高、低杠间移动。高低杠运动必须流畅，不能有停顿，整套动作可能包括双手离杠的筋斗、转体等十七八个不同的动作，最后下杠。整个过程通常要求在一分钟内完成。

【百科链接】

转体：
体操动作基本术语之一，指绕身体纵轴转动的动作。在器械上的转体，有绕一臂和绕两臂的转体、两手依次松开器械的转体和两手同时松开器械的转体等。

高低杠
高低杠是女子体操特有的一个项目，由一高一低两副杠组成，杠间距离可以调整。低杠高130至160厘米，高杠高190至240厘米。

■ 平衡木：起舞"独木桥"

平衡木是女子体操竞技项目之一，女运动员要在一根高出地面1.2米、表面宽度约为10厘米的横木上做出一连串的舞蹈与翻腾动作。比赛的成套动作包括各种跳步、转体、平衡、造型及各种翻滚动作。这些动作大都与自由体操动作相似，但难度变大。比赛时，运动员也是从一块跳板上跳上平衡木，在75至90秒的时间内完成动作并跳下平衡木。平衡木动作要求连贯，如果用时不足或超时以及有摇摆、中途落地、停顿等状况都会被扣分。由于运动员不断增加动作难度，平衡木比赛变得越来越精彩。

平衡木
平衡木长5米、宽0.1米、高度依需要可升可降，正式比赛高度为1.2米。平衡木有完成时间的限制，对于成套的动作难度和空中技巧串均有严格规定。

■ 蹦床：奥运会上的新贵

蹦床是指运动员利用蹦床的反弹力来表现杂技技巧的体操运动。最原始的蹦床是由19世纪中叶北美的科曼契印第安人发明的。在中

132

- 自由体操：优美的徒手舞蹈
- 艺术体操：美的享受

耐力：人体长时间运用肌肉持续工作的能力。耐力的提高不仅取决于人体的发育，也和人体负荷的大小有关。耐力可以通过后天锻炼得到提高。

国，200多年前的马戏团中已开始有类似的杂技表演。

现代弹性蹦床的发明者是法国杂技演员特朗波兰。他用麻绳编制成保护网，以加强对"空中飞人"的安全保护，并利用网的弹性将演员抛入空中，便于他们完成各种动作。2000年的第27届奥运会上，蹦床正式成为比赛项目。

比赛用的蹦床框架长5.05米、宽2.91米、高1.15米，网长4.028米、宽2.014米，有弹簧112个。在蹦床比赛中，一位选手需要做出3套不同的动作，第一套为规定动作，第二、三套为自选动作。

和体操的其他项目相比，蹦床运动非常讲究形式与美感。选手在完成动作时，不仅要注意确保动作的技术含量，还要使动作富有艺术感。

■ 自由体操：优美的徒手舞蹈

自由体操是优美的舞蹈动作与惊险的翻腾动作的完美结合。它看起来轻松活泼，其实需要极强的力量与耐力。自由体操的成套动作由各种转体、跨跳、舞蹈动作组成，对技巧的要求很高，全部动作要高低起伏、和谐统一，要求运动员能充分利用场地。

大型的自由体操比赛在12米×12米的弹性专用地板上进行，全部动作必须在场地内完成。运动员可以踩场地边线，但不能过线。比赛开始时，运动员必须先静立于体操场地内，然后开始做动作——男子要在70秒内完成一套动作，女子则要在90秒内完成整套动

自由体操
自由体操的全部动作要高低起伏、和谐统一，要求运动员能充分利用场地。

作，且有音乐伴奏。成套动作的评分从运动员足部的第一个动作开始。

■ 艺术体操：美的享受

艺术体操是一种新型的女子体操项目，起源于19世纪末、20世纪初的欧洲，是运动员徒手或手持轻器械在音乐的伴奏下以自然性和韵律性动作为基础表演的体操。其动作包括走、跑、跳、转体、平衡和身体各部位的摆动、绕环、波浪、屈伸等。艺术体操比赛所用的轻器械有绳、圈、球、棒、带5种。

绳：用麻或合成纤维制成。比赛中用

球操
球操用球由橡胶或有弹性的软塑料制成，技术以各种抛球、拍球和球在身上或地上自由滚动为主，配以球在手上平衡、绕环、螺旋、8字以及转动等动作。

到绳的动作有过绳跳、摆动、绕环、8字、抛接、跳跃、平衡以及各种握法交换等。

球：用橡胶或软塑料制成，直径18至20厘米，重400克以上。比赛用到球的动作有拍球、滚动、转动、绕环、8字、抛接、跳跃、平衡以及旋转等。

棒：用木材或合成材料制成，全长40至50厘米，重150克以上。比赛中能用到棒的动作有绕环、空中转动、抛接、摆动、跳跃、平衡及敲击等。

带：用缎或类似材料制成，长6米、宽4至6厘米，重35克以上。比赛中用到带的动作有绕环、螺旋、抛接、摆动、跳跃、平衡、转体、8字以及蛇形等。

圈：用木材或塑料制成，横断面可以是圆形、方形、椭圆形等，内径80至90厘米，重300克以上。在比赛中用到圈的动作有滚动、转动、8字、绕环、抛接、旋转、钻圈以及平衡等。

【百科链接】

腾越：
体操动作之一，指整个人体腾起后从器械上空越过的动作。该动作因人体腾起较高、飞行时间较长而具有一定危险性。

流线型：前圆后尖，表面光滑，呈水滴状。具有这种形状的物体在流体中运动时所受到的阻力最小，所以汽车、火车、飞机机身等外形常做成流线型。

▶ 速度滑冰：在冰面上飞行
▶ 花样滑冰：冰上芭蕾

冰雪运动

■ 速度滑冰：在冰面上飞行

速度滑冰是一种比拼滑行速度的冰上运动。滑冰运动有着悠久的历史。古代生活在寒冷地带的人们主要通过滑冰穿过冬季冰封的江河湖泊，后来滑冰逐步发展为一种游戏，再后来它成为了一种运动。10世纪时，骨制的冰刀出现；1250年左右，一种钉在木板上的铁制冰刀开始在荷兰盛行，这种冰刀大大提升了滑行速度；17世纪时，有人发明了管式铁制冰刀，使速滑运动有了新的发展。到了现代，速滑运动逐渐走向成熟。

速度滑冰包括短距离、中距离、长距离和全能4个项目。标准速度滑冰竞赛跑道的最大周长为400米，最小周长为333.33米，其内弯道半径必须位于25至26米之间，每条跑道最宽5米，最窄4米。速度滑冰的冰刀刀长刃窄，用滑度好、耐磨、硬度适宜的轻合金材料制成，冰鞋用厚牛皮缝制，运动员穿尼龙紧身全连服（衣、裤、帽、袜和手套连在一起的衣服）。运动员滑行时，上体前倾，两腿深屈，身体呈流线型，双足交替进行单足支撑惯性滑行、单足支撑蹬冰和双足支撑蹬冰3个阶段的循环，动作协调自如，节奏自然流畅，仿佛飞行在冰面上。

【百科链接】

冰刀：
装在冰鞋底下的钢制刀状物。根据其结构和运动特点，冰刀大致可分为速滑冰刀、花样冰刀、冰球冰刀等。

■ 花样滑冰：冰上芭蕾

花样滑冰就是运动员在音乐的伴奏下在冰面上滑出各种图案、表演各种技巧和舞蹈动作的运动项目。它是第一个取得冬季奥运会参赛资格的冬季运动项目。

花样滑冰比赛有单人花样滑冰、双人花样滑冰和冰上舞蹈3个项目。单人滑分规定图形、规定自由滑和自由滑。双人滑比赛分双人规定自由滑和双人自由滑两个阶段进行，由一男一女共同滑行，除表演单人滑动作外，运动员还要完成托举、捻转及双人旋转等动作。冰上舞蹈分规定舞、定型舞和自由舞，它不允许有典型的双人滑动作及单人滑的跳跃与旋转动作，而要求一男一女在冰上做一些步法和姿态表演。

花样滑冰比赛场地长不得小于52米，宽不得小于26米。室内冰场室温应保持在15摄氏度以下，冰面温度为零下5至零下6摄氏度，冰面

花样滑冰
花样滑冰运动在世界上居领先地位的国家有美国、加拿大、英国和俄罗斯。它要求运动员具有力量、耐力、速度、协调、柔韧、灵活、平衡、优美、稳定等素质。

速度滑冰
速滑运动有助于增进身心健康，促进人体新陈代谢，提高心肺功能，增强防寒能力，培养坚毅顽强的意志品质。

- 滑雪：浪漫而刺激的运动
- 现代冬季两项
- 冰球：冰上曲棍球

蒙特利尔：加拿大第二大城市，魁北克省最大城市。因市区内处处充满法国情调，体现出独特的法国文化底蕴，所以被认为是北美的"浪漫之都"。

体育运动篇

厚度不小于3厘米。花样滑冰的冰刀分图形刀和自由滑刀两种，运动员的冰鞋一般按脚形制作，要求高靿、高跟、硬帮、硬底。

花样滑冰动作优美，令人赏心悦目，被誉为"冰上芭蕾"。

■ 滑雪：浪漫而刺激的运动

滑雪是一项既浪漫又刺激的体育运动，是借助于滑雪工具在雪地上滑行的运动竞赛项目。滑雪运动历史悠久，早在5000年前，北欧、西伯利亚等地就已经有人滑雪了。

现代滑雪运动主要包括越野滑雪、高山滑雪和跳台滑雪3种。越野滑雪起源于北欧，运动员运用登山、滑降、转弯、滑行等基本

单板滑雪
它既有冲浪的自由洒脱和流畅优美，又有滑板驰骋雪海的刺激震撼。在纯自然的雪原，畅快随着速度飙升，这就是单板滑雪的魅力，也是它广受人们喜爱的原因。

技术，滑行于山丘雪原。高山滑雪源于欧洲靠近阿尔卑斯山脉的奥地利、瑞士、意大利和法国等国家，包括滑降、回转和大回转3个项目。跳台滑雪需要用到由自然山形特别建造的跳台，滑雪者用专用跳台滑雪板，不带雪杖，不借任何外力，从起跳台起滑，在助滑路上取得较高速度后，在跳台端引身跳跃，身体和滑雪板在空中飞行并在着陆坡着陆。

■ 现代冬季两项

现代冬季两项是越野滑雪和射击相结合的雪上运动。这个项目要求运动员身背5.6毫米小口径专用步枪，每滑行一段距离进行一次射击，直到终点，用时最少者胜出。从起点到终点的时间，加上根据射击中靶情况决定的加罚时间，为该运动员所耗费的总时间。

现代冬季两项的滑雪用具与越野滑雪的用具相同。滑行路线设在丘陵起伏地区，其高度差的最大限度为200米。根据比赛项目的距离长短，可设3至5段滑行路线。起终点可设在射击场附近，射击场的射击距离为50米，靶台用雪铺压而成。

■ 冰球：冰上曲棍球

冰球，又称冰上曲棍球，是多变的滑冰技艺和敏捷娴熟的曲棍球技艺相结合的集体冰上运动项目。

冰球运动起源于加拿大。1857年3月3日，第一次正式的冰球比赛在加拿大蒙特利尔维多利亚冰场举行。1890年，第一个冰球组织——加拿大安大略冰球协会成立。此后，冰球运动迅速普及，并最先传入欧洲，在英国、瑞士、法国、比利时等国发展起来。

冰球比赛中，运动员穿着冰鞋，手拿球杆滑行，拼抢击球。球一般用厚2.54厘米的硬橡胶制成，直径7.62厘米，重156至170克。每场比赛有两队参加，每队上场6人，运动员用球杆将球击入对方球门，以进球多者为胜。由于运动员在冰球比赛中始终保持高速移动，所以规则允许合理的身体冲撞。

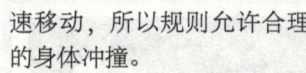

冰球
运动员穿着特制的冰刀、护具和服装，手持球杆在冰场上击球。比赛以击入对方球门内的球数多者为胜。

135

旧石器时代：以使用打制石器为标志的人类物质文化发展阶段。从距今约250万年的时候开始，延续到距今1万年左右为止。

▶ 射箭：古老的渔猎运动
▶ 击剑：骑士的决斗
▶ 射击：考验心理素质

其他体育运动

■ 射箭：古老的渔猎运动

古代的弓箭是作战和狩猎的武器。它在旧石器时代末期就已经出现了。火器问世以后，弓箭逐渐被火枪所代替，而射箭则慢慢演变成人们喜爱的运动项目之一。现代射箭运动最早出现于英国，1844年，英国举行了第一届射箭锦标赛。此后，射箭运动在其他各国广泛开展起来。

参加射箭比赛时，运动员要侧身对靶面，两脚分开站在起射线上，双脚距离与肩同宽，身体垂直于地面，重量平均落在两脚上，眼睛平视前方，身体摆平放稳。做好准备后，运动员要连续做好拉弓、瞄准、撒放和收势等动作。射箭运动要求运动员拥有强壮的胳膊、锐利的双眼和钢铁般的意志。

■ 击剑：骑士的决斗

击剑运动中两人手持特制钢剑，在规定的场地、时间和剑数内，以刺、劈动作进行格斗。它是奥运会的传统竞赛项目之一。

现代击剑器材是由古代冷兵器演变而来的。17世纪，法国人制造了短而轻的剑，进攻用剑尖，防守用剑刃。此后，速度快、技巧性强的击剑运动逐渐形成。1776年，法国人又发明了护面，推动了击剑运动的进一步发展。在1896年的第一届奥运会上，击剑被列为正式比赛项目。

击剑项目分花剑、佩剑、重剑3种。击剑比赛时，运动员必须头戴护面，身穿白色击剑衣裤和长统袜。比赛中，运动员佩戴电动裁判器，当运动员被刺中有效部位时，自己的红色信号灯和对方的绿色信号灯会同时亮起。

■ 射击：考验心理素质

射击是使用枪支对各种预先设置的目标进行射击比赛的一种体育运动。近代射击运动从军事射击和狩猎射击演变而来。早在15世纪，瑞士就举办过一种火绳枪的射击比赛。

射击的竞赛项目按使用枪支和射击方法的不同分为4种类型：步枪项目、手枪项目、移动靶项目和飞碟项目。每种类型按枪支规格、射击姿势、射击距离、射击方法和目标种类的不同，又可分出更多的项目。

击剑比赛

击剑运动中，运动员穿戴击剑服装和护具，在击剑场上以一手持剑互相刺击。先被击中身体有效部位的一方记为被击中一剑。击剑有多种进攻技术和防守技术，选手在规则许可的范围内可运用各种战术取胜。

射击

射击是用枪支对准目标打靶的竞技项目。国际比赛有男女个人项目，也有团体项目。

【百科链接】

火绳枪：

15世纪初出现于欧洲，是一种从枪口装填弹药、用火绳枪机点火发射的火枪。它早期发射石弹，后来发射圆形铅弹。

- 马术：高贵的王者运动
- 摔跤：历史最悠久的竞技运动
- 拳击：以拳头为唯一武器的格斗

飞碟项目：始于18世纪末的英国。该项目最初射击目标为活鸽，后用泥制物代替，现用沥青、石膏等材料混合压制成的碟状物作为射击目标。

体育运动篇

射击运动要求运动员具备很好的平衡力、集中的注意力、精准的视力、稳定的心理和良好的时间感觉等素质。

马术：高贵的王者运动

马术是在马上进行的各种竞技运动，分盛装舞步骑术赛、障碍赛、三日赛3个项目。

在盛装舞步骑术赛中，马和骑手要在长60

马术障碍赛
障碍赛考验马匹的速度和动作准确性，要求马匹在规定的时间内按顺序跨越12至15个水池、模拟石墙和横竿等障碍。

米、宽20米的场地内花12分钟时间完成一系列非常复杂的动作，骑手所选动作的难度以及他完成动作的姿势、风度和艺术水平都是评分的要素。

在障碍赛中，选手要在1000米或略短的距离内越过13个或14个障碍，时速不能低于21千米。

三日赛又称综合全能马术赛。骑手在3日内连续参加3项比赛：第一天进行盛装舞步赛、第二天进行速度、耐力和越野能力比赛，第三天进行障碍赛。三日赛是马术比赛中最艰苦、最考验骑手与马匹的项目。

摔跤：历史最悠久的竞技运动

摔跤是两人徒手较量力求把对方摔倒的一种竞技运动。摔跤在古代奥运会上就已是比赛项目了，目前被列入正式国际比赛的摔跤项目有古典式摔跤和自由式摔跤两种。

古典式摔跤又称"希腊罗马式摔跤"，比赛时，运动员不准抓对方的摔跤服，只可用手臂握抱对手的头颈、躯干或上肢，而不许握抱其下肢或用腿使绊，更不准使用反关节或令人窒息的动作。

自由式摔跤与古典式摔跤相似，但规则更为随意，运动员可以握抱对手的头颈、躯干、上下肢，还可以使绊，直至将对方摔倒两肩着地为止。

古典式摔跤和自由式摔跤均按体重分级别进行。比赛时，运动员要穿角力服和高勒软底角力鞋，一方的服装为红色，另一方的为蓝色。

拳击：以拳头为唯一武器的格斗

拳击是两人戴上拳套在规则的限制下用拳头相互攻击和自卫的竞技运动。拳击比赛按运动员的体重分级，现有12个级别，最轻的是48公斤级，最重的是91公斤以上级。比赛时，运动员穿背心（职业运动员赤裸上身）、短裤，着柔软的专用拳击鞋，手缠绷带，外戴拳套。

拳击
拳击竞赛中，双方通过拳头的对抗，进行体能、技术和心理的较量。拳击竞技的具体表现形式是：两人在正方形的绳围比赛场地中，戴着特制的柔软手套，按一定的规则和技术要求进行攻防对抗。拳击被称为"艺术化的搏斗"。

国际汽车联合会：简称国际汽联，成立于1904年，现有协会会员117个，属于国际奥委会临时承认的国际单项体育联合会。国际汽联总部设在巴黎。

- 跆拳道：源自朝鲜半岛的技击
- 自行车运动
- 一级方程式锦标赛

业余拳击赛采用的是20分制，以3局为1场，每局3分钟，局间休息1分钟；而职业赛多采用5分制和10分制，以12至15局为1场。在比赛中，如果一方被击倒，10秒钟内（含10秒）不能继续比赛，则被判为负方。如双方都没有出现这种情况，那么他们击中对方有效部位的点数就成为得分依据，得分多者为胜方。

■ 跆拳道：源自朝鲜半岛的技击

跆拳道起源于东亚地区特别是朝鲜半岛古老的民间技击术，具有较高的防身自卫及强健体魄的实用价值，由品势（拳套）、搏击、功力检测3部分内容组成。

跆，意为蹬踢、腾跃；拳，意为用拳击打、防御；道，指练习方法，也代表一种精神。跆拳道不仅注重威力和技术，还强调严格的纪律、高超的技巧和强健的体格，注重培养练习者的正义感和刚毅、果敢的品质。

跆拳道是参赛双方直接交手的项目，进攻和防守均可手脚并用，以腿法攻击为主，拳法一般偏重于防守和格挡。跆拳道比赛按体重分级进行，现分为8个级别；每场比赛分为3局，每局2分钟，局间休息半分钟。

■ 自行车运动

自行车运动是以自行车为工具比拼骑行速度的体育运动。自行车运动在1896年的第一届奥运会上就被列为正式比赛项目。目前，自行车运动的竞赛项目包括：场地自行车赛，即在专门供自行车训练和比赛用的赛车场上进行的比赛；公路自行车赛，有点像马拉松，运动员沿公路骑行，最先到达目的地者获胜；自行车越野赛，最长距离为22千米，全程有1/4的地段不能骑自行车，运动员需要扛着车通过。

自行车运动
自行车运动在1896年首届现代奥运会上就被列为正式比赛项目。

■ 一级方程式锦标赛

世界一级方程式锦标赛（F1）是汽车场地比赛项目之一，也是方程式汽车赛中最高级别的比赛。现代世界一级方程式锦标赛于1950年创立于英国，现在每年举行16场比赛，由国际汽车联合会安排。每场比赛的全程距离大约305千米，所用时间不超过2小时。每场比赛取前6名，车手获得的分数依次为10、6、4、3、2和1。赛季结束后，将车手在16场比赛中的成绩相加得出总积分，得分最高者为当年冠军。

F1比赛时使用的是四轮外露的单座赛车，最小质量为600千克。它的底盘以航天飞机的构造方法为理论依据，用碳化纤维制成。赛车的变速器设有6至7个挡位，并采用半自动变速系统。赛车的轮胎采用特殊合成橡胶制造，车身呈流线型，前后部设有扰流装置和翼子板。

【百科链接】
方程式赛车：以共同的方程式（规则限制）造出来的赛车。

一级方程式赛车
一级方程式（F1）赛车是速度最快、规模最大的单座四轮赛车。F1被很多人认为是赛车界最重要的赛事，同时也是世界上最昂贵的运动。

- 拳术：内外合一
- 刀术：勇猛刚劲
- 剑术：轻快敏捷
- 枪术：虚实相济

长拳：中国拳派之一，传统的查拳、花拳、炮捶、红拳均属长拳之列。它的特点是姿势舒展大方，动作灵活快速，刚柔相济，快慢相间，节奏分明。

体育运动篇

中华武术

■ 拳术：内外合一

少林拳术

少林拳术刚劲有力，刚中有柔，利于实战，招招非打即防，攻防兼备，以攻击为主，其风格主要体现一个"硬"字。

拳术是对中国武术中徒手技法的总称，主要分5类：一是内家拳类，包括内家拳、太极拳、八卦掌等；二是长拳类，包括少林拳、通背拳、翻子拳、拦手拳、戳脚、六合拳等；三是南拳类，就是南方各省流行的拳术；四是短拳，又称短打；五是象形拳类，包括猴拳、鹰爪拳、醉拳等。不同的拳种有不同的特点，但其套路都是由手形、步形、手法、步法、腿法以及数量不等的跳跃、平衡、跌扑、滚翻等动作与技术组成的。

■ 刀术：勇猛刚劲

刀是一种用于劈、砍的单面侧刃格斗兵器，

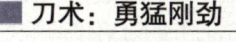

由刀身和刀柄构成。刀身较长，薄刃厚脊，刀柄有短柄和长柄之分。自汉代以来，刀一直是军队装备中的主要格斗兵器，被列为十八般兵器之首。刀的种类很多，有单刀、双刀、朴刀、大刀、短刀、苗刀等，其构造大致相同，基本上都由刀头、刀刃、刀背、护手盘、刀柄及装饰用的刀彩组成。

刀术的特点是勇猛快速、气势逼人、刚劲有力，进行进、退、闪、转和纵跳、翻腾等动作时，都要求刀随身换、身械协调一致。

中国刀术

刀术指刀的使用方法和技巧。刀以劈砍为主，"刀之利，利在砍"，另外还有撩、刺、截、拦、崩、斩、抹、带、缠、裹等刀法。

【百科链接】

武术套路：

一连串含有技击和攻防含义的动作组合，以技击动作为素材，根据攻守进退、动静疾徐、刚柔虚实等矛盾运动的变化规律编成。

■ 剑术：轻快敏捷

剑是一种平直、细长、带尖、两面有刃的短兵械，享有"百刃之君"的美称。剑在殷商以前就出现了；春秋战国时，斗剑、佩剑之风开始盛行；隋唐是剑术发展的鼎盛时期；宋代以后，击剑之风逐渐被舞剑所取代。

剑分剑身、剑柄两大部分。剑身由剑刃、剑锋、剑尖、剑督组成；剑柄由剑格（护手）、剑柄、剑首组成，另外一般还有剑穗（剑袍）作为装饰。

剑的击法有：劈、刺、点、撩、崩、截、抹、穿、挑、提、绞、扫等。剑术的特点是轻快敏捷、潇洒飘逸。

■ 枪术：虚实相济

枪是一种在长柄上装有锐利尖头的兵械，被称为"百兵之王"。枪是长兵器中应用较广泛的一种，分为大枪、花枪、双头枪等。大枪长度在一丈以上，练习者需要具有很大的腰臂

短兵器：古代较短的手持格斗兵器的统称。短兵器的称谓是与较长的手持格斗兵器相对而言的，它一般不及身长，使用者多以单手操持格斗。

▶ 棍术：身棍合一
▶ 推手：四两拨千斤
▶ 散打：中华武术的精华

力量。花枪则比大枪更短更细，枪身软而有弹性，可以抖出繁复的枪花，招数灵活，虚招较多。双头枪是在棍的两端都装有枪尖的枪，俗称"双头蛇"，前后左右皆可扎、刺、点、穿，可被当做短兵器来用，其套路中舞花动作较多。

■ 棍术：身棍合一

棍是武术长器械之一，通常是采用白蜡杆制成的直而长的坚韧圆木杆，但历史上也曾出现过铁制的棍。

棍可分为大棍、齐眉棍、三节棍、手梢子棍等种类。大棍长8尺有余，舞动时需要很大的臂力和腰腿劲儿。齐眉棍高与眉齐，舞动时可大蹦大跳，抡、劈、扫、舞花，灵活多变。三节棍是中间由铁环相连接的三节短木棍，舞动时可长可短，可伸可缩。手梢子棍是一种较为短小的梢子棍，有单手梢子棍和双手梢子棍两种。各种棍虽形状不同，但练起来都离不开劈、蹦、抡、点、拨、撩、扫、舞花等棍法。

■ 推手：四两拨千斤

推手也称"打手"、"揉手"、"搿手"，是太极拳中的双人徒手对抗练习。它综合运用了太极拳的各种身法、步法和招式，是太极拳体系中训练技击能力和劲力感悟性的重要手段，与太极拳的套路互相补充，相得益彰。

进行推手运动时，双方必须保持手臂粘连不脱，在相互粘随的运转中使用特定的技法，致使对方摇摆或失去重心。技术高超者能使对方双脚腾空、掷跌于地，而自己却安稳自若。这一运动的特点是不丢不顶、以静制动、避实就虚、以巧制胜，讲究后发先至。除在个别情况下允许用手或腿锁拿对方关节外，推手一般不准用擒拿、摔跤、打击等技法。

> **推手**
> 太极推手原是太极拳门类的一种练功方法，通过推手，练习者可获得良好的用力技巧，为掌握太极拳技击术打下良好的基础。

■ 散打：中华武术的精华

散打也叫"散手"，古时称之为"相搏"、"手搏"、"技击"等。散打是中华武术的精华，具有独特的民族风格，多年来一直在民间广泛流传。

正式的散打比赛在80厘米高、8米见方的擂台上进行，比赛中允许选手使用踢、打、摔等各种武术流派中的技法，但不允许使用擒拿技法，不许攻击对方喉、裆等要害部位。

现代散打的主要技法有腿法、拳法和摔法，遵循所谓"远踢、近打、贴身摔"的原则，以技术全面、灵活多变见长。腿法的主要技法有侧踹腿、正蹬腿、边腿等；拳法的主要技法有直拳、勾拳、摆拳，后来又逐渐从这些技法中演变出了刺拳、鞭拳等技法；摔法是现代散打的重要标志，可分为投和绊两种，前者主要依靠强力破坏对方重心而使对方失衡，后者则主要靠巧力，难度较大。

> **棍术**
> 棍术是用棍表演的武术套路的总称。练习棍术要求手臂圆熟，梢把兼用，身棍合一，力透棍梢，动作勇猛迅捷。

Part 5
音乐舞蹈篇

重唱：声乐演唱形式之一，指两个以上的演唱者各按自己所分的不同声部演唱同一乐曲。按声部或人数可分为二重唱、三重唱、四重唱、六重唱等。

▷ 音乐的三要素
▷ 乐谱：记录音乐的"文字"
▷ 声乐：人声的歌唱

音乐的王国

■ 音乐的三要素

音乐是用有组织的乐音来表达人们的思想感情、反映现实生活的一种艺术。旋律、节奏、和声是构成音乐的三个基本要素。

旋律又叫曲调，是乐音按照一定的高低长短和强弱关系而横向组织起来的。它是塑造音乐形象的最主要的手段，是音乐的灵魂，是感情的符号。

节奏是各乐音在演奏时的长短关系和强弱关系。由于高低不同的音同时也可以是长短不同和强弱不同的音，因此旋律中必然包含节奏这一要素。节奏包括拍子（音乐进行时的强弱规律）和快慢（音乐进行时的长短、急缓规律）两层意思。

和声是指两个或两个以上的音按一定规律结合起来同时发出而在听觉上产生一种特定效果。这些音组合在一起，能给人以和谐、协调感的乐音叫"协和和弦"；相反，给人以刺耳、不安、压抑、纷扰等感觉的乐音组合就叫"不协和和弦"。和声能直接影响到音乐力度的强弱、节奏的松紧等。

■ 乐谱：记录音乐的"文字"

乐谱是记录音乐的符号系统。中国古代有宫、商、角、徵、羽五音，对应简谱中的1、2、3、5、6，是乐谱的基本音符。现在国际通行的乐谱主要是五线谱和简谱。

● 五线谱

五线谱是目前世界上应用最广泛的记谱法。它在5根等距离的平行横线上以不同时值的音符及其他记号来记载音乐。五线谱的每根线以及线与线之间的

空间，自下而上分别称为第一线、第二线、第三线、第四线、第五线和第一间、第二间、第三间、第四间。线和间如不够用，可在五线谱上下增加线和间。这些新增的线和间分别被称为上加一线、上加一间、下加一线、下加一间等。

● 简谱

简谱是一种简易的记谱法，有字母简谱和数字简谱两种，通常人们所说的都是数字简谱。数字简谱以可动唱名法为基础，用1、2、3、4、5、6、7代表音阶中的7个基本音级，读音为do、re、mi、fa、sol、la、si，休止以0表示。每一个数字的时值名相当于五线谱的4分音符。

五线谱
在五线谱中，音符的位置愈高，音也愈高，反之亦然。而要确定音的具体高低，则必须用谱号来标明。谱号写在五线谱的左端。

【百科链接】
工尺谱：
中国民间传统的记谱法之一，因用工、尺等字记写唱名而得名。它与许多民族乐器的指法和宫调系统联系紧密，在民间歌曲、曲艺、戏曲、器乐中应用广泛。

■ 声乐：人声的歌唱

声乐是以人声演唱为主的音乐形式，大多数声乐作品体裁短小。从演唱的形式来看，声乐大致可以分为合唱、齐唱、重唱、独唱4类。而从演唱风格上区分，它又可分为美声唱法、通俗唱法、民族唱法等。通常我们所说的声乐专指美声唱法。

美声唱法是技术水平较高、较难掌握的一

- 奏鸣曲：四乐章的古典音乐
- 交响曲：由管弦乐队演奏
- 随想曲、狂想曲与幻想曲

曲调：也称旋律。高低起伏的乐音按一定的节奏有序地组织起来，就形成了曲调。曲调是完整的音乐形式中最重要的表现手段之一。

音乐舞蹈篇

种唱法，注重保持最自然的发声状态，发挥嗓子的最大能量，使气息运用自如。美声音调华丽多变，共鸣丰富浑厚，发音持久。

帕瓦罗蒂

帕瓦罗蒂是意大利著名男高音歌唱家，是世界三大男高音之一，被称为"高音C之王"。

■ 奏鸣曲：四乐章的古典音乐

奏鸣曲是由一件独奏乐器演奏或由一件独奏乐器和钢琴合奏的器乐套曲。

奏鸣曲形成于18世纪，它有着严密的组织规则，一般由4个乐章构成。第一乐章为快板，采用的是奏鸣曲式；第二乐章为慢板，采用的是变奏曲式或自由的奏鸣曲式；第三乐章为小步舞曲或谐谑曲；第四乐章为快板或急板，采用的是奏鸣曲式或回旋曲式。各乐章在速度、情绪、主题、调性等方面形成对比，使得作品的整体结构丰满而富于变化。

【百科链接】

气声：

通俗唱法之一，让气流在通过未完全振动的声带时发出，使声音带有明显的气流声，色彩略显暗淡，甚至带有一些哑声，从而更显自然亲切，具有特殊的感染力。

■ 交响曲：由管弦乐队演奏

交响曲是一种大型器乐曲，它通过充分发挥各种乐器的功能和表现力来塑造音乐形象，并由交响乐队来演奏。交响曲一般分4个乐章，第一乐章采用奏鸣曲式，快速、活泼，具有戏剧性，是全曲的思想核心；第二乐章曲调缓慢，是作品的抒情中心；第三乐章大多采用中快速的小步舞曲或谐谑曲，描写人们闲暇、娱乐和嬉戏等日常生活；第四乐章多采用快速的回旋曲式，表现出生活的光辉和乐观情绪。

交响曲是音乐作品中思想内容最深刻、结构最完美、写作技术最全面的大型器乐体裁，是作曲家创作技巧高度发展的体现和产物，它对发挥器乐表现力的广度和深度也有重要意义。

交响乐队

交响乐队一般包括五个乐组：弦乐组、木管组、铜管组、打击乐组和色彩乐器组，乐队经常演奏交响诗、交响组曲、协奏曲等。

■ 随想曲、狂想曲与幻想曲

● 随想曲

随想的原意是奇想、异想，即带有随意性。随想曲结构形式较为自由，通常是由民歌旋律发展成的演奏技巧艰深的乐曲。

● 狂想曲

狂想曲起源于古希腊民间叙事诗的片段，一般由流浪艺人进行演唱。它通常表达的是由英雄事迹、民间传说、风土人情引发的自由幻想。它也是根据歌曲、舞曲等主题改编发展而成的演奏技巧较难的乐曲，有时也指类似于叙事性乐曲的器乐曲。

● 幻想曲

幻想的原意是想象、空想或梦想。幻想曲是一种含有浪漫色彩而无固定曲式的单乐章乐曲。它是18世纪和19世纪初由技术高深的即兴演奏家所创造的一种乐曲，内容丰富，热情奔放。后来，幻想

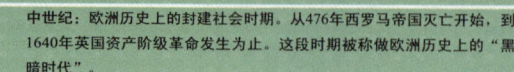

中世纪：欧洲历史上的封建社会时期。从476年西罗马帝国灭亡开始，到1640年英国资产阶级革命发生为止。这段时期被称做欧洲历史上的"黑暗时代"。

▶ 小夜曲：在恋人窗下歌唱
▶ 圆舞曲：旋转的舞曲
▶ 鼓舞士气的进行曲

曲被用于标题音乐中，作曲家根据标题内容和题材拓展丰富了其内涵，使它更富于幻想色彩，甚至有些离奇。

■ 小夜曲：在恋人窗下歌唱

小夜曲原是中世纪时欧洲的行吟诗人在恋人的窗下所唱的爱情歌曲，最早流行于西班牙、意大利等国。演唱时，人们常用吉他、曼陀林等拨弦乐器伴奏，歌声缠绵婉转，悠扬悦耳。后来，器乐独奏的小夜曲也逐渐变得和声乐小夜曲一样流行。

奥地利作曲家莫扎特创作的歌剧《唐·璜》中的小夜曲，就是在少女的窗前弹着曼陀林歌唱的小夜曲的典型。在这一幕中，莫扎特真实地再现了行吟诗人演唱小夜曲的情景。

李斯特

提起狂想曲，人们自然会想到《匈牙利狂想曲》。这一杰作不但充分发挥了钢琴的音乐表现力，而且成为狂想曲中杰出的音乐典范，它的作者就是著名的作曲家、钢琴家、指挥家和音乐活动家李斯特。

小夜曲的演奏

小夜曲产生于17至18世纪的欧洲，原是男人们夜晚向心上人求爱时所唱的歌曲，常用吉他或曼陀林伴奏。

要有3种类型：古老缓慢的圆舞曲、维也纳圆舞曲及法国圆舞曲。现在流行的大多是维也纳圆舞曲，其速度为小快板，特点是节奏明快、旋律流畅。圆舞曲的每个小节常用一个和弦，第一拍重音较突出。

在世界音乐史上，奥地利作曲家约翰·施特劳斯被称为"圆舞曲之王"，《蓝色多瑙河》是他最著名的作品，有"奥地利的第二国歌"之称。

■ 圆舞曲：旋转的舞曲

圆舞曲又名华尔兹（Waltz），起源于欧洲乡间一种慢三拍的舞曲"连德勒"。跳舞时，一对对男女按照舞曲的节奏旋转，动作轻快优美，情绪热烈欢快。

圆舞曲的风格和形式多种多样，主

【百科链接】

曼陀林：

一种小型的弦乐器，有半梨形共鸣箱，短颈，其向后弯曲的琴头呈镰刀形，音孔为椭圆形。演奏时，演奏者用塑料拨片快速反复弹拨琴弦，令琴音清脆嘹亮。

■ 鼓舞士气的进行曲

进行曲是一种按步伐节奏写成的声乐曲或器乐曲，是在军队中用以整齐步伐、壮大军威、鼓舞士气的队列音乐，其曲调规整、节奏鲜明并多带符点音符。

早期的进行曲不拘拍子，结构短小。近代进行曲都用复三部曲式写成，多用双拍或四拍，较少用三拍。雄劲刚健的旋律和坚定有力的节奏是进行曲的基本特点。

除军队进行曲外，还有用于婚、丧、节庆及专供艺术欣赏的进行曲。

爵士乐：来自黑人的音乐
激烈疯狂的摇滚乐

福音歌：又叫赞美诗或圣歌，属于宗教歌曲。歌曲所表达的意思有很多，有的赞美上帝，有的勉励信徒，有的劝世等。

音乐舞蹈篇

■ 爵士乐：来自黑人的音乐

爵士乐是19世纪末20世纪初在美国新奥尔良发展起来的一种流行音乐。

17至18世纪，非洲黑人被贩运到北美成为奴隶，而音乐是他们抒发痛苦、寻求慰藉的主要方式。这些黑人奴隶的音乐保持了非洲音乐的传统，同时又逐渐受到了欧洲音乐的影响。于是，众多美国黑人的音乐形式诞生了，如布鲁斯、拉格泰姆、灵歌、福音歌等。

20世纪初，布鲁斯和拉格泰姆等乐曲在新奥尔良由黑人小型铜管乐队演奏，产生了最初的爵士乐。起初的爵士乐师凭着良好的音乐素质、听觉和记忆力来熟悉基本曲调及其和声结构，以此为主题作即兴变奏。爵士乐的产生不仅影响了其他流行音乐形式（包括音乐剧），也影响了严肃音乐的创作。20世纪，许多欧洲作曲家都曾采用爵士乐作为创作素材。

萨克斯
说到爵士乐，人们想到的第一个乐器就是萨克斯。萨克斯的音色异常迷人，适于演奏现代流行轻音乐。

1951年美国电台音乐节目主持人弗里德首次使用后开始流行，它被用来表示一种节奏强烈、风格独特的黑人歌曲和音乐。1954年，"猫王"普莱斯利把黑人音乐与当时南方白人的乡村音乐结合起来，创造了一种乡村摇滚乐。

20世纪50年代，美国摇滚乐在欧洲风靡一时，其中以英国青年最为狂热，他们纷纷模仿"猫王"的演唱台风及音乐。自1965年起，摇滚乐又有了新的发展：乐队分为多个声部，使用的乐器和音响也更加复杂。

【百科链接】

灵歌：
北美黑人的宗教礼拜歌曲，其内容大多反映黑人遭受残酷奴役、痛苦无奈的悲惨处境。歌曲富于切分节奏，和声近似美国基督教会的赞美诗。

摇滚乐队
一支摇滚乐队一般由吉他手、贝司手、鼓手、键盘手和主唱组成，主唱也可由某个乐手兼任。

■ 激烈疯狂的摇滚乐

摇滚乐是通俗音乐的一种，第二次世界大战后出现于美国。"摇滚"一词自

和声：两个以上不同的音按一定的规律同时发声而构成的乐音组合。和声是西方音乐领域中的概念，距今已有1000多年的历史。

▶ 编钟：最古老的打击乐器
▶ 笛子：清脆悠扬
▶ 二胡：深沉悠远

乐器世界

■ 编钟：最古老的打击乐器

编钟是我国古代特有的一种打击乐器，用青铜铸成。将大小不同的钟按照音调高低的次序排列起来，悬挂在一个钟架上，就构成了编钟。用丁字形的木锤和长形的棒敲打铜钟，它能发出不同的乐音。由于每个钟的音调不同，因此按音谱来敲打不同的钟，可以演奏出美妙的乐曲。

1978年，湖北随州的曾侯乙墓出土了我国战国时期的成套编钟。这套编钟共有8组64件，总重2500多千克，被分为3层悬挂在钟架上。编钟从低音到高音，音域达到5个八度之多，能演奏采用和声、复调和转调手法的中外乐曲。演奏中，不但能运用7声音阶，还能旋宫转调，准确地奏出12个半音。所以说，编钟是我国古代音乐艺术的瑰宝。

■ 笛子：清脆悠扬

笛子是一种吹孔膜鸣的木管乐器，多为竹制，所以又称"竹笛"。它广泛用于中国戏曲、曲艺的伴奏和器乐独奏、合奏中，是我国最古老也最具中国特色的乐器之一。常见的笛子是六孔竹制的膜笛，由笛头、1个吹孔、1个膜孔、6个音孔、1个后出音孔、2个前出音孔和笛尾组成。

笛子的品种很多，其中使用最普遍的是曲笛和梆笛。曲笛流行于我国南方，因常用来伴奏昆曲而得名，其管身粗长，音色柔和，是江南丝竹、苏南吹打、潮州笛套锣鼓和昆曲等戏曲音乐中的重要乐器。梆笛主要流行于北方，以伴奏梆子类戏曲得名，管身细短，音色明亮，常在吹歌会、评剧和梆子类戏曲中使用。

【百科链接】

音阶： 以一定的调式或标准，按音高次序向上或向下排列成的一组音。

编钟
在中国古代，编钟是上层社会专用的乐器，是等级和权力的象征。近代，在中国云南、山西和湖北等地的古代王侯贵族的墓葬中，先后出土了许多古代的编钟。图为曾侯乙墓编钟。

笛子
又叫横笛或竹笛，属于木管乐器家族中的吹孔气鸣乐器类，是典型的中国民族乐器。

■ 二胡：深沉悠远

二胡是中国传统的擦奏弦鸣乐器，因有两条弦而得名。

- 琵琶：民乐之王
- 扬琴：轻快明亮
- 古筝：东方钢琴

音乐舞蹈篇

楠木：我国特有的驰名中外的珍贵树种。楠木是一种极高档的木材，其色浅橙黄略灰，纹理淡雅文静，质地温润柔和，无收缩性，遇雨则会散发出阵阵幽香。

二胡由琴筒、琴杆、弦轴、琴弦、千斤等部分组成。琴筒多以红木、紫檀木或乌木制作，有圆形、六角形、八角形等多种形状，其一端蒙有蛇皮，另一端是雕花音窗。弦轴上系有内、外两根弦，过去用丝弦，现在多用金属或尼龙制成。千斤是二胡上有效弦长的固定点，由稍粗的软丝弦绕扎在琴弦和琴杆上形成。演奏二胡时，演奏者多为坐姿，将琴筒置于左腿上，左手持琴按弦，右手运弓。

二胡能演奏出具有歌唱性的声音，音色深厚、甜润、纯正而雅致，表现力丰富。

■ 琵琶：民乐之王

琵琶是我国历史悠久的拨奏弦鸣乐器。今天的琵琶是由历史上的直项琵琶和曲项琵琶演变而来的。直项琵琶最早出现在秦、汉时期。南北朝时，曲项琵琶由波斯传入我国，演奏者需横抱着曲项琵琶用拨子弹奏。隋唐时，琵琶发生了较大变革，用拨子弹奏改为用手弹奏，演奏姿势也由横弹改为竖弹。此后，琵琶的形制基本定型。琵琶有宽广的音域，合奏时常音区有3个八度，音色变化多样，表现力和演奏技巧丰富，在我国民乐中占有重要地位，素有"民乐之王"的美称。

琵琶
曲项琵琶属于拨弦类弦鸣乐器，南北朝时由波斯传入我国。演奏时，演奏者竖抱琵琶，左手按弦，右手五指弹奏，既可独奏，也可伴奏、合奏。

【百科链接】

拨子：
又称拨片，用于演奏琵琶、阮、柳琴、吉他等乐器，一般由尼龙或赛璐珞制成。

■ 扬琴：轻快明亮

扬琴是中国传统的击弦乐器，是多种戏曲、说唱音乐的伴奏乐器，在广东音乐、江南丝竹、山东琴曲、河南板头曲中占有重要地位。

传统扬琴多为木质扁方形音箱，上有钢丝弦或金属缠弦，少的8至10档，多的达13至18档，每档有2至4根弦。演奏时，琴置于架上，演奏者左右手各执一把琴竹（有弹性的竹制小槌）敲击琴弦。

扬琴
扬琴是中国乐器中唯一的世界性乐器。琴身呈梯形，以竹质双槌击弦振动发音，音色清脆悦耳、悠扬动听。

扬琴的音色丰富多彩，低音区雄厚深沉，中音区纯净透明，高音区清脆明亮。

■ 古筝：东方钢琴

古筝是一种古老的民族乐器，因战国时期盛行于秦地，所以也被称为"秦筝"。

古筝的外形为扁长方形，面板大多用桐木制造，框架为白松，筝首、尾、四周侧板由红木、金丝楠木、紫檀等名贵木材制成。琴面板上张弦，每条弦下设可移动的筝柱，用来调节音高和转调。古筝常用于独奏、重奏、器乐合奏和歌舞、戏曲、曲艺的伴奏，因音域宽广，音色优美动听，被称为"众乐之王"，也有"东方钢琴"的美誉。

秧歌：秧歌是我国历史悠久且最具代表性的一种民间舞蹈形式，也是广场中独具一格的民间集体歌舞艺术。

▶ 唢呐：高亢嘹亮
▶ 钢琴：乐器之王
▶ 小提琴：交响乐队的支柱

■ 唢呐：高亢嘹亮

唢呐是中国传统的簧振气鸣乐器之一，又名喇叭，由哨、气盘、芯子、杆和铜碗组成。哨多用芦苇制成，插在芯子顶端。气盘用来帮助演奏者运气，使口力持久。芯子是一个圆锥形细铜管，可起到调整音高的作用。杆为红木或其他硬质木料，有8个音孔（前7后1）。铜碗又叫喇叭口，用来扩大音量和美化音色。

唢呐声音开朗豪放，高亢嘹亮，刚中有柔，柔中带刚，所以被广泛应用于民间的婚、丧、礼、乐、典、祭及秧歌会等仪式中。

唢呐

唢呐是我国历史悠久、流行广泛、技巧丰富、表现力较强的民间吹管乐器。唢呐的中、低音区音色豪放、刚劲，各种技巧易于发挥，非常富有表现力；高音区紧张而尖锐，应用时要谨慎。

■ 钢琴：乐器之王

钢琴是一种用琴键带动琴槌敲击琴弦发音的键盘乐器，被誉为"乐器之王"。它既能演奏和声与复调音乐，又能担任独奏、重奏、伴奏。它音域宽广，音量宏大，音色变化丰富，高音清脆，中音丰满，低音雄厚，音强或刚或柔，节奏或急或缓，可以表达各种不同的音乐情绪。

钢琴分三角钢琴、立式钢琴和电子钢琴3种。三角钢琴呈羽翼三角形，琴弦是横向排列的，音板平躺在琴弦下方，发音洪亮，琴音传送较远。立式钢琴的外形像个长方形的立柜，琴弦是斜向垂直排列的，音板在琴弦的后面竖立，比较节省空间，不过缺少共鸣，音质较差。电子钢琴的音板由一个连接扩音器的电子并联系统替代，声音从装在乐器底部的扬声器中发出。

钢琴

钢琴因其独特的音响和88个琴键的全音域，历来受到作曲家的钟爱。它在流行、摇滚、爵士以及古典等几乎所有的音乐形式中都扮演了重要角色。

■ 小提琴：交响乐队的支柱

小提琴是一种擦奏弦鸣乐器，是现代管弦乐队弦乐组中最主要的乐器。小提琴主要由琴身和琴颈两个部分组成，两者都是木制的。琴身顶部表面称面板，底部称背板，琴肋称为侧板，三者粘合形成一个空箱，起共鸣作用。琴体内部是一个音柱和低音条，用来传送弦的振动。琴颈和琴头由整条枫木制成，指板则用乌木制成。在琴的顶部有一个弦轴盒，用来固定调弦轴。在琴的指板和面板上方，紧绷着4根用羊肠制作的琴弦。琴弓在琴弦上擦过时，弦会产生振动，发出声响。面板上雕刻着两个音孔，通常呈"F"形，其作用是让声音放出来，加强面板上部的振动。

小提琴的发音近似人声，适于表现温柔、热烈、轻快、辉煌以至最富于戏剧性的强烈感情。

小提琴

现代小提琴已有300多年的历史，其制作本身就是一门极为精致的工艺技术。

【百科链接】

复调：

两段或两段以上相关但又有区别的旋律的自然组合。运用复调手法，可以丰富音乐形象，加强音乐的气势和声部的独立性，营造前呼后应的效果。

■ 大提琴：忧郁深沉的低吟

大提琴是提琴家族中的低音弓弦乐器，是室内乐重奏的重要乐器和富有特性的独奏乐器。除了颈部稍短、边侧稍深外，大提琴的形状和小提琴几乎一样。大提琴是在16世纪发展起来的。17世纪，大提琴主要与竖琴、风琴或琉特琴一起作为伴奏乐器使用。约在17世纪晚期，专为大提琴所作的独奏作品逐渐登上音乐舞台。在乐队中，大提琴常与低音提琴配合，担任弦乐的低音声部。大提琴声音丰厚优美，音色迷人，用于演奏忧郁伤感的旋律时具有一种特别的感人效果。

■ 双簧管与单簧管

双簧管与单簧管都是管弦乐队中最基本的木管乐器。

双簧管是由吹嘴、管身和喇叭组成的。它的管体略呈圆锥形，管身长约60至70厘米，吹嘴为两片薄芦竹片对合在一起而成的双簧哨，装在管口的上端，通过气流吹奏发音。这种乐器的音色清脆恬静，音响穿透力强，力度变化易于控制，善于表达抒情歌唱性的旋律，也能奏出轻快活泼的曲调。

单簧管俗称黑管，它的形状结构与双簧管相似，由吹嘴、小筒、管身和喇叭口组成，管身比双簧管略粗些，吹嘴上附加一个扁平的薄芦竹片，由箍卡固定。小筒与管身之间可以伸缩，以便调整音高。单簧管音域宽广，音色变化丰富，演奏者能灵活自如地变化声音的强弱，既可以演奏清新优美的旋律，也能演奏快速华丽的舞曲。

■ 竖琴：最古老的拨弦乐器

竖琴是一种古老的大型弹拨乐器。它的琴身是木制结构，呈三角形，主要由一根垂直的前柱、一个斜立的长条形音箱和位于上方的弯曲琴颈组成。与前柱平行的琴弦自上而下绷在琴颈与音箱上。现代竖琴都是落地式的，形状巨大，有47条不同长度的弦，音域与钢琴相仿。它还有7个踏板，可改变弦音的高低，奏出所有的调性。竖琴是交响乐队以及歌舞剧中特殊的色彩性乐器，主要担任和声伴奏和滑奏式的装饰句。而在室内乐中，竖琴也是重要的独奏乐器。

■ 管弦乐队中的鼓

鼓属于打击乐器。一般的管弦乐队中常用的鼓有定音鼓、大鼓、小鼓等。

定音鼓是管弦乐队中最重要的打击乐器，它的鼓体是一个口朝上的碗状物，一般为铜制，上覆合成革制成的鼓面，鼓身下有支脚。

大鼓是管弦乐队中最大的鼓，直径近1米，鼓筒大而浅，一面或两面蒙以羊皮，演奏时，鼓面通常平行于地面。大鼓发音低沉，余音长，能起到加强乐队低音的作用。它也可作为效果乐器，用以模仿雷鸣、大炮声等。

小鼓也叫小军鼓，是无固定音高的打击乐器，鼓身为圆柱形，两面蒙羊皮，一面的皮膜上装有一些羊肠或金属响弦，打击时可以产生"沙沙"声。若将响弦拿掉，小鼓音色会大为不同。

单簧管

单簧管是木管乐器的一种，通常用非洲黑木制造。它在吹口处固定一个簧片，吹奏者配合下唇适当的压力，通过簧片和吹口的空间吹气时，薄薄的簧片产生振动，使管内的空气柱开始振动，从而发出柔美的声音。

【百科链接】

音高：
即声音的高低，由音波振动的频率来决定。频率高则音高，频率低则音低。

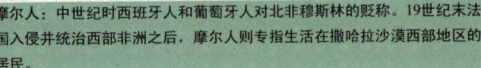

摩尔人：中世纪时西班牙人和葡萄牙人对北非穆斯林的贬称。19世纪末法国入侵并统治西部非洲之后，摩尔人则专指生活在撒哈拉沙漠西部地区的居民。

▶ 铜管乐器
▶ 吉他：最流行的民间乐器
▶ 风笛：悠扬的苏格兰风

■ 铜管乐器

铜管乐器在管弦乐队内通常由4支圆号、3支小号、2支中音号、1支低音大号、1支大号组成，每种铜管乐器上都有一个杯形或漏斗形吹嘴，吹奏者双唇压在吹嘴上，通过吹气使嘴唇振动，从而发声。

圆号

圆号属于唇振动气鸣乐器，广泛用于管弦乐队、军乐队中，又名"法国号"。细长的圆锥形管身卷曲成圆形，号嘴为漏斗形，喇叭口较大。

圆号是盘成圈状的铜管乐器，展开长度大于335厘米，喇叭口直径大约33厘米。圆号声音柔和、丰满，能很好地和木管、弦乐器的声音融合。

小号最早的祖先是装上号嘴的兽角，现代小号是有圆柱形管腔的金属管乐器，装有3个阀键。号管的最后1/4直径逐渐增大，以一个喇叭口收尾。小号的发音清脆、嘹亮，常用来表现军队凯旋等意境。

大号的铜制管体类似小号，但比较粗大，呈圆锥形。号嘴呈杯状，在管体的侧面，通过号嘴与嘴唇的振动发音。大号具有沉重、深厚而丰富的音色，一般被用做支撑乐队坚实丰满和声的基础低音。

长号又称拉管，通过滑管来改变号身的长度和基音的音高。长号音色丰满，富有威力，可奏出刚劲、明快、柔和及长号特有的滑音等效果。长号还大量用于爵士乐队，被称为"爵士乐之王"。

【百科链接】

滑音：

音乐进行中两个音之间不直接作音程的跳跃，而是依序连续演奏两音中间的无数个音高作为连接，因给人一种滑行的感觉，故名"滑音"。

■ 吉他：最流行的民间乐器

吉他也叫六弦琴，是一种弹拨乐器，形状与提琴相似。其高音和中音清脆明亮，低音雄浑低沉。人们一般认为，吉他最初是由摩尔人在中世纪从非洲带到西班牙的，后经过改进，用于歌舞伴奏。约1790年，现代吉他的基本形制才确定下来。

电吉他

吉他的祖先可以追溯到公元前两三千年时古埃及的弹拨乐器耐法尔及古巴比伦和古波斯的各种古弹拨乐器。现代的电吉他是摇滚乐队必不可少的乐器。

现代吉他有6根弦，在19世纪时已经十分流行。它经常用于演奏通俗音乐，如摇滚乐、波普乐和爵士乐等。目前最常见的吉他是低音吉他和连接扩音器的电吉他。

■ 风笛：悠扬的苏格兰风

风笛是流行于欧洲各国的一种民间乐器，它由几个安装在皮制风袋上的簧管组成。演奏者将风袋的气流送到簧管，就会发出声音。

风笛的音域一般都限制在一个八度以内，也有少数能演奏两个八度。这种乐器音色淳朴、穿透力强，露天演奏也能够让观众听得很清楚，尤其是它的持续低音最富特色。它是苏格兰最有代表性的民间乐器，被广泛用于民间婚丧喜庆等节日活动和军队行进、礼仪活动中。

演奏风笛的苏格兰人

风笛起源于古罗马，是在欧洲广泛流行的民间乐器。而苏格兰风笛还连接着一长串代表苏格兰高地传统文化的历史。

著名音乐家

■ 巴赫：西方音乐之父

巴赫

巴赫（1685~1750），德国伟大的作曲家。他是把西欧不同民族的音乐风格融为一体的开山大师。

巴赫是德国最伟大的作曲家之一。他的创作以复调手法为主，构思严密，感情内敛，富于哲理性和逻辑性，并在德国民族音乐的基础上，集16世纪以来尼德兰、意大利和法国等国音乐之大成，是巴洛克时期音乐发展的顶峰。巴赫一生的作品浩如烟海，这些作品对欧洲近代音乐的发展产生了极其深远的影响，为世界古典音乐树立了丰碑。因此，巴赫也被称为"西方音乐之父"。

■ 海顿：交响乐之父

海顿是奥地利著名的作曲家，是维也纳古典乐派的早期代表人物。海顿的创作涉及很广，其中以交响乐和弦乐四重奏最为杰出。他把交响乐固定为4个乐章的形式，并在配器上形成了一套完整的交响乐队编制，为现代交响乐的发展奠定了基础。海顿的音乐旋律丰富，流露出纯朴、开朗的乡间气息。他在四重奏创作中，常用"说话的原则"使各部的主题"彼此像交谈般地呼应"，从而使作品既有清晰的旋律又有复调的美。

■ 莫扎特：音乐神童

莫扎特是奥地利伟大的作曲家，是维也纳古典乐派的杰出代表，自幼就因极高的音乐天赋被誉为"神童"。莫扎特的作品风格诚挚、细腻、通俗、优雅、轻灵、流利，充满了乐观主义情绪。他广泛采用各种乐曲形式，成功把德国、奥地利、意大利等国的民族音乐和欧洲传统音乐联系在了一起，为西方音乐的发展开辟了新的道路。

莫扎特的作品手法新颖，旋律纯朴优美，配器注重音色效果，发挥了复调音乐的积极作用，对后世音乐创作产生了极大的影响。他在短促的一生中共创作了75部作品，留下了《费加罗的婚礼》《唐·璜》《魔笛》等著名歌剧。

■ "乐圣"贝多芬

贝多芬是德国最伟大的音乐家之一。他一生信仰共和，崇尚英雄，因而创作了大量充满时代气息的作品，如交响曲《英雄》《命运》，序曲《哀格蒙特》，钢琴奏鸣曲《悲怆》《月光》《暴风雨》《热情》等。贝多芬的作品受到了18世纪启蒙运动的影响，个性鲜明，其作品集古典音乐之大成，同时开辟了浪漫音乐的道路，对世界音乐的发展有着举足轻重的作用。因此，贝多芬被尊称为"乐圣"。

贝多芬

贝多芬是音乐史上最伟大的作曲家之一。他的创作集中体现了他那巨人般的性格，反映了那个时代的进步思想。他的英雄主义形象可以用"通过苦难走向欢乐，通过斗争获得胜利"这句话来概括。

维也纳：世界名城，位于奥地利东北部阿尔卑斯山北麓，多瑙河穿城而过，四周环绕着著名的维也纳森林。维也纳是奥地利的政治、经济和文化中心。

▶ 歌曲之王舒伯特
▶ "钢琴诗人"肖邦
▶ 约翰·施特劳斯：圆舞曲之王
▶ 柴可夫斯基：俄罗斯之魂

■ 歌曲之王舒伯特

舒伯特是奥地利伟大的作曲家，是浪漫主义音乐的开创者之一。他采用和声上的色彩变化，用各种音乐体裁形式来刻画个人的心理活动，将瞬间的遐想行之于乐谱，把自己所能感受到的一切化为音乐形象。在短短31年的生命历程中，舒伯特创作了600多首歌曲，18部歌剧、歌唱剧和配剧音乐，10部交响曲，19首弦乐四重奏，22首钢琴奏鸣曲，4首小提琴奏鸣曲以及其他许多作品。他为歌德、席勒、米勒等不少诗人的作品写了大量歌曲。舒伯特把音乐与诗歌紧密结合在一起，因而被称为"歌曲之王"。

■ "钢琴诗人"肖邦

肖邦是波兰伟大的音乐家，被称为"钢琴诗人"，因为他一生不离钢琴，其作品也几乎都是钢琴曲。肖邦的音乐具有浓厚的波兰民族风格，同时他又敢于大胆创新，赋予作品新的思想内容。他的旋律具有高度的感情表现力，极富个性；他的和声新颖大胆，钢琴声音细腻而富于色彩……这一切都构成了新颖独特的肖邦风格。肖邦为欧洲音乐的发展做出了重大贡献。

肖邦

肖邦音乐的高度思想价值，在于它反映了19世纪30至40年代欧洲资产阶级民族运动总潮流的一个侧面，喊出了受压迫、受奴役的波兰民族愤怒和反抗的声音。

■ 约翰·施特劳斯：圆舞曲之王

约翰·施特劳斯是奥地利著名的轻音乐作曲家，出生在舞蹈风行的维也纳，与同为音乐家的父亲老约翰·施特劳斯同名，有"圆舞曲之王"的美誉。他的圆舞曲旋律酣畅，柔美动听，节奏自由，生机盎然，极具个人特色，是每年维也纳新年音乐会的主要曲目。他的作品以《蓝色多瑙河》《维也纳森林的故事》《艺术家的生活》《春之声》等120余首维也纳圆舞曲最为著名。

约翰·施特劳斯

奥地利的轻音乐作曲家、指挥家、小提琴家，出生在维也纳的一个音乐家庭，与其父老约翰·施特劳斯同名。

■ 柴可夫斯基：俄罗斯之魂

柴可夫斯基是俄罗斯历史上最伟大的作曲家，俄罗斯民族音乐与西欧古典音乐的集大成者。他不仅是现实主义和浪漫主义结合的典范，更是一位擅长以音乐描绘心理活动的大师。他的作品旋律优美，通俗易懂而又不乏深刻性。同时，由于他的音乐基调是建立在民歌和民间舞蹈的基础上的，所以他的作品总是呈现出浓烈的生活气息。

柴可夫斯基的许多作品都举世闻名，如歌剧《叶甫盖尼·奥涅金》《黑桃皇后》，芭蕾舞剧《天鹅湖》《睡美人》，交响曲《第四交响曲》《第五交响曲》等。

【百科链接】

波尔卡：

捷克的一种民间舞曲，盛行于19世纪的欧洲。其特点是采用2/4拍创造出快速、活泼、跳跃的效果，而在第2拍的后半拍上常会有稍微停顿的装饰性处理。

- "盲人阿炳"华彦钧
- 时代歌手聂耳
- 人民音乐家冼星海

鲁迅艺术学院：简称"鲁艺"，抗日战争时期中国共产党为培养抗战文艺干部和文艺工作者而创办的一所综合性文学艺术学校。

音乐舞蹈篇

"盲人阿炳"华彦钧

华彦钧（1893~1950），我国著名的民间音乐家，小名阿炳，江苏无锡东亭人。他自幼随父亲学习音乐，4岁丧母，21岁患眼病，35岁时双目失明，在无锡市以沿街卖唱卖艺为生，饱尝人间苦难。

阿炳的器乐演奏技艺超群，他曾广泛学习各种民间音乐，能超脱狭隘的师承和模仿观念，根据自己对现实生活的感受来创作、演奏各种器乐曲。出于种种原因，他一生中的大部分作品未能流传于世，仅有二胡曲《二泉映月》《听松》《寒春风曲》和琵琶曲《大浪淘沙》《昭君出塞》《龙船》等得以保存下来。这些作品都是中华民族音乐殿堂中的瑰宝。

曲15首和根据民间音乐整理改编的民族器乐合奏4首、口琴曲2首，他共创作了41首音乐作品。他的作品具有鲜明的民族特征和时代精神，他是我国当之无愧的革命音乐的开路先锋。

人民音乐家冼星海

冼星海（1905~1945），中国现代著名音乐家，原籍广东番禺。冼星海1935年秋在上海、武汉等地投身抗日救亡运动，1938年到延安鲁迅艺术学院音乐系任教，两年后到苏联学习、工作，1945年病逝于莫斯科。

冼星海现存的作品有近300件，这些作品富于艺术性、民族性和时代感，一些作品如《黄河大合唱》等已经成为中国现代音乐发展史上的里程碑。

时代歌手聂耳

聂耳（1912~1935），我国现代著名音乐家，原名聂守信，字子义，云南玉溪人。大革命时期，聂耳曾参加过进步学生运动。后来，他发起并组织了中国新兴音乐研究会，还为左翼进步电影、话剧、舞台剧作曲。1935年，聂耳写下了后来被定为国歌的《义勇军进行曲》。同年，他在日本游泳时不幸溺死于藤泽市鹄沼海中。

聂耳真正从事音乐创作的时间只有2年左右，但他却为8部电影、3部话剧、1部舞台剧写了20首主题歌或插曲，加上其他歌

聂耳

聂耳一生共创作了41部音乐作品，这些作品大多是在他去世前不到两年的时间里完成的，其中反映工人阶级生活和斗争的歌曲占有较大比重，表现了他的坚强斗志和对劳苦大众的深切同情。

【百科链接】

主题歌：
　　表述影片主题思想或概括影片基本内容、人物性格、戏剧矛盾冲突的歌曲，常在影片中反复播放。

冼星海指挥《黄河大合唱》

冼星海在短促的一生中共作歌曲数百首、大合唱4部、歌剧1部、交响曲2部、管弦乐组曲4部、狂想曲1部等。其中，《黄河大合唱》是冼星海最重要也是最具影响力的一部代表作。

> 萨满教：在原始信仰基础上逐渐发展起来的一种民间信仰性质的宗教。该教在我国北方各民族的宗教信仰中曾长期占据主导地位。

- ▶ 长袖善舞的绸舞
- ▶ 边击边跳的长鼓舞
- ▶ 祭祀驱邪的萨满舞
- ▶ 狮舞与龙舞：民间的狂欢

舞蹈艺术

■ 长袖善舞的绸舞

绸舞

绸舞是中国汉族民间舞蹈的一种，因舞者舞动色彩各异、长短不同的绸带而得名。汉代画像石、画像砖上已有舞绸者的形象。

绸舞是中国汉族的一种民间舞蹈，因舞者舞动的是色彩各异、长短不同的绸带而得名。绸舞历史悠久，早在汉代的画像石、画像砖上就已经出现了舞绸者的形象。绸舞所用的绸带宽约0.9至1米，长4至8米，分长短两种。长绸又分单手舞绸和双手舞绸两种，短绸一般用于秧歌等民间歌舞中。舞者握着绸带一端的短木棍，配合各种步伐和舞姿，能舞出各种绸花。

■ 边击边跳的长鼓舞

长鼓舞是我国一种少数民族舞蹈，其最明显的特征是击打长鼓、边击边舞。长鼓舞在我国好几个少数民族中盛行，不过以朝鲜族和瑶族的最具代表性。

朝鲜族长鼓舞所用的长鼓为筒形，鼓身为木质，两端粗，蒙着羊皮或驴皮，中间细。跳舞时，舞者将鼓横在胸前，用手或鼓槌敲出不同的节奏，随拍起舞。

瑶族长鼓舞的鼓有大小之分：大的长约1米，小的约0.8米，都为筒形、细腰。表演时，人们常用黄泥涂抹鼓面，以调节音色和音阶。大长鼓通常为1人领舞，小长鼓是2至4人对打起舞。

■ 祭祀驱邪的萨满舞

萨满舞是指萨满教巫师在祭祀、驱邪、祛病等活动中所跳的一种舞蹈。"萨满"一词原意为因兴奋而狂舞的人，后来演变为对萨满

> 【百科链接】
>
> **图腾崇拜：**
> 一种宗教信仰，约产生于氏族公社时期。原始人相信每个氏族都与某种动物、植物或其他自然物有亲属或特殊关系，那些被视为图腾的动植物即是该氏族的神圣标志。

教巫师的称谓。萨满舞表现了原始宗教信奉万物有灵和图腾崇拜的内涵。舞蹈时，巫师以兽骨、兽牙装扮自己，手执既是法器又是伴奏乐器的抓鼓，头戴鹿角帽或熊头帽，或以鹰翎做装饰。其舞蹈动作也大多模拟野兽或雄鹰。萨满舞在祷词、咒语、吟唱和鼓声中进行，充满了神秘色彩。

■ 狮舞与龙舞：民间的狂欢

狮舞和龙舞都是我国民间的传统舞蹈。

狮舞早在汉代就已出现。在中国民间，狮子被认为是吉祥的化身，因此人们每逢年节都要舞狮：一个扮成武士的引狮人手持彩球，在锣鼓、唢呐、笙管等乐器的伴奏下引

朝鲜族长鼓舞

朝鲜族长鼓为两面鼓，其两端音高不同。舞者肩挎长鼓，右手持鼓槌，边跳边敲鼓，身、鼓、神融为一体，十分协调。

▶ 芭蕾舞：脚尖上的艺术
▶ 浪漫激情的拉丁舞

桑巴：起源于非洲，流行于拉丁美洲，在巴西被称为"国舞"。桑巴舞是一种集体性的交谊舞蹈，参加者少则几十人，多则上万人。

音乐舞蹈篇

狮起舞，热闹壮观。

龙舞因舞蹈者手持龙形的道具而得名，同样起源于汉代。舞龙灯是流传最广泛的龙舞形式之一。起舞时，一人手持象征宝珠的彩灯在前领舞，其他人分别举着龙头、龙身和龙尾下的木柄随之舞动，表演"二龙戏珠"等精彩节目。

龙舞
龙舞也称为"舞龙"，也有的地方叫做"龙灯舞"，是广泛流行于中国各地如广东、浙江、四川、重庆、湖北、湖南及山西等省的一种民间舞蹈形式。

芭蕾舞
芭蕾是法语ballet的音译，原意就是舞蹈。芭蕾舞鞋能够承受的巨大荷重可以跟足球鞋相提并论。芭蕾舞鞋的关键在鞋尖，鞋尖不仅柔软，而且具有相当大的安全系数，即使跳时鞋尖断裂，女演员也不会因此受伤。

芭蕾舞鞋是用柔软的薄皮革或帆布制成的。男演员一般穿标准舞鞋，而女演员则使用脚尖舞鞋。脚尖舞鞋是在普通舞鞋的鞋尖部分增垫棉花、松香或轻质木檀，并在鞋尖上用线缝纳多次而成，可以帮助女演员长时间用脚尖走、跑和跳。

■ 芭蕾舞：脚尖上的艺术

芭蕾舞是欧洲的一种古典舞蹈形式，它是在欧洲民间舞的基础上，经过几个世纪的加工提炼而形成的，具有严格的规范和结构。因为这种舞极其轻盈、舒缓而优雅，所以又被称为"脚尖上的艺术"。

芭蕾舞演员所穿的芭蕾舞裙由几层薄纱打褶重叠而成，有长短之分：短裙多出现在古典芭蕾舞中，如《天鹅湖》；长裙则多出现在浪漫芭蕾舞中，如《仙凡之恋》。古典芭蕾舞的女演员一般都会把长发绾成一个髻，使得脖子和头部的线条更加清晰。

【百科链接】

木檀：
木制的鞋檀。鞋檀是指鞋的成型模具，它不仅决定鞋的造型和式样，更决定鞋是否合脚，能否起到保护作用。

■ 浪漫激情的拉丁舞

拉丁舞发源于拉丁美洲，反映了拉丁民族的性格，主要包括恰恰、伦巴、桑巴3类。

恰恰舞起源于墨西哥，音乐为4/4拍，节奏感强，舞态花哨，舞步利落紧凑。恰恰舞最大的特点是每小节重音都伴随着扭胯动作，而且它是体育舞蹈中唯一以女士领舞的

拉丁舞
拉丁舞是拉丁国标舞的起源。它的特点是随意、休闲、放松，有较大的自由发挥空间。它是在漫长的历史长河中形成的激情、火热、浪漫而又富有活力的艺术表现形式。

奥地利：位于欧洲中部，是著名的山国，同时也是欧洲重要的交通枢纽。奥地利水力资源、森林资源和矿产资源丰富，经济发达。

▶ 踢踏舞：用来听的舞蹈
▶ 华尔兹：最受欢迎的舞蹈
▶ 狐步舞：狐狸般的舞步
▶ 探戈：严肃的双人舞

舞种，男士的动作要围绕女士进行。

伦巴舞起源于古巴，是表达男女爱慕情感的一种舞蹈，其音乐为4/4拍。它的特点是音乐缠绵，舞态柔美，舞步婀娜款摆。

桑巴舞盛行于巴西，被称为巴西的"国舞"，其音乐为4/4或2/4拍。它原是一种激昂的肚皮舞，以上下抖动腹部、摇动臀部为主要特征，音乐热烈，舞态富有动感，舞步摇曳多变，给人以激情似火的感觉。

■ 踢踏舞：用来听的舞蹈

踢踏舞是一种以脚掌击打地面强调节奏技巧的表演性舞蹈，源于爱尔兰等地的木鞋舞。踢踏舞的基本技巧是用脚跟、脚掌、脚尖击打地面发出响声，踢踏舞舞鞋的前后掌处都加有金属片，使其击地的响声清脆悦耳。

踢踏舞可以说是一种用来"听"的舞蹈，它主要靠丰富而复杂的节奏变化来取悦观众。表演踢踏舞最重要的是节奏要清晰。在一个优秀舞者的脚下，不管是多快的节奏、多复杂的舞步、多轻的声音，都能被演绎得清清楚楚。

■ 华尔兹：最受欢迎的舞蹈

华尔兹是起源于奥地利、德国的民间舞蹈，后传入宫廷，成了宫廷舞蹈中的主角。跳华尔兹时，男女舞者相对而立，男子的左手搀握女伴的右手，右手轻托女伴的腰背，女子左手扶住男伴的右肩背，上身始终保持直立，这样不仅姿态典雅大方，更便于双方进行情感交流。

华尔兹舞步以3拍滑行步为主，连续旋转，形式自由简单，又可随意发挥。所以，它在19世纪风靡欧美各国，无论在民间舞会还是宫廷舞会中，它都是最受欢迎的舞蹈。

■ 狐步舞：狐狸般的舞步

狐步舞据说是模仿狐狸行走姿态的一种舞蹈。狐步舞的风格特点是步幅宽大平滑、步态悠闲惬意、步伐迂回圆滑、线路曲折多变，富于线条美和流动感，宛如行云流水，给人一种飘逸超然的美感。

狐步舞流传开来后，逐渐分化为慢、快两种：慢狐步舞就是当今的狐步舞；快狐步舞后来演变成为快步舞，风行于欧美各国。

■ 探戈：严肃的双人舞

探戈是一种起源于阿根廷的双人舞蹈。探戈的舞蹈风格含蓄、潇洒，富于表现力。与早期的舞厅舞相比，探戈舞的特点在于：男士穿深色晚礼服，打领结，女士着一侧高开叉的长裙；男女双方不对视，定位时都向自己的左侧看；双方必须表情严肃，并要表现出一种东张西望、小心提防的神态；男女舞者始终交臂而舞，靠得较近，男士搂抱女士的右臂，女士的左臂要更向里一些；男士的重心偏移在右脚上，而女士的则在左

【百科链接】

即兴： 指事先毫无准备，仅就当时的感受来进行创作、表演。

华尔兹
华尔兹也称"慢三步"，是一种3拍的舞蹈，动作如流水般顺畅，潇洒自如，典雅大方，故其享有"舞中皇后"的美称。

- 现代舞：自由的舞蹈
- 印度舞：花样繁多的手势
- 阿拉伯肚皮舞

印度河文明：已知的南亚次大陆最早的城市文化，晚于尼罗河流域文明和两河流域文明，其遗址先后于1921年和1922年被发现。

音乐舞蹈篇

探戈

相传阿根廷男士与女伴跳探戈时都要腰佩短剑，以防情敌干扰。因此探戈舞者的特点是面部表情严肃，拧身快速转头，不时左顾右盼。

脚上；二人当中以男士为主导，女士随着男士舞动，随着切分节奏的变化，女士的身体常有短暂的后仰突出顿步；舞步没有一定的程式，舞者可以即兴发挥创作动作花样。

■ 现代舞：自由的舞蹈

现代舞是20世纪初在西方兴起的与古典芭蕾舞相对立的舞蹈派别。它强调舞蹈艺术要反映现代社会生活，反对古典芭蕾舞因循守旧、脱离现实生活和单纯追求技巧的形式主义倾向，主张摆脱僵化的动作程式束缚，以合乎自然规律的舞蹈动作，自由地抒发人的真实情感。

现代舞的创立者是美国最著名的舞蹈家依莎多拉·邓肯（1878~1927）。

■ 印度舞：花样繁多的手势

印度舞蹈历史悠久，早在印度河文明时期，印度先民就很喜欢跳舞。哈拉帕和莫亨殊达罗出土的文物中有青铜舞女和男舞者的石雕像，它们都是当时流行舞蹈的佐证。对印度人来说，舞蹈不仅是艺术，更具有宗教的含义。印度舞源自印度人对神无比虔诚、纯净、无私的爱，舞者通过自身的手指、手臂、眼睛、五官和身体来诠释宇宙间的万事万物。

印度舞节奏明快，一段长约4分钟的舞蹈有大约50个动作，包括手势、眼神、内心所想和面部表情。这种变化万千的姿势可以代表人的七情六欲，甚至可以代表天地、山水等自然景物和昼夜更替等自然现象。印度舞的手势变幻莫测，不仅令观者眼花缭乱，还反映了表演者活跃的思维。

【百科链接】

哈拉帕：

南亚次大陆的青铜时代文明，从公元前2350年或更早时起源，至公元前1750年结束。其分布中心位于印度河流域，主要城市遗址包括哈拉帕和莫亨殊达罗。

现代舞

现代舞最鲜明的特点是反映现代西方社会矛盾和人们的心理特征。美国现代主义舞蹈家海伦·汤米尼斯概括现代舞的与众不同之处在于："不存在普遍的规律，每一个艺术家都在创造自己的法典。"

■ 阿拉伯肚皮舞

肚皮舞是一种阿拉伯民间舞蹈，以女子独舞为主。在婚礼喜庆等场合，女舞者在人群之间表演，与观众的距离很近。因此，肚皮舞对演员的身段、容貌、舞姿、技巧等都要求很高。

肚皮舞演员的传统服饰为阿拉伯式长袍或无领、无袖的连衣长裙。跳舞时，演员会在臀部

音调：人的听觉所能分辨的声音调子高低程度。音调主要由声音的频率决定，也与声音强度有关。一般说来，弦乐器中细弦的音调高而粗弦的音调低。

▶ 非洲黑人舞蹈

围系一条丝绸彩带，结穗垂在右胯前，演员腹部等部位暴露较明显。

在阿拉伯民间音乐的伴奏下，演员翩翩起舞，动作开始于手、足、腿、臂等部位。随着音乐节奏的加快、加强，动作伴随着胯、腹、胸等部位的扭动和颤动，由慢而快，由轻而重，而且频率、幅度越来越大，逐渐把舞蹈推向高潮。

通宵达旦地跳舞。

非洲土著部落的舞蹈一般可分为两大类，即传统的礼仪性舞蹈和民间自娱性舞蹈。前者起源于原始的宗教迷信，是非洲黑人舞蹈的灵魂和精髓；后者一般没有固定的程式，带有明显的娱乐性和即兴性。

黑人舞蹈节奏强烈，动作强调人体各个部位如头、颈、肩、胸、腰、胯和四肢的表现力，其中最突出的是头部的甩动、胸部的起伏、腰部的屈伸以及胯部的摆动和旋转。

黑人舞蹈的伴奏乐器以鼓为主。鼓是非洲黑人舞蹈音乐的灵魂，各式各样的鼓可用木棒、竹棍和手掌敲击出各种不同的音色和音调，并交织成各种复杂而又鲜明的节奏。

肚皮舞

作为一种优美的身体艺术，肚皮舞通过骨盆、臀部、胸部和手臂的旋转以及令人眼花缭乱的胯部摇摆动作，塑造出优雅、性感、柔美的舞蹈语言，充分表现出女性身体的阴柔之美。

祖鲁人的战舞

祖鲁人是南部班图人的一支，主要分布在南非的夸祖鲁—纳塔尔省。祖鲁族被公认是南非最英勇善战的一族，战舞就是祖鲁人标志性的舞蹈。

■ **非洲黑人舞蹈**

非洲黑人舞蹈是非洲最古老、最普遍也是最主要的艺术形式。非洲居民无论男女老幼都非常喜爱跳舞，每逢婚丧嫁娶或欢庆佳节，他们常常会

非洲鼓

鼓是非洲流行的乐器，又被称为"非洲传统音乐之魂"。它的功能和用途多种多样，除了用于配乐外，有时还可作为某一民族、部落或宗教的象征，也可用来传递各种信息。

Part 6
戏曲影视篇

哑剧：不用台词而只凭借形体动作和表情来表达剧情的戏剧形式。形体动作是哑剧的基本手段，它的准确性和节奏性具有模仿性，能表现人的内心。

- 歌剧：音乐的戏剧
- 音乐剧：载歌载舞的狂欢
- 话剧：舞台上的悲欢离合

舞台艺术

■ 歌剧：音乐的戏剧

歌剧是将音乐、戏剧、文学、舞蹈和舞台美术等艺术形式融为一体的综合性艺术。一般来说，音乐是歌剧最重要的组成部分。

歌剧中的声乐部分一般由序曲、咏叹调、宣叙调、合唱及重唱等体裁构成。

序曲是于歌剧开幕前演奏的器乐段落。它概括全剧的内容，呈现中心主题，能使听众从音乐中感受故事的内容梗概。

咏叹调是歌剧故事中的主要角色，以声乐方式展示的独白也是歌

巴黎大剧院
建成于1874年。剧院基本上保留了意大利式剧院的传统，规模庞大，造型华丽，设备完善，对19世纪后半叶欧洲建造的歌剧院和话剧院有巨大影响。

剧音乐中最重要的部分。

宣叙调是代替戏剧对白的歌唱形式，也称朗诵调，节奏自由。

合唱常用于歌剧中的群众场面，能起到烘托气氛、渲染环境的作用。

重唱是进行叙事或表现强烈矛盾冲突的声乐形式，可以表现同一场合中各个角色的不同性格、情绪以及角色之间的对白等。

■ 音乐剧：载歌载舞的狂欢

音乐剧是19世纪末起源于英国的一种歌剧体裁。它是由喜歌剧及轻歌剧演变而成的，早期被称做"音乐喜剧"，后来简称为"音乐剧"。

第一次世界大战后，音乐剧传到美国，并在美国得到高度提炼和发展。美国音乐剧的内容偏重于谈情说爱及幽默风趣，音乐风格轻松愉快，演出方式往往富丽堂皇。《西城故事》《音乐之声》《平步青云》《芝加哥》等经典名作各具风格，几十年来久演不衰，还有不少作品从纽约传到了世界各地，从舞台搬到了屏幕上，展示了音乐剧这一独特艺术样式强大的生命力。

【百科链接】

咏叹调：
西洋歌剧、神剧或康塔塔等戏剧中一种极富抒情性、戏剧性的独唱乐段。它一般篇幅较大、音域较宽、技巧性较强，主要用于集中表现人物的内心活动。

■ 话剧：舞台上的悲欢离合

话剧最初源于古希腊悲剧和喜剧的演出形式，20世纪初传入中国，曾被称为"新剧"。1928年，戏剧家洪深提议把它定名为"话剧"，意在与中国戏曲、歌剧、舞剧、哑剧等相区别。

话剧《茶馆》剧照
话剧《茶馆》是我国著名剧作家老舍的作品，通过茶馆这个小小的角落，表现了五十年来中国历史的变迁。

- 舞剧：舞蹈的最高表现形式
- 木偶戏：古老的傀儡戏法

《天鹅湖》：四幕芭蕾舞剧。该剧故事取材于俄罗斯古老的童话，由别吉切夫和盖里采尔编剧，柴可夫斯基作曲，是世界芭蕾舞剧的经典名作。

戏曲影视篇

话剧是写实的戏剧品种，它要求以生活的本来面目来反映生活，以逼真的舞台画面感染观众，让观众"从钥匙孔里看生活"。它的表演、舞台布景、服装、道具等都注重细节的真实性。话剧区别于其他剧种的最大特点，是它能通过大量的舞台对话展现剧情、塑造人物、表达主题，能在特定的时空内完成戏剧内容。

■ 舞剧：舞蹈的最高表现形式

舞剧在西方统称芭蕾，起源于文艺复兴时期的意大利，形成于16世纪的法国，现已成为一种世界性的舞台艺术形式。一部舞剧要获得成功，除了演员的舞台表演，还需要很多人的辛勤耕耘：编剧要构思并编写舞台台本；作曲家要根据主题、各场的不同需要和规定情景作曲；美术家要根据台本内容及全剧风格设计布景、声光、服装、道具和人物造型；指挥家要处理音乐，指挥乐队演奏；编导要组织演员排练。

舞剧包括多种类型和风格的舞蹈，一部舞剧可以以某一类舞蹈为主，也可以综合运用各类舞蹈。舞剧在早期阶段以叙事为主，而近现代的舞剧则更注重人物形象的刻画。

《天鹅湖》
芭蕾舞剧《天鹅湖》自1877年在莫斯科首演以来，已有100多年历史，至今仍受到世界各国广大观众的喜爱，几乎成了芭蕾舞的代名词。

【百科链接】
台本：专指供舞台演出使用的剧本。

柴可夫斯基作曲的芭蕾舞剧《天鹅湖》《睡美人》等是久演不衰的舞剧精品。

■ 木偶戏：古老的傀儡戏法

木偶戏就是由演员在幕后操纵木制玩偶进行的表演，在中国古代又被称为"傀儡戏"。根据木偶的结构和演员操纵方式等的不同，木偶戏可分为不同的种类：

1.提线木偶戏，又称"线偶"或"线戏"，也叫"悬丝木偶"。此类木偶的重要关节部位，如头、背、腹、手臂、手掌、脚趾等处都连缀有丝线，演出时，演员通过拉动丝线来操纵木偶的动作。

木偶戏
用木偶来表演故事的戏剧形式。表演时，演员在幕后一边操纵木偶，一边演唱，并配以音乐。

2.托棍木偶戏，又称"杖头木偶"。就是在木偶的头部及双手部位装上操纵杆，演员左手持主杆控制木偶头部，右手持侧杆控制木偶双手，演出时通过举起木偶来操纵它的具体动作。

3.手套木偶，又称"布袋戏"。偶人头部中空，脖子以下缝合布袋，连缀四肢，外着服装，演员的手掌伸入布袋内充当偶人的躯干，五指分别撑起头部和左右胳膊，相互协调操纵偶人的各种动作。偶人的双脚可用另一只手拨动，或者任其自然摆动。

木偶人表演各种舞蹈身段及武打技艺的水准，完全取决于艺人的操作技巧，这是木偶表演艺术水平高低的关键。另外，完美的偶人造型艺术和操作装备也非常重要。

昆曲：我国传统戏曲中最古老的剧种之一。它与海盐腔、余姚腔和弋阳腔合称为"明代四大声腔"，同属南戏系统。清代时被称为"昆曲"，现被称为"昆剧"。

▶ 国粹京剧
▶ 百花齐放的地方戏

中国戏曲

■ 国粹京剧

京剧是我国最大的戏曲剧种，诞生于北京。清乾隆五十五年（1790年），安徽4大徽班进京。此后，徽戏与当时盛行于北京的昆曲、汉剧、弋阳、乱弹等剧种经过五六十年的融汇，逐渐演变为京剧。

京剧是综合性的表演艺术，集唱（歌唱）、念（念白）、做（表演）、打（武打）、舞（舞蹈）于一体，通过程式化的表演手段来叙演故事、刻画人物、表达思想。京剧的角色可分为生、旦、净、丑4大行当，人物有忠奸、美丑、善恶之分，形象鲜明，栩栩如生。

京剧通过无数艺人的长期实践，在文学、表演、音乐、唱腔、锣鼓、化妆、脸谱等各个方面形成了一套格律化和规范化的程式。京剧表演要求精致细腻，处处入戏；唱腔要求悠扬委婉，声情并茂；武戏不以火爆勇猛取胜，而以"武戏文唱"见佳。

勾画脸谱
脸谱是中国戏曲特有的艺术形式，演员用各色油彩在脸部勾画出不同的纹样，体现不同人物的性格特征。

京剧旦角
旦角指戏曲中的女性形象，可分为青衣、花旦、刀马旦、武旦、老旦、彩旦等类别。图为《贵妃醉酒》剧中的杨贵妃，属于"花衫"，是20世纪20年代综合青衣、花旦的特点发展而成的旦角类型。

■ 百花齐放的地方戏

● 越剧

越剧发源于古代越国所在地浙江绍兴地区，是浙江省的主要地方戏，流行于浙江、上海、江苏、安徽等地。它形成于清末，最初全部由男演员演出，20世纪30年代又演变为全部由女演员演出。越剧唱腔委婉，表演细腻，抒情优美，已成为仅次于京剧的大剧种。

【百科链接】
弋阳腔：
我国古老的戏曲声腔之一，其唱腔可塑性大，声调高亢，具有粗犷、豪放、激越、明快的特点。

● 豫剧

豫剧是河南省的主要地方戏，也叫"河南梆子"、"河南高调"，流行于河南以及邻近各省，已有300多年的历史。豫剧声腔有的高亢活泼，有的悲凉缠绵，能够表演各种风格的剧目，在全国影响很大。

● 黄梅戏

黄梅戏是安徽省的地方戏之一，主要流行于安徽、江西、湖北的部分地区。黄梅戏起源于湖北黄梅的采茶歌，传入安徽安庆地区后，又吸收了当地民间音乐，最终发展成黄梅戏。黄梅戏唱腔委婉清新，富有生活气息和民歌风味。

● 粤剧

粤剧形成于明清时期，是广东省的主要地方戏，流行于广东、广西和闽南一带。粤剧用广东方言演唱，音调高亢激昂，富于变化，优美动听。

- 评书：一个人一台戏
- 相声：寓庄于谐

《精忠岳传》：全称《精忠演义说本岳王全传》，清人钱彩编撰，金丰增订，是以话本形式编写的长篇章回体小说，主要讲述岳飞英勇抗金的故事。

戏曲影视篇

说唱艺术

■ 评书：一个人一台戏

评书是流行于我国北方的一种口头讲说的表演形式，大约形成于清代初年。传统的评书表演是一个人身着传统长衫，坐在桌子后面以折扇和醒木为道具说演、讲评故事。

在语言上，评书以第三人称的叙述和介绍为主，并形成了一套独有的程式与规范。其传统的表演程序是：先念一段"定场诗"，或说一段小故事，然后进入正式表演。介绍新出场的人物叫"开脸儿"，即对人物的来历、身份、相貌、性格等逐一进行描述；讲述故事的场景叫"摆砌末"；赞美人物的品德、相貌或美景名胜，往往念诵大段骈体韵文，称做"赋赞"；说到精彩处，会使用"垛句"或曰"串口"，即用排比重叠的句式来强化效果。评书使用"关子"和"扣子"作为根本的结构手法，使表演环环相扣，引人入胜。

评书的传统书目有40余部，比如历史袍带书《三国》《隋唐》《精忠岳传》《杨家将演义》等，武侠短打书《水浒》《包公案》，神怪书《西游记》《济公传》等。

击鼓说唱俑
这尊陶俑制作于东汉年间，表情动作生动幽默，是研究汉代民俗的珍贵史料。

【百科链接】

醒木：
说书艺人为了使听众肃静或加强语言气势用来拍桌子的小木块，一般长约一寸，宽约半寸。

■ 相声：寓庄于谐

相声是以说笑话或滑稽问答的方式来引观众发笑的曲艺形式。它起源于北京，流行于全国各地。一般认为，相声是由明代的笑话艺术"象生"演变而来的。今天的相声套路大约出现在18世纪中叶清乾隆年间。

说、学、逗、唱是相声艺术的4种基本表现手段。"说"是说笑话、打灯谜、绕口令等；"学"是模仿各种鸟兽叫声、叫卖声、唱腔和各种人物风貌、语言等；"逗"是互相抓哏逗笑；"唱"是指演唱太平歌词。一段相声通常着重运用其中的一两种。

相声的特点是寓庄于谐，"包袱"（根据促使人们发笑的心理作用和艺术手法而组织起来的笑料）是它的特殊表现手段。讽刺是相声的主要艺术功能，干预生活、评议时政是相声的优良传统。相声的表演方式分单口、对口、群口3种，具体运用时可以有交叉。

现存的传统相声约有300余段，其中单口如《连升三级》《糊涂县官》等，对口如《改行》《歪批三国》《戏剧杂谈》等，群口如《扒马褂》《四字联音》等，都是脍炙人口的精品。

马季
马季（1934～2006），著名相声表演艺术家，中国新相声的代表人物及现代相声艺术承前启后的关键人物。他继承和发展了侯派风格，开辟了自己的创作道路，成为众多相声学习者的老师，为中国相声的发展做出了不可磨灭的贡献。

华纳兄弟影业：1923年4月由哈里·华纳、阿尔伯特·华纳、山姆·华纳和杰克·华纳四兄弟创建，当时总部设在美国纽约，制片厂设在好莱坞附近的伯班克。

▶ 电影的诞生
▶ 从无声到有声
▶ 彩色电影的问世

电影的历程

■ 电影的诞生

卢米埃尔兄弟

电影的发明者卢米埃尔兄弟早年曾从事摄影工作，后研制了最早的电影摄影机和放映机。他们一生共拍摄了40多部记录日常生活情景的短片，这些短片是最早的纪录电影。

【百科链接】

胶片：

将感光乳剂涂布在透明柔韧的片基上制成的感光材料，包括电影摄影用的负片、印拷贝用的正片、复制用的中间片和录音用的声带片等。

1889年，著名的发明家爱迪生发明了电影视镜。这种视镜像一只大柜子，上面装有放大镜，里面是10多米长的凿孔胶片，绕在一组小滑轮上。马达开动后，胶片以每秒46格的速度移动，循环放映，这就是现代电影机的雏形。

不久，法国里昂照相器材厂厂主卢米埃尔兄弟把爱迪生的电影视镜改造为连续视影机，终于制成了当时最完善的活动电影机。

1895年3月22日，卢米埃尔兄弟在巴黎科技大会上第一次放映了他们摄制的《工厂的大门》。12月28日，这部影片公开放映。这一天，便是电影的诞生日。

坦的《战舰波将金号》、普多夫金的《母亲》等都是具有很高艺术价值的经典无声影片。

1927年10月6日，美国华纳兄弟影业公司首映了世界上第一部配有4段歌唱、部分台词和音响的影片《爵士歌王》。一年之后，该公司又推出了"百分之百的有声片"《纽约之光》。从此，各制片公司都开始改拍有声片了。

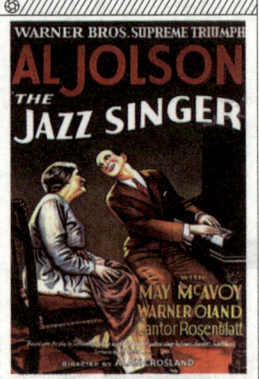

《爵士歌王》电影海报

1927年10月6日，纽约的观众在观看华纳兄弟公司出品的《爵士歌王》时，突然听到主角开口说话："等一下，等一下，你们还什么也没听到呢。"这句话标志着一个电影新时代的来临。

■ 彩色电影的问世

电影诞生之初的几十年，人们拍出来的都是黑白影片。在苏联著名导演爱森斯坦执导的《战舰波将金号》中，为了让片中的黑旗变成红旗，制作者曾以手工涂色的方式将胶片涂成了红色。1865年，奥地利人科伦和朗松纳特男爵利用三种不同底片拍摄彩色照片，奏响了彩色电影诞生的序曲。

1935年，美国导演罗本·马莫里安拍摄了第一部彩色电影《浮华世家》。不久，德国生产出35毫米宽的彩色胶片，这使得人们不仅能在一条胶片上印制出供放映用的彩色胶片，而且能复制光学声带，从而解决了一系列彩色影片中的技术难题。此后，彩色影片便推广开来，多彩的电影世界终于呈现在人们的眼前了。

■ 从无声到有声

早期的电影没有声音，这个阶段经历了约30年，被称为电影的"默片时代"。有些人偏爱和推崇无声电影，因为它更合乎电影的本性，比如卓别林的《淘金记》、爱森斯

- 视野开阔的宽银幕电影
- 极度真实的立体电影
- 引人发笑的喜剧片

银幕：放映电影用的白色幕布。无声电影时期，采用涂有无光泽白色颜料的幕布；有声电影诞生后，采用橡胶和塑料材料制成的有孔银幕。

>>>>>>>>>>
戏曲影视篇

■ 视野开阔的宽银幕电影

由于普通的电影银幕的高度和宽度的比例为1:1.38，表现宏大的场面时显得不够广阔，于是人们研制了高宽比为1:2.55的宽银幕。它比普通银幕宽了近1倍，适合人的两眼水平视角大于垂直视角的特点，从而使电影银幕的视野更为宽广，真实感更加强烈。另外，宽银幕上的影像画面能给人以广阔的印象，利于增强电影的艺术表现力，尤其适合表现大自然景色、群众场面和战争镜头。

■ 极度真实的立体电影

立体电影是利用左右两台摄影机同时拍摄的电影，它弥补了普通电影缺少立体感和纵深感的缺憾，能让观众进入一个立体而触手可及的梦幻世界。比如银幕上出现一片汪洋大海，观众就会感觉好像站在了海边上，如果大海中游泳的人抛来一条鱼，观众会情不自禁地伸手去接它。

立体电影在放映时也要用两台放映机同时放映，使两幅画面重叠在银幕上。观众戴上特制的眼镜后，左眼会看到从左视角拍摄的画面，右眼会看到从右视角拍摄的画面。人的两眼同时看一个物体时，看到的映像才有立体感。通过双眼的会聚功能，观众左、右眼看到的两幅画面就会合成为立体视觉影像。

■ 引人发笑的喜剧片

喜剧片是故事片的主要样式之一。它主要反映现实生活中具有社会意义的喜剧现象和喜剧性矛盾，最大的特点就是引人发笑。它以搞笑为武器去嘲弄、讽刺一切丑恶事物和落后现象，又以搞笑来肯定生活中美好的东西。

好的喜剧片，尽管其形式和手法是夸张的，但主题却是严肃的。它不是为了赚取观众廉价的笑声，而是为了使人们在笑的同时悟到一些道理，达到净化心灵的效果。喜剧片的冲突一般较为轻松和缓，情节常常是巧合和误会迭出。它常以善良正义的一方的胜利，丑恶、被讽刺的一方的失败为结局。

为了增强喜剧效果，喜剧片中的人物性格、动作一般比较夸张，但也要有分寸，一定要符合基本的生活逻辑。观众的笑声应来自人物的喜剧性格本身。例如卓别林演的流浪汉，尽管贫穷、弱小，却总是昂首挺胸，保持着可笑的绅士风度和尊严。

观看立体电影

立体电影放映时，两幅画面重叠在银幕上，观众戴上特制的眼镜，使左眼看到从左视角拍摄的画面，右眼看到从右视角拍摄的画面，通过双眼的会聚功能，两幅画面就合成为立体视觉影像。

卓别林的经典流浪汉形象

卓别林早年的贫困生活，启发了他后来创作流浪汉的灵感：小胡须、细手杖、肥大的裤子、大号皮鞋以及歪歪扭扭的晚礼服，这些都暗示了在儿童天真想象中的威严的成人。

吕克·贝松：法国导演、编剧、制片人，曾一度被奉为法国年轻导演的开路先锋。代表作品有《碧海蓝天》《杀手莱昂》《圣女贞德》等。

- ▶ 天马行空的科幻片
- ▶ 惊险刺激的恐怖片
- ▶ 西部片：草原上的英雄传奇

■ 天马行空的科幻片

早在电影诞生的初期，科幻片就出现在电影家族中。1902年，法国导演梅里爱把科幻作家凡尔纳的小说《月球旅行记》拍成了电影，标志着第一部真正意义上的科幻电影诞生。

纵观科幻片的发展，除了早期的法国科幻电影之外，美国科幻电影自诞生后就以迅猛的势头成为业界主力。无论是在资金、技术上，还是在经验和文学积累方面，其他国家都无法与之相比。

20世纪50年代是科幻片的第一个高潮，空间技术的重大突破为科幻片的繁荣提供了动力。越战结束后，随着电脑技术的迅速发展，科幻片在20世纪70年代迎来了第二个高潮。这一时期的重要作品有库布里克的《2001：漫游太空》和卢卡斯的《星球大战》等。

20世纪80年代中后期以来，随着数字技术的飞速进步，又出现了詹姆斯·卡梅隆的《终结者》、斯皮尔伯格的《侏罗纪公园》、吕克·贝松的《第五元素》以及沃卓斯基兄弟的《黑客帝国》等科幻电影的经典之作。

■ 惊险刺激的恐怖片

在电影大家族中，有一类影片很受欢迎，那就是恐怖片。恐怖片真正的魅力在于它能够使观众同时变成吓人者和被吓者。人们只需坐在电影院里，就能任意地"经历"危险和"享受"恐怖带来的刺激，在经历恐怖事件的过程中，同时体验到对立的两种心理。

如果归纳一下迄今出品的恐怖片，我们不难发现，其中的恐怖不外乎来自三种力量的威胁：第一种来自于人类之外，如《大白鲨》《驱魔人》等，表现了人类对外部世界的恐惧；第二种来自人类自身的邪恶，如《精神病患者》等；第三种则是前两种的结合，也就是来自于科学或伪科学行为对人的侵害，如《科学怪人》就表现了人类对科学研究可能失控的恐惧。

在西方电影史上，开创恐怖片传统的是德国表现主义电影。制作者把恐怖的形象与人们的心理感受融合起来，运用阴暗的光影、奇异的构图和不同寻常的拍摄角度，构成阴郁和怪异的气氛。美国的恐怖片虽来源于德国，却以更惊人的特技、壮观的场面和善于捕捉观众的心理见长。

【百科链接】

数字技术：
指借助一定的设备，将各种图文、声像信息转化为计算机能识别的二进制数字"0"和"1"后，进行运算、加工、存储、传送、传播、还原的技术。

大白鲨
电影《大白鲨》是美国导演史蒂芬·斯皮尔伯格的成名作，也是20世纪70年代最卖座的灾难恐怖巨作。影片将悬念、恐怖、政治斗争及人类与灾难的抗争巧妙融合，令人难忘。

《终结者》海报
《终结者》系列电影是好莱坞科幻电影的经典之作，它以结构比例的平衡、深刻的主题、有声有色的人物、有条不紊的叙事、精确的节奏控制以及登峰造极的特技效果，大大满足了观众从感官刺激、理性诉求到潜意识层面的诸多需要。

■ 西部片：草原上的英雄传奇

西部片是美国电影界早期非常盛行的一种影片样式，以19世纪开拓时期的美国西部为故事背景，多描写白人向西部拓展疆土、掠夺和

- 战争片：战火中的史诗
- 美术片：孩子最喜欢的电影

沃尔特·迪斯尼：迪士尼公司的创始人，世界最著名的电影制片人、导演、剧作家和动画师之一。他制作了《白雪公主》《米老鼠》等很多知名的动画片。

戏曲影视篇

《火车大劫案》剧照
诞生于1903年的无声电影《火车大劫案》虽然仅有14个场景，但已经囊括了抢劫、追逐、荒原小镇、搏斗、正义胜邪恶等这些西部片的关键元素。这个正面开枪的镜头当时更是吓坏了不少观众。

屠杀印第安人以及与当时各种势力之间的斗争，颂扬拓荒精神，具有鲜明的史诗性。1903年，第一部成型的西部片《火车大劫案》上映，此后西部片大量涌现出来。20世纪20年代的西部片通常宣扬善恶因果报应，故事情节简单，人物性格单薄。影片主人公都是富于正义感的牛仔，他们头戴宽檐帽，身穿花衬衫和牛仔裤，腰插双枪，骑马飞驰，来来往往。第一次世界大战后，由詹姆士·克鲁兹（1884~1942）导演的《篷车》和约翰·福特（1895~1973）导演的《关山飞渡》等影片问世，把西部片的思想性和艺术性提高到了新的水平。

【百科链接】

牛仔：
19世纪末美国西部的农场工人，负责骑马放牧和看管奶牛。

■ 战争片：战火中的史诗

在不过百年的电影历史中，有无数导演用胶片记录着战争的残酷、血腥和悲壮。他们在战争与和平、生存与死亡、正义与非正义、人性与兽性的激烈冲突中，描绘了一幕幕人类历史上最为悲壮的图景。这些图景构成了电影史上蔚为壮观的影片类型——战争片。

较常见的战争片有两种类型：一种以塑造人物形象为主，通过对战争事件、战役过程和战斗场面的描写，着重刻画人物的思想性格，

如美国影片《巴顿将军》；另一种以反映战争事件为主，通过对人物和故事情节的描写，形象地阐释某一重大军事行动、军事思想、军事原则和战略战术，如中国影片《南征北战》。

■ 美术片：孩子最喜欢的电影

美术片是运用绘画或其他造型手段创作的

米老鼠
在迪斯尼卡通王国的众多卡通明星中，资格最老、最受欢迎的角色无疑首推米老鼠。米老鼠诞生于1928年，至今已经80多岁。虽然米老鼠的年纪已经不小了，但是其魅力却始终未减。

电影类型，深受广大观众特别是少年儿童的欢迎。它包括以下4类：动画片（卡通片）、木偶片、剪纸片、折纸片。

世界动画电影工业是由美国的迪斯尼公司开创的。1928年，沃尔特·迪斯尼创造了不朽的动画形象米老鼠，当这只聪明、活泼、淘气的老鼠在《疯狂飞机》一片中亮相时，立即引起了轰动。1936年，迪斯尼公司又推出了长达74分钟的动画长片《白雪公主》，获得了巨大成功。

到了20世纪90年代，新的电脑科技不断涌现，使得动画电影制作更加精良与专业化。《狮子王》《玩具总动员》《怪物史莱克》等优秀的动画电影创造了一个又一个商业神话。

徐克：香港著名导演、制片、编剧。作为业界的先行者，徐克一直为香港电影注入新元素。他的代表作有《青蛇》《倩女幽魂》《黄飞鸿》等。

▶ 歌舞片：好莱坞黄金时代的标志
▶ 功夫片：除暴安良的侠士神话
▶ 纪录片：真实记录生活

■ 歌舞片：好莱坞黄金时代的标志

《雨中曲》海报

《雨中曲》不但是歌舞电影的杰作，也是一部介绍好莱坞影坛从默片时代转变为有声片时代时许多片厂趣闻的佳作。

歌舞片是指由大量歌舞片段组成的影片，多由专业歌舞演员担任主要角色。

早期歌舞片多为轻松优美、娱乐性强的舞台艺术片，着重演绎的是歌唱、舞蹈和音乐方面的艺术成就，故事情节大都比较简单。1929年，影片《百老汇的旋律》问世，这是第一部全部用歌舞和对话组成的影片，获得了第二届奥斯卡奖。1946年，文森特·朱龙导演的影片《歌舞大王齐格菲》问世，标志着歌舞片发展到了登峰造极的程度。

米高梅公司于1952年出品的《雨中曲》讲述了一个动人的恋爱故事，这部影片也被视为好莱坞歌舞片的巅峰之作。

■ 功夫片：除暴安良的侠士神话

【百科链接】

李小龙：

原名李振藩（1940～1973），籍贯广东顺德，出生在美国旧金山。他是著名的功夫电影导演和演员、武术家，也是截拳道的创始人。

功夫片往往通过展示奇妙高超的武术技艺，给人以感情上的宣泄和艺术上的享受。功夫片是我国特有的一种影片类型。

20世纪50年代中期，随着香港影片《黄飞鸿》的问世，功夫片的概念开始在人们心目中形成。20世纪70年代，香港影星李小龙主演的以中华武术为主体、以真实功夫为表现手段的《精武门》等一系列作品，在国际上取得了很大的反响。李小龙为功夫片的发展作出了巨大贡献。

20世纪90年代以后，功夫电影进入了"新武侠"时期。这一阶段，功夫电影以徐克导演的武侠片为代表。这类影片虽多以古代武者侠士抗击命运为内容，实质上却处处暗示着现代社会人们危机四伏的生存状态，代表作有《狮王争霸》《新龙门客栈》《断刀客》等。

■ 纪录片：真实记录生活

纪录片是以真实生活为创作素材的一类电影。与故事影片不同的是，它以真人真事为表现对象，其基本特性和要求是：不能虚构情节，不能用演员扮演角色，不能任意改换地点环境，不能变更生活进程。

其实，电影的诞生就始于纪录片。1895年，法国卢米埃尔兄弟拍摄的《工厂的大门》《火车进站》《婴儿的午餐》等一系列最初的、实验性的电影都属于纪录片的性质。中国纪录电影的拍摄始于19世纪末20世纪初。

纪录片忠实记录人类社会生活的方方面面，它们成为历史的档案、社会的镜子，发挥着特殊的社会功能。

功夫巨星李小龙

李小龙是伟大的武术家、世界功夫电影表演家，也是截拳道的创始人。他的一生虽然短暂，却对中国功夫和电影表演艺术做出了巨大贡献。他主演的功夫片风行海内外，中国功夫也随之闻名世界。

- 电影剧本：一剧之本
- 导演：电影创作的总指挥
- 摄影师：画面的记录者

情节：指叙事性文艺作品中以人物为中心的事件演变过程，一般包括事件的开端、发展、高潮、结局等部分，有的还有序幕和尾声。

戏曲影视篇

电影的创作

■ 电影剧本：一剧之本

电影文学剧本的创作是一部影片创作过程中的第一个环节，是由电影编剧来完成的。电影文学剧本是电影的基础，它对影片的主题、人物、情节、结构以及风格、样式等都有明确的规定。导演在拍摄时，通常不能对剧本的内容做根本性的改动。

写剧本的目的是为了拍摄，所以必须要有造型的表现，也就是说，剧本中所描述的一切都应该是可见的、运动的，可以通过拍摄而最终展现在银幕上。此外，电影剧本的创作还要考虑到声音的运用，包括音响效果和音乐。

■ 导演：电影创作的总指挥

导演是电影艺术创作的组织者和领导者，是把电影文学剧本搬上银幕的总负责人。导演要负责组织和团结摄制组内所有的创作人员和技术人员，使他们的才能得到充分的发挥，并将摄制组人员的创造性劳动融为一体。

一般情况下，导演的艺术创作过程是：以电影文学剧本为基础进行艺术构思，编写分镜头剧本和"导演阐

斯皮尔伯格
大导演斯皮尔伯格以史诗片《辛德勒的名单》荣获奥斯卡金像奖。不过，他的《大白鲨》《E.T.》《侏罗纪公园》等著名商业片却被更多影迷所喜爱。

【百科链接】

分镜头剧本：

又称导演剧本，是将影片的文学内容分切成一系列可以摄制的镜头，以供现场拍摄使用的工作剧本。它们大多为表格形式，格式不一，有详有略。

述"——包括对影片主题意念的把握、人物的描写、场面的调度以及时空结构、声画造型和艺术样式的确定等；物色和确定演员；根据总体构思，对摄影、演员、美术设计、录音、作曲等创作部门提出要求，组织创作人员研究资料，分析剧本，确定影片总的创作计划；按照摄制计划，领导现场拍摄和各项后期工作，直到影片全部摄制完成为止。

■ 摄影师：画面的记录者

摄影师是电影摄制组的主要创作成员之一，负责运用摄影器材和造型手段，将电影场面艺术地记录在胶片上。在摄制组中，一般由摄影、照明人员组成摄影小组，摄影师作为摄影创作和技术处理的负责人，领导摄影小组工作。

摄影师不但要能充分领会导演的意图，还要能熟练地驾驭手中的摄影机，懂得电影的拍摄语言。

35毫米摄影机
电影制片的主要设备之一，是用照相方法把运动物体的不同运动相位按一定时间间隔逐幅地记录在电影胶片上的光学机械装置。

同期录音：也称现场录音，是在拍摄电影画面的同时进行录音的摄制方式。同期录音要求摄影棚装备良好的隔音设备，并在摄影机、录音机上加装避音装置。

- 录音：捕捉声音的魔法
- 美工：无所不能的美术师
- 电影表演：演员的艺术创作

在电影发明之初，摄影师都是在固定位置进行拍摄，这样拍出来的画面相当呆板。1896年，法国摄影师尤金·普罗米奥首先采用摇镜头的手法拍全景，从此运动镜头产生。此后，又逐渐产生了推、拉、跟、移等多种运动摄影方式。

■ 录音：捕捉声音的魔法

电影录音是电影创作中的一个重要环节。它是一门专业性很强的技术。录音师需要根据电影剧情的需要和导演的要求，对影片中的各种声音进行艺术构思和处理。

电影录音分为同期录音、后期录音和先期录音3种。在拍摄影片画面的同时，把现场的声音记录下来，称同期录音；有些影片不适于现场录音，录音师就在拍完画面后再将声音配上去，称后期录音；而有些影片必须事先把声音记录下来，然后在拍摄画面时把声音放出来，让演员随着声音节奏表演，称先期录音。

在整部影片中，一定要使声音始终保持统一的风格和格调，并与影片的风格格调和谐统一。

录音棚
主要器材和设备有电脑、专业声卡、调音台、电容麦克风、话筒放大器、人声效果器、专业监听音箱、耳机、耳机分配器等。

■ 美工：无所不能的美术师

电影美工也称电影美术创作。美工师运用各种美术技巧和造型手段，将技术和艺术融为一体，为影片拍摄创造特定的典型环境和艺术气氛。

一般说来，美工师首先要根据导演的总体构思为环境场景、人物形象、场面气氛等设计出蓝图。另外，他（她）还要充分考虑到电影场面调度的需要，力求做到造型设计形神兼备、色调统一、虚实结合、层次分明。有时候，实景不能满足电影创作的需求，美工师就会对其进行一定的加工，比如在摄影棚和外景地搭置各种布景。

■ 电影表演：演员的艺术创作

电影演员是影片中人物形象的体现者，他们的任务就是在导演的指导下，依据剧本把文字的描写转化为活生生的人物形象。电影表演有许多区别于舞台表演的独特之处。

其一是表演的生活化。电影演员通常要在真实外景或逼真的内景中进行表演，许多时候，现实生活中的人与演员会同时出现在银幕上，这就要求演员的表演必须做到自然真实。

其二是表演的非连续性。电影是由一个个镜头分割、组合成的，通常不会按照剧情的发展顺序进行拍摄，这就要求电影演员在表演破碎、颠倒的故事时始终保持人物形象的统一性、完整性，以及人物思想、感情、性格的连续性。

其三是镜头感。电影演员是在摄影机镜头前进行表演创作的，因此必须学会在不同的镜头中以不同的表演方式来塑造人物形象。

- 服装：演员的行头
- 化妆：手艺高超
- 道具：以假乱真
- 剪辑：最后的组接

雕塑：造型艺术的一种，即用可塑材料创造出具有空间立体感的艺术形象，借以表达艺术家的思想情感。

戏曲影视篇

■ 服装：演员的行头

电影服装是体现银幕形象年龄身份、文化素养，展示民族特色、时代气氛的重要手段。服装的款式和色彩应该与影片的环境色调、气氛情趣和谐统一，与剧情要求的整体效果相一致，所以服装师不仅要具备服装设计、剪裁和制作的技能，还需要有一定的文化修养和广博的历史知识。电影服装首先要有真实性，需要根据角色的不同时代、民族、地域、身份、性格来设计，还要考虑主要人物和次要人物的映衬关系。

■ 化妆：手艺高超

电影化妆也是塑造人物的重要手段之一。化妆师可以根据实际需要，运用各种工艺材料和技术手段，使演员展现出鲜明生动的角色形象。

电影化妆所涉及的工艺范围很广，如日用化学、橡胶技术、解剖学、绘画技法、雕塑技法、发型技术、整形和口腔医学知识、电子技术等。我国电影化妆的工艺技术比较系统的有5种方法：绘画化妆法、整形化妆法、塑型化妆法和塑型零件的制作技艺、毛发化妆法和毛发制品的制作技艺、气氛化妆法。

化妆
电影化妆不完全是为了使演员更漂亮，更多的是为电影内容本身服务，使人物形象更符合电影本身的要求，令观众感到真实可信。

■ 道具：以假乱真

道具是指在电影中出现的各种用具，是电影场景的一部分，它延伸在景和人之间，起到加强人物联系、强化时空定位、丰富人物性格、营造浓厚氛围的作用。根据用途，电影道具可分为戏用道具、陈设道具、气氛道具等。戏用道具是与演员表演发生直接关系的道具，陈设道具是指陈设在演员表演环境中的器具，而为烘托环境气氛，说明故事发生的时间、地点等特定情景而设的道具是气氛道具。

■ 剪辑：最后的组接

剪辑是电影工作者将所拍摄出来的一系列镜头创造性地重新组接成完整的情节的过程，是电影后期制作最重要的环节之一。剪辑师首

现代化的电影剪辑室
剪辑是对电影声像素材进行分解重组的工作，也是一部影片摄制过程中的一次再创作。

先会按分镜头剧本上的镜头编号对影片进行初步的剪辑，然后根据导演的意见进行下一步的剪接工作。剪辑师要精确计算每个镜头的长度和上下镜头的连接点，因为镜头的长短会形成不同的节奏，而镜头切换的位置和次数也对节奏有直接影响。许多电影导演会亲自剪辑影片，以赋予作品更鲜明的个性。

【百科链接】
切换：
电影最基本的镜头转换方式。不用任何光学技巧，直接由一个镜头转换成另一镜头，或由一场戏转换成另一场戏均属于切换的范畴。

曝光：让光线通过镜头形成结像光，进入暗箱到达感光片上，使胶片感光乳剂在光化作用中产生潜影。此外，感光胶片不恰当地暴露于光线中而失效也称曝光。

▶ 停机再拍：不翼而飞的人
▶ 延时摄影：瞬间盛开的花
▶ 多次曝光：一人分饰两角
▶ 模型摄影：以小见大的障眼法

电影特技

■ 停机再拍：不翼而飞的人

在故事片里，尤其是在神话魔幻类的影片中，经常会有人或东西突然神秘地消失。比如，A先生举剑向B先生刺去，眼看就要刺中了，B先生却突然消失得无影无踪。这是如何做到的呢？实际上，这是拍摄时运用了停机再拍的方法。当A先生的剑快要刺中B先生时，摄影师关闭摄影机，A先生不动，扮演B先生的演员下场。然后，摄影师再开动摄影机，A先生继续表演。这时，由于摄影机还在原来的位置，而A先生又保持着固定的姿势和位置，B先生就好像凭空消失了一样。

■ 延时摄影：瞬间盛开的花

在自然界中，一朵朵鲜花从含苞到开放，通常要经过几个小时、几天甚至几十天。但是这个过程在电影中只要几秒钟就能完成。这是怎么回事呢？原来，这是延时摄影所造成的特殊效果。延时摄影是利用延时自动控制设备，按剧情需要，每隔一定时间进行逐格摄影的拍摄方法。这种方法能把较长的生长过程在较短的时间内显现在银幕上，给人以自然瞬息万变的强烈印象。

瞬间盛开的花
在电影中，通过延时摄影技术，一朵鲜花只要几秒钟就能完成盛开的过程。

■ 多次曝光：一人分饰两角

在影片的拍摄过程中，经多次局部曝光完成一个画面的方法，被称为"画面的多次曝光"。拍摄时，摄影机前或摄影机内的片窗前会被加上一块黑色不透明的遮板。第一次拍摄时，遮板会挡住景物中的一部分，使胶片上的相应部分不感光。第二次拍摄时，将第一次拍摄时胶片上的感光部分用另一块遮板挡住，同时撤去第一次拍摄时用的遮板。这样，两次拍摄的画面即可合成一个完整的画面。当一个人扮演在同一画面中出现的两个角色时，就可以用这种方法进行拍摄。

《哥俩好》剧照
《哥俩好》拍摄于1963年，是一部喜剧片，片中采用多次曝光的技术，由著名演员张良一人分饰双胞胎兄弟二人，闹出许多笑话。此片特技效果显得真实自然。

■ 模型摄影：以小见大的障眼法

模型摄影是电影拍摄中最常用的特技之一，它是指用不同比例的模型替代实景作为拍摄对象。模型可以被单独拍摄，也可以被用做实景、布景的配景或背景进行拍摄。

用于电影拍摄的模型可分为静止模型和活动模型两种。静止模型通常用来和实景或布景做光学合成，有时也被用做拍摄要塌陷或被炸毁、烧毁的场景；而活动模型通常用于海洋、太空、战争、地震、洪水、车祸等场面的拍摄。

【百科链接】

实景：
电影拍摄中为追求环境的逼真效果而直接选用的自然环境或社会环境，一般需做不同程度的加工布置，以符合剧情需要。

滑石粉：主要成分是滑石，而滑石的主要成分是含水的硅酸镁。滑石具有润滑性、耐火性、抗酸性、绝缘性、吸附力强等优良的物理、化学特性。

■ 真假难分的接景拍摄

接景拍摄是电影特技摄影的重要手段之一，可分为绘画接景和模型接景两种。

绘画接景是指美工师根据影片拍摄的实际情况和表现内容的需要，在镜头前放置绘有各种景物的玻璃或相应的照片，经过透视合成，使它们代替影片场景中的某些实物，使画面影像得到补充的一种方法。绘画接景有时需要两次曝光。

模型接景的方法与绘画接景基本相同，只是放在镜头前的不再是绘画或照片，而是摄影用的模型。

■ 电影中的风雨雷电

电影中狂风扑面、大雪纷飞、闪电、雷雨交加等自然现象是塑造形象、渲染气氛不可缺少的手段。这些自然景观多数是运用特技拍摄，在同期或后期制作时与背景画面合成后得到的。

电影中的狂风一般是采用飞机开动螺旋桨煽动气流制造出来的；雪花一般是用纸屑或泡沫塑料制成的，而漫山遍野的皑皑白雪其实是用碎石屑、滑石粉、精盐、樟脑粉等做成的；闪电多采用动画式的逐格摄影法拍成，也可以用锡纸或涂上锡粉的细铅丝来代替闪电进行拍摄；雷声是特制的音响鼓锤击时的声音或自然实况；暴雨则是利用洒水壶或特制的水龙头洒水、喷水，再加上吹风机的吹动而制造出来的。

■ 天衣无缝的活动遮片技术

在影片摄制中，往往会需要一些在艺术上具有新奇效果，但在现实生活中却无法拍摄的镜头。这时，利用活动遮片摄影法来拍摄合成画面是一种比较理想的选择。

活动遮片摄影分两个阶段进行：第一阶段是前景拍摄，在摄影棚中的特殊屏幕前进行。这时，摄影机中的胶片只对演员和镜头前的景物感光，却对背景不感光。完成第一次拍摄后，工作人员会用特殊方法制作一条活动遮片，使演员和前景景物为黑色轮廓剪影，而背景位置却是透明的。第二阶段是背景的拍摄和影片的合成阶段。制作人员在拍摄好背景后，会将遮片和带有演员剪影的彩色负片同时装在合成摄影机中与背景进行合成。所拍摄的背景会通过遮片中的透明部分使胶片感光，从而填补第一次拍摄时未感光部分的空白。

闪电追击
电影中的闪电多采用逐格摄影法拍成，也可以用涂上锡粉的细铅丝代替闪电。

剧本：以代言体方式为主，表现故事情节的文学样式。剧本是戏剧艺术创作的文本基础，主要由剧中人物的对话、独白、旁白和舞台指示组成。

- 奥斯卡金像奖
- 威尼斯国际电影节
- 戛纳国际电影节

电影节和电影奖项

■ 奥斯卡金像奖

柯达剧院门口的巨型金像
柯达剧院2001年落成于好莱坞，是奥斯卡金像奖永久颁奖剧院。奥斯卡奖的主体为一座镀金男像，双手交叉于胸前，握着一把长剑，站在一个五环片盘上。

奥斯卡金像奖的前身是1929年设立的"电影艺术与科学学院奖"，它是美国电影界的最高荣誉奖，也是世界上影响最大、历史最悠久的电影奖之一，每年评选颁发一次。

奥斯卡金像奖共设有25个奖项，主要包括最佳影片、最佳剧本、最佳导演、最佳表演（男女主角、配角）、最佳摄影、最佳美工、最佳音乐、最佳剪辑、最佳服装设计、最佳化妆、最佳短片、最佳纪录片、最佳外国语影片等。此外还有荣誉奖、欧文·撒尔伯格纪念奖、琼·赫肖尔特人道主义奖、科技成果奖等特别奖。在众多奖项之中，最具影响力的是最佳影片奖，而最佳男女主角奖的获奖人会被分别称为"影帝"、"影后"。

■ 威尼斯国际电影节

威尼斯国际电影节于1932年8月6日在意大利名城威尼斯创办，是世界上第一个国际电影节，号称"国际电影节之父"。它的宗旨在于提高电影艺术水平，促进电影工作者的交流与合作。

威尼斯国际电影节于每年8月底至9月初举办，为期两周，主要活动包括：对参赛影片评奖、会外观摩、举办回顾展、召开各类专题讨论会以及开办电影市场、进行国际影片贸易等。电影节设立的"圣马克金狮奖"、"圣马克银狮奖"、"圣马克铜狮奖"、"评委会特别奖"等会被授予最佳影片、最佳导演、最佳编剧、最佳男女演员和最佳摄影称号。

【百科链接】

戛纳：
法国东南部城市，欧洲有名的旅游胜地和国际名流社交集会场所，气候温和，风光旖旎，与威尼斯和蒙特卡洛并称为南欧三大游览中心。

■ 戛纳国际电影节

戛纳国际电影节于1946年9月20日在法国东南部旅游胜地戛纳首次举行，是世界上最大、最重要的电影节之一。电影节每年5月举行一次，为期两周左右，其目的是鼓励各国间的文化交流，评价世界各地的优秀影片。戛纳国际电影节所设的最高奖项是"金棕榈奖"。

戛纳国际电影节的活动分为6个项目：正式竞赛、导演双周、一种注视、影评人周、法国电影新貌、会外市场展。在正式竞赛部分，由各国电影界有声望的导演、演员、编剧、影评人、配乐作曲家等组成评审委员会，评审参赛的影片；而非竞赛部分则以提拔新人为主，不少颇具潜力或崭露头角的导演就是在这里脱颖而出的。

好莱坞巨型标志
提起电影圣地好莱坞，人们通常会想到巨大的"HOLLYWOOD"标志牌。它坐落在洛杉矶市郊山顶上，由白色字母组成，高15米多，是好莱坞文化的重要象征。

戏曲影视篇

黑泽明：日本著名导演，一生导演了31部电影，编写了68部剧本。黑泽明曾被《亚洲周刊》誉为20世纪对亚洲进步贡献最大的一位文化艺术人士。

■ 柏林国际电影节

柏林国际电影节于1951年创办于联邦德国的首都西柏林，此后每年举办一次。电影节最初是在6至7月间举行，自1978年起，为了与戛纳国际电影节竞争，它提前到2至3月间举行，为期两周。

柏林国际电影节的主要奖项有"金熊奖"和"银熊奖"。"金熊奖"会被授予最佳故事片、最佳纪录片、最佳科教片、最佳美术片称号；"银熊奖"会被授予最佳导演、最佳男女演员、最佳编剧、最佳音乐、最佳摄影、最佳美工、最佳青年作品或有特别成就的故事片等称号。

柏林勃兰登堡门
位于德国首都柏林的市中心，最初是柏林城墙的一道城门，因通往勃兰登堡而得名。现在保存的勃兰登堡门是一座新古典主义风格的建筑，由普鲁士国王腓特烈·威廉二世下令于1788至1791年间建造，以纪念普鲁士在战争中取得的胜利，现已成为柏林的象征。

■ 东京国际电影节

东京国际电影节是亚洲最大的国际电影节，创立于1985年，其宗旨是开展国际间的电影交流，充分发挥电影语言的超国界性，充分发掘有才能的年轻一代电影人才。东京国际电影节设有电影比赛（评奖）、年轻导演比赛、国际女性电影周及一般放映活动，最佳影片会被授予"金麒麟奖"，而评委会特别奖则为"银麒麟奖"。为表彰作出突出贡献的电影人，它还设置了终生成就奖"黑泽明奖"。此外，还有为表彰青年导演而设的"金樱花奖"、"银樱花奖"、"铜樱花奖"。

■ 金鸡百花电影节

中国金鸡百花电影节是中国电影界一年一度的盛大节日。1992年，原电影金鸡、百花双奖评选活动改为"中国金鸡百花电影节"。这是一个集电影评奖颁奖、中外新片展演、学术研讨、电影交易、国际文化交流和文艺演出于一体的大型文化活动，由"大众电影百花奖"和"中国电影金鸡奖"两项评选活动组成。

■ 上海国际电影节

上海国际电影节首创于1993年，由国家广播电影电视总局及上海市政府联合主办，是中国国内的第一个国际电影节，也是中国唯一的国际A类电影节（即非专门类竞赛型电影节）。

电影节共有4个组成部分，即竞赛部分金爵奖、国际电影展览放映、国际电影交易市场和金爵国际电影论坛暨亚洲新人奖评选。十几年来，上海国际电影节的主会场——上海影城的红地毯上已经留下了许多国际知名电影人的足迹。

金鸡奖奖杯
金鸡奖的评奖委员会由电影专家组成，因此又被称为专家奖。自2005年起，金鸡奖与百花奖隔年评选一次，金鸡奖逢单数年评选。

【百科链接】

《大众电影》：
创刊于1950年的中国群众性电影刊物。从1962年起，它每年举办的"电影百花奖"是全国最具群众性的读者评奖活动。

格里菲斯：美国著名导演，被认为对早期电影发展作出极大贡献的开创性人物。他最著名的作品是《一个国家的诞生》和《党同伐异》。

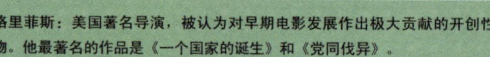
- 《工厂的大门》
- 《一个国家的诞生》
- 《战舰波将金号》

经典名片

■《工厂的大门》

1895年3月22日，电影的发明者卢米埃尔兄弟在巴黎科技大会上放映了他们摄制的史上第一部电影《工厂的大门》。全片时长不足1分钟，但它却从此改变了人类记录历史的方式。画面中，卢米埃尔工厂的大门徐徐打开，一群头戴缎带纽结羽帽、身穿紧身上衣和曳地长裙、腰系围裙的女工首先走出，接着是一群手推自行车的男工。与此同时，厂主们乘坐马车进入工厂，女工们一边躲避车辆，一边快步行走，大门口还跑出一只大狗。接着，门卫走出来，关上了工厂大门。

本片一经放映，就引起了观众的震惊和赞叹。20世纪70年代，它被评定为"有史以来世界一百部最佳影片"的第45名，并被列为世界各国大学电影艺术研究生的必看片目。

■《一个国家的诞生》

《一个国家的诞生》由世界电影史上第一位艺术大师格里菲斯执导，于1915年上映。它是电影史上第一部真正意义上的商业片。此前的电影长度基本都在10分钟左右，而它却长达近3小时，从而彻底改变了电影艺术的样式和面貌。

影片以一个生活在19世纪的美国南方人的视角，讲述了南北战争和南方诸州覆亡的历史。格里菲斯运用平行及交叉剪辑的叙事手法，为电影独特的叙事方式奠定了一种基本模式。片中开创性地使用了许多艺术性的表现手法，如遮光片的使用、垂直90度拍摄镜头、夜景布光等。而影片最大的贡献是开创了蒙太奇语言的叙事方法。

【百科链接】

蒙太奇： 法语montage的音译，原为建筑学术语，意为构成和装配，后被引申为剪辑和组合。而用在电影上，则指把分切的镜头组接起来的各种手段。

■《战舰波将金号》

《战舰波将金号》是苏联电影大师谢尔盖·爱森斯坦于1925年执导的无声电影，以恢宏的场面和雄壮的气势再现了俄国1905年革命中"战舰波将金号起义"这一历史事件。

爱森斯坦在该片中充分运用了蒙太奇手法，发挥了蒙太奇的组接和画面造型功能，从而使该片达到了无声电影的艺术高峰。影片的许多画面气势宏大，其中"敖

《一个国家的诞生》海报

这部电影虽然因为对白人优越主义的提倡及对三K党的美化引起了强烈争议，但它确立了剧情长片的发展方向，落实了电影语言的运用，所以一直为人称道。

《战舰波将金号》剧照

如果《战舰波将金号》是电影史上的经典之作，那么"敖德萨阶梯大屠杀"一场则是经典中的经典。随着这部影片的诞生，导演爱森斯坦的蒙太奇理论向前发展了一大步。

德萨阶梯大屠杀"一场成为电影史上最经典的片段之一。在这个长达6分钟的片段里,爱森斯坦用150多个镜头(每个镜头平均不到3秒),反复在屠杀者与被屠杀者之间切换,给观众留下了无法磨灭的印象。

■《乱世佳人》

《乱世佳人》首映于1939年,是根据女作家玛格丽特·米切尔曾赢得普利策文学奖的小说《飘》改编而成的,由美国导演维多·弗莱明执导,好莱坞影星克拉克·盖博和费雯·丽担任男女主角。

影片分为上、下两部分。上部写塔拉庄园的小姐郝思佳爱上了卫希礼,而卫希礼却选择了媚兰。出于报复,郝思佳嫁给了媚兰的弟弟查尔斯。南北战争爆发后,查尔斯在战场上不幸阵亡,郝思佳成了寡妇。影片下部,郝思佳与富有的商人白瑞德结婚,但婚后仍牵挂着卫希礼,这引起白瑞德的强烈不满。在他们的女儿邦妮不慎坠马而死后,心灰意冷的白瑞德离开郝思佳,决然而去。影片结尾,绝望中的郝思佳重新振作起来,坚信美好的明天终会到来。

《乱世佳人》耗资巨大,场面恢宏,曾夺得多项奥斯卡大奖,是世界电影史上不朽的经典。

《乱世佳人》剧照
好莱坞女星费雯·丽因成功饰演《乱世佳人》的女主人公郝思佳而获得奥斯卡奖。评委对她的评价是:"她有如此的美貌,根本不必有如此的演技;她有如此的演技,根本不必有如此的美貌。"

■《罗生门》

《罗生门》创作于1950年,由日本导演黑泽明执导。影片以别具一格的手法,巧妙地从3个当事人和1个目击者的角度叙述同一个凶杀案,在一个地点串联4件事,将4个人对同一事件的不同描述纳入到了另一个故事里,从而创造了一个多层次、多角度、主客观叙述相交错的结构形式。其次,影片通过摄影机不同的运动方式,表现了4个证人的不同角度、不同情调的回叙。全片视觉形象生动传神,结构简洁,动作性强,节奏明快;同时大量运用特写镜头,着意渲染光影效果,从而增强了影片的艺术性。

《罗生门》获得了威尼斯国际电影节大奖和奥斯卡最佳外语片奖,第一次为亚洲影片赢得了国际性的声誉,具有里程碑性的意义。

【百科链接】

特写
电影画面中视距最近的镜头。因其取景范围小、画面内容单一,可使表现对象从周围环境中突现出来,造成清晰的视觉形象,从而达到强调表现对象的效果。

■《淘金记》

1925年出品的《淘金记》是由喜剧大师卓别林自编、自导、自演的一部无声电影。影片以美国西部的淘金热潮为背景,讲述了采矿工查理前往阿拉斯加寻金的故事。这是一部真正"笑中带泪"的杰作,它在滑稽的笑料中演绎了淘金者在饥寒交迫之中濒临死亡的悲剧。

《淘金记》将滑稽叙事、悲剧色彩、抒情韵味三者平衡而巧妙地结合在了一起,从而成

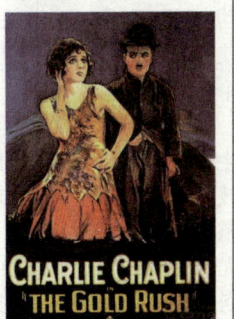

《淘金记》海报
在影片的风格上,本片将滑稽叙事、悲剧色彩、抒情韵味三者巧妙而平衡地结合起来,使它成为卓别林成熟期作品的代表作。

上座率:一部影片获得观众人次的多少。从某种意义上来说,优秀的影片上座率高,反之则低。所以上座率是衡量一部影片质量优劣的重要标准之一。

▶《星球大战》
▶《辛德勒名单》

为卓别林成熟期作品的代表作,堪称一部永垂不朽的喜剧。

■《星球大战》

《星球大战》是美国福特公司于1977年隆重推出的科幻电影,耗资1000多万美元,历时6年才完成。公映后,其上座率打破了美国电影史上的纪录,票房收入超过5亿美元。

影片描述了发生在银河系的传奇故事:魔王大莫金创建了银河帝国,营造了一个"死星",用来镇压叛逆者。死星上囚禁着一批来自阿尔迪兰行星的以莉亚·奥加纳公主为首的叛逆者,他们在来自另一个星球的天行者卢克以及银河共和国的绝地武士奥比万·凯诺比的帮助下,一起攻击银河帝国,最终获得了胜利。

《星球大战》海报
《星球大战》系列电影集中使用了最先进的高科技电脑及数字制作手段,创造了一个前所未有的太空世界,被称为"电影史上的里程碑"、"本世纪最重要的文化事件之一"。

影片一上映,就在全世界引起了极大的轰动。导演乔治·卢卡斯在影片的创作过程中,集中使用最先进的电脑科技及数字制作手段,创造了一个前所未有的太空世界。

《星球大战》展示了宇宙中各星球奇特的生物和机器人,复杂而先进的飞行器,表现了波澜壮阔的太空场景和星际战争场面,为观众献上了一场视觉盛宴。《星球大战》对人们,尤其是青少年起到了重要的启发作用,被誉为科幻电影史上最经典的作品之一,号称"影响了整整一代人"的电影。

■《辛德勒名单》

《辛德勒名单》是大导演斯蒂芬·斯皮尔伯格于1993年拍摄的一部轰动世界的鸿篇巨制。影片真实地再现了德国商人辛德勒在第二次世界大战期间保护1200多名犹太人免遭法西斯迫害的历史事件。1939年,德军占领波兰,开始残酷屠杀犹太人。辛德勒是个纳粹党党员,他利用金钱和酒色贿赂德军高级将领,承接了一间犹太人的搪瓷工厂,大发战争财。1942年,纳粹对犹太人的血腥屠杀震惊了辛德勒,从此他开始有意保护犹太人。他用巨额钱财贿赂党卫军指挥官,将搪瓷厂定为一个附属劳改营,并且制定了一份名单,用所有的财产从纳粹魔掌下挽救了1200多名犹太人。德国战败后,被辛德勒拯救的犹太人送给他一份有所有工人签名的证词和一枚金戒指,戒指上刻着希伯来经文"凡救一命,即救全世界"。

在《辛德勒名单》中,导演斯皮尔伯格首次放弃了他惯用的电影特技,采用了黑白片的制作方法和纪实片的创作风格,从

【百科链接】

党卫队:
德国纳粹党的法西斯特务组织和军事组织,1925年4月成立,曾参与了纳粹党的许多战争罪行,尤其在对犹太人的大屠杀中扮演了积极的角色。

《辛德勒名单》海报
《辛德勒名单》真实地再现了德国商人奥斯卡·辛德勒在第二次世界大战期间保护1200多名犹太人逃过法西斯迫害的历史事件,获得了第六十六届(1993年)奥斯卡最佳影片奖。

张国荣：香港著名演员、歌手。有人称他是"五百年才出一个的名优"。他参演的主要电影有《英雄本色》《倩女幽魂》《阿飞正传》《霸王别姬》等。

而赋予影片以强烈的历史真实感。在表现手法上，他充分调动了电影综合艺术在音乐和色彩方面的表现功能，使影片的艺术个性分外突出，风格凝重而细腻。

■《红高粱》

《红高粱》由张艺谋执导，姜文和巩俐主演，在1988年的柏林国际电影节上获得"金熊奖"。这是中国电影首次荣获国际电影节金奖。

影片叙述了一个传奇的故事：19岁的九儿在出嫁途中碰上了蒙面强盗，轿夫余占鳌挺身而出，杀死了强盗，随后娶了九儿。9年后，日寇窜进村里，杀了地下党员罗汉，余占鳌与酒坊伙计用自制的炸药和烧酒炸毁了鬼子的军车。激战中，九儿被鬼子打死，伙计们全部牺牲。

影片注重强化视觉性和观赏性，并在浓郁的地域文化特色中表现出一种张扬的生命意志。片中对具有象征意味的重要景观——高粱地的拍摄，更是精彩至极。

■《霸王别姬》

《霸王别姬》剧照
在美国《时代》周刊评选的百部不朽电影中，由陈凯歌导演，张国荣、巩俐、张丰毅主演的《霸王别姬》成为入选的四部华语电影之一。

《霸王别姬》是著名导演陈凯歌于1993年执导的作品，由张国荣、巩俐、张丰毅主演，曾获第四十六届戛纳国际电影节最佳影片金棕榈奖、第五十一届金球奖最佳外语片奖等多项国际大奖。

影片中，程蝶衣自幼被卖到京戏班学唱旦角，与师兄段小楼感情甚佳，两人因合演《霸王别姬》而成为名角。程蝶衣对自己的性别是男是女产生了混淆之感，对师兄产生了虞姬对霸王般的感情。

影片气势恢宏，制作精致，将两个伶人的悲欢故事渗入到了长达半个世纪的中国历史发展的大背景中，具有史诗般的格局，堪称中国电影的典范之作。

■《卧虎藏龙》

《卧虎藏龙》改编自作家王度庐的同名小说，由著名美籍华裔导演李安执导，于2001年获奥斯卡最佳外语片、最佳摄影、最佳作曲等多项大奖。

影片中，一代大侠李慕白托红颜知己俞秀莲将青冥剑带到京城，送给贝勒爷收藏。谁知宝剑被人盗走，俞秀莲暗访中，发现此事与提督府小姐玉蛟龙有关。这时李慕白也来到京城，他在与玉蛟龙交手时，发现了害死师父的凶手碧眼狐狸的踪迹。原来，玉蛟龙自幼被隐匿于提督府的碧眼狐狸暗中收为弟子，习得了上乘武功。不久，玉蛟龙冲出家门浪迹江湖，到处惹祸。俞秀莲和李慕白爱惜人才，对她苦心引导，却总是无效。最后，李慕白在与碧眼狐狸决斗时，为救玉蛟龙而身中毒针，不治而亡。玉蛟龙在与爱人罗小虎共度一夕后纵身跳下万丈深渊……

《卧虎藏龙》海报
《卧虎藏龙》是华裔导演李安于2000年推出的武侠电影，在世界影坛上掀起了一阵中国古典武侠的旋风，并于次年获得"奥斯卡最佳外语片奖"等四个奖项。

【百科链接】

王度庐：

本名王葆祥，字霄羽，北京人，满族，生于1909年，卒于1977年。他早期主要致力于创作言情小说，20世纪30年代中期，他转写武侠小说，并以言情小说的笔法开创了武侠小说的新天地。